Intervenções

Intervenções

Renato Mezan

Casa do Psicólogo®

© 2011 Casapsi Livraria e Editora Ltda.
É proibida a reprodução total ou parcial desta publicação, para qualquer finalidade, sem autorização por escrito dos editores.

1ª Edição
2011

Editores
Ingo Bernd Güntert e Juliana de Villemor A. Güntert

Assistente Editorial
Aparecida Ferraz da Silva

Capa
Ana Karina Rodrigues Caetano

Editoração Eletrônica
Carla Vogel

Produção Gráfica
Najara Lopes

Preparação de Original
Luciano Torres

Dados Internacionais de Catalogação na Publicação (CIP)
(Câmara Brasileira do Livro, SP, Brasil)

Mezan, Renato
  Intervenções / Renato Mezan. -- São Paulo : Casa do Psicólogo®, 2011.

  Bibliografia.
  ISBN 978-85-8040-078-6

  1. Psicanálise 2. Psicanalistas I. Título.

11-05708   CDD-150.195

Índices para catálogo sistemático:
1. Psicanálise : Psicologia 150.195

Impresso no Brasil
Printed in Brazil

As opiniões expressas neste livro, bem como seu conteúdo, são de responsabilidade de seus autores, não necessariamente correspondendo ao ponto de vista da editora.

Reservados todos os direitos de publicação em língua portuguesa à

Casapsi Livraria e Editora Ltda.
Rua Santo Antônio, 1010
Jardim México • CEP 13253-400
Itatiba/SP - Brasil
Tel. Fax: (11) 4524-6997
www.casadopsicologo.com.br

*Para Yvoty,
Francisco e
Eleonora*

Sumário

Apresentação 11

PARTE I - CENAS BRASILEIRAS

Mário Covas e o homem comum 21
Casa de ferreiro, espeto de pau: Psicanálise
e eleições em São Paulo 25
A volta do Febeapá 33
O escândalo dos doutores demitidos 39
Pior que um crime: um erro 45
Comércio legal de armas: sim ou não? 51
Um espelho embaçado, mas não partido 57
Saída à francesa 61
Três ideias sobre as eleições de 2006 67
A indignação necessária 73
Psicopatia existe, sim 77
Estímulo à impunidade 83
Falta Descartes, sobra Maria Antonieta 89
Grifes vistosas, prazeres secretos 95
Papagaios e piratas 99
São Paulo não pode parar 105
Fracasso nas Olimpíadas? 111
"Eu sou o cara": a tragédia de Santo André 117
Lula e os livros 123

As aves que lá gorjeiam..127
Humilhadas e ofendidas: o "rodeio"
de Araraquara.. 131
Sobre o massacre do Realengo 137

PARTE II - NOVO, VELHO: A IMAGINAÇÃO INSTITUINTE NA CULTURA E NO SOCIAL

Quem nasce para vintém nunca chega a tostão 143
A estrela de David 149
Origens da festa de Pessach 161
Infância: uma categoria recente 171
Abuso sexual... 175
Sobre pesquisadores e andorinhas 181
O fetiche da quantidade 189
Da poltrona à mesa de trabalho: a construção
do caso clínico 197
Por que existem escolas de Psicanálise?............................... 203

PARTE III - PENSANDO A ATUALIDADE

Quem tem medo do divã? 211
Palavras a um jovem psicanalista.. 231
A Psicanálise no Brasil 235
Atualidade de Freud 241
O poder no cotidiano.. 249
"Homens ocos, funesto desespero": a Psicanálise
diante da violência 253
O nazismo e a erotização da morte... 267
Perigos da obediência.. 275

King Kong: o arcaico no ultramoderno 283
Adão e sua costela: busca da felicidade
e crise atual no casamento 289
"Mestre-e-cuca": uma abordagem psicanalítica
da educação... 307
Inimigos internos 319

Apresentação

*I*ntervenção: do latim *interventio*, a palavra significa, originalmente, "vir entre", "colocar-se em meio a". Boa maneira, pareceu-me, de aludir a o que faz o psicanalista quando se volta para o mundo exterior ao consultório, e, sentindo-se interpelado pelo que ali acontece, dedica-se à "Psicanálise aplicada".

Embora o termo tenha origem ilustre – foi o próprio Freud que o escolheu como subtítulo de uma revista específica para o assunto[1] – ele pode dar margem a equívocos. *Aplicar* sugere impor de fora algo que já está pronto – uma injeção a uma pessoa, um carimbo a um documento, uma fórmula a um problema: "aplicando o teorema de Pitágoras, temos que..." Embora seja possível proceder assim frente aos fatos da sociedade e da cultura, não penso que seja a melhor opção.

O analista não é apenas um profissional da terapia: é também um cidadão envolvido na trama de seu tempo. Refletir sobre os acontecimentos que vão se sucedendo é uma maneira de participar da vida social; ela obviamente não exclui outras, mas tem a vantagem de lhe possibilitar servir-se dos seus conhecimentos para pôr em evidência aspectos do *socius* que, sem a lente psicanalítica, provavelmente permaneceriam na sombra. Por isso, fazendo minha uma ideia de Pierre Fédida, prefiro falar

---

[1] *Imago – Zeitschrift für die Anwendung der Psychoanalyse auf die Geisteswissenschaften.*

de Psicanálise *implicada*. O título deste livro sublinha que os textos nele reunidos não foram escritos por alguém sobrevoando uma paisagem da qual, no fim das contas, não faz parte, mas por um observador que, em meio ao som e à fúria dos eventos, procura situar-*se* e situá-*los*.

Seria falso supor que isso inviabilize a reflexão, como se somente numa posição de exterioridade em relação ao objeto fosse possível pensar. A experiência clínica, e a dos pesquisadores nas demais disciplinas humanas, prova o contrário – e é isso, entre outras coisas, que as distingue das ciências da Natureza.

No entanto, estar implicado no que se vai analisar acarreta riscos dos quais convém estar consciente. Ninguém pode fazê-lo sem princípios e pressupostos; mas isso não é o mesmo que se deixar tomar por preconceitos, ou crer que sua visão é a única possível. Assim como a neutralidade e a abstinência não condenam o clínico ao silêncio, mas servem como parâmetros para formular interpretações, também na Psicanálise implicada o pensamento retorna constantemente sobre seus próprios passos, para aferir se o enfoque não está sendo demasiado restrito, se as emoções suscitadas pelo que se está comentando não bloqueiam a capacidade de colocar em perspectiva os diversos elementos.

Isso dito, o analista implicado começa por se documentar sobre o que deseja compreender. Artigos na imprensa, declarações dos envolvidos naquele acontecimento particular, o que viu na televisão ou escutou de amigos lhe servem para reunir informações exatas, sem as quais sua leitura não teria qualquer efeito de persuasão. Em outros casos, da sua experiência pessoal em relação àquilo que está examinando ressaltam certos aspectos, que funcionam como ponto de partida para o que poderá dizer: é o que acontece, por exemplo, quando discute um livro ou um filme.

Apresentação

A apresentação do pano de fundo contra o qual se recortam as afirmações do comentarista – um retrospecto histórico, analogias a algo semelhante e mais familiar ao público, um esboço do contexto teórico ou factual – permite não apenas fundamentar a posição assumida, mas ainda – e principalmente – oferecer ao leitor a possibilidade de formar sua própria opinião sobre o assunto em pauta, ou eventualmente modificar a que já tinha. Para isso, pode ser necessária alguma explicação sobre os conceitos (psicanalíticos ou de outra ordem) com os quais estou trabalhando; o grau de detalhe desta explanação dependerá da complexidade do tema, e também do espaço (determinado pelo jornal ou pela revista) de que dispõe para suas considerações.

***

Os textos a seguir foram redigidos neste espírito. Dividi-os em três grupos, sobre os quais convém dizer uma palavra. O primeiro é constituído por artigos publicados na imprensa paulistana, quase todos no Caderno "Mais!" da *Folha de S. Paulo*. Alguns provêm de sugestões do editor, outros foram escritos porque o assunto me pareceu merecer uma análise mais detida. Por vezes transparece a indignação do cidadão que sou frente aos descalabros que cotidianamente nos agridem: roubalheiras, incompetência administrativa, ganância de empresários e políticos, violências de todo tipo. Mas espero que o leitor concorde que não se trata de meros desabafos: em cada um deles, procurei ir além do primeiro sentimento e tentar desvendar algo das causas do fenômeno.

É o caso, entre outros, dos textos sobre os ataques do PCC em São Paulo, sobre os crimes que vitimaram o menino João Hélio e a moça sequestrada em Santo André, sobre as

Intervenções

truculências dos bancos contra os seus clientes, ou sobre o mensalão, ou sobre a tragédia do Realengo. A decisão de abrir a coletânea com uma nota a respeito da reação surpreendentemente intensa dos paulistas quando faleceu o governador Mário Covas visa a ressaltar o contraste entre sua figura, sóbria e honesta, e o comportamento inqualificável de tantas outras "otoridades". É minha homenagem a um político que não se deixou seduzir pelo poder, e cuja seriedade no trato da coisa pública bem poderia servir de exemplo para os que com tanta frequência envergonham as instituições a que pertencem.

    Outros escritos dessa parte abordam situações particularmente inusitadas, que deram o que falar "nos lares e nos bares": o ridículo que cercou a devolução ao MASP de dois quadros roubados, a reação do público ao artigo de Luciano Hulk sobre o assalto que o privou do seu Rolex, o fiasco da Seleção na Copa de 2006, o vergonhoso "rodeio de gordas" em Araraquara. Vários focalizam um aspecto da mentalidade brasileira que muito me intriga: nossa tendência a desconsiderar a incômoda complexidade do real e a substituí-la por algo próximo ao pensamento mágico. A discussão sobre se o aumento do número de obesos no Brasil indica o fim da fome endêmica, o debate mais que confuso que precedeu o referendo sobre o comércio de armas, os muxoxos com que foram recebidos alguns bons resultados obtidos por nossos atletas nas Olimpíadas de Pequim são, a meu ver, indícios desse modo de pensar.

    No segundo conjunto de trabalhos, quis refletir sobre uma dimensão do que o filósofo Cornelius Castoriadis denomina "imaginação instituinte". Este conceito designa a capacidade que tem o homem de inventar o novo, ou seja, de criar *formas*

Apresentação

nas mais variadas esferas da existência individual e coletiva[2]. Uma das maneiras pelas quais isso ocorre é a reinscrição do já existente em redes de significação até então não relacionadas a ele, com o que se lhe conferem sentidos inéditos.

Os exemplos estudados – deliberadamente heterogêneos – encontram nessa ideia uma certa unidade de perspectiva. Os processos que dão origem a um ritual ou a um símbolo religioso (a festa de Pessach, a estrela de David), à instituição de uma nova categoria social e psicológica (a infância, nos últimos duzentos anos), à invenção no campo das artes (Mozart) ou das ciências (conceitos e teorias, inclusive a própria Psicanálise) – estes processos apresentam entre si analogias nada triviais: em todos eles, como espero ter conseguido mostrar, algo já existente é retomado em um contexto diferente, mas sempre segundo os esquemas fundamentais da imaginação instituinte.

O último bloco de artigos aborda temas da atualidade não ligados a um acontecimento particular: o poder, a violência, a educação, etc. A prevalência de mecanismos psíquicos primitivos nestas esferas da vida social, que poderia surpreender o leitor menos avisado, confirma o que diz a Psicanálise sobre a perenidade do infantil na mente adulta. O sucesso dos filmes *King Kong*, a adesão de milhões de alemães à ideologia ensandecida do Terceiro Reich, o inferno emocional em que vivem certos casais, enredados em conflitos e angústias com os quais parecem só poder lidar mediante defesas muito arcaicas, são alguns exemplos da verdade daquela afirmação.

A variedade dos temas discutidos neste livro, acredito, contribuirá para dar credibilidade à sua tese central: a Psicanálise nada tem de ultrapassada. Ao contrário, seus conceitos

---

[2] Cf. *L'institution imaginaire de la société*. Paris: Seuil, 1975. Em particular, o "Prefácio".

podem revelar-se utilíssimos para compreender certas facetas do mundo contemporâneo. Algumas críticas frequentemente ouvidas contra ela são examinadas no texto "Quem tem medo do divã?"; na mesma Parte III, um resumo da história da nossa disciplina no Brasil poderá servir como estímulo para que o leitor procure mais informações a respeito dela, e uma breve carta a um jovem psicanalista elenca alguns dos motivos pelos quais acho nossa profissão tão fascinante.

Antes de passar aos artigos propriamente ditos, uma observação sobre a maneira como cito os textos de Freud. Não costumo usar a *Edição Standard Brasileira*, e das novas traduções, a cargo de Luiz Alberto Hanns e de Paulo César Souza, saíram apenas alguns volumes. Assim, além do original alemão, que consulto na *Studienausgabe* da Fischer Verlag, menciono a versão espanhola de Ballesteros y Torres (publicada pela editora Biblioteca Nueva, abreviada como BN): embora menos precisa do que a da Amorrortu, foi nela que estudei Freud, e me é fácil localizar os trechos de que preciso. Caso o leitor utilize outra edição, a referência ao capítulo ou seção do trabalho citado tornará simples encontrá-lo.

***

No interessantíssimo "manual de etimologia portuguesa" intitulado *Por trás das palavras*[3], o professor Mário Eduardo Viaro explica que o particípio passado de *venire* é *ventus*, e que ele origina em nossa língua inúmeras palavras que à primeira vista parecem muito distantes umas das outras. Assim, o *vento* que vai e vem está subentendido nos *eventos* que se sucedem à nossa

---

[3] São Paulo, Editora Globo, 2003.

volta. Tentar compreender de onde eles *provêm* leva a *aventar* hipóteses sobre por que são como são, como passo preliminar para neles *intervir*.

As *intervenções* que se seguem se apoiam na convicção de que o mundo em que vivemos pode ser complexo, porém não é incompreensível. Como disse certa vez Albert Einstein, "o Senhor é sutil, mas não maldoso: Ele não joga dados com o Universo." *Aventurar-se* por territórios diversos daqueles que se está habituado a percorrer implica riscos – inclusive o de se equivocar. Mas também pode resultar em algum conhecimento, e, graças a ele, em um pouco mais de lucidez.

Se puder contribuir para que você, caro leitor, sinta-se instigado a pensar sobre os assuntos nele abordados, este pequeno livro terá alcançado o seu objetivo.

São Paulo, abril de 2011

Renato Mezan

Parte I
Cenas brasileiras

Mário Covas e o homem comum

Morreu o governador de São Paulo. Ao lado das cerimônias apropriadas às circunstâncias – luto oficial, cortejos solenes, velório visitado por inúmeras autoridades e personalidades – assistimos a um fenômeno de outra ordem: uma genuína comoção popular. Cidadãos comuns deslocaram-se para se despedir de Mário Covas, trazendo-lhe uma homenagem que talvez não lhe tivessem prestado em vida – na sua posse no cargo, por exemplo, não vimos nada parecido. A televisão e o rádio mostraram pessoas que choravam ou acenavam, e colheram suas declarações. Elas não eram, em geral, exageradas: não houve cenas patéticas. Havia tristeza, mas sobretudo respeito e carinho.

Vêm-me à lembrança imagens de outros funerais impressionantes: Getúlio Vargas, Carmem Miranda, Tancredo Neves, Ayrton Senna... São em primeiro lugar figuras públicas, e sua morte também teve um aspecto público. No caso de dirigentes no exercício do cargo, isto não pode ser esquecido: a liturgia do poder exige solenidade, e quem faleceu foi o governador de um importante estado brasileiro, cuja doença esteve na mídia durante bastante tempo. Mas só isso não basta para explicar o

---

Publicado originalmente no jornal *Folha de S. Paulo*, em 8 de março de 2001.

genuíno pesar de pessoas comuns, distantes da esfera política, exceto nos dias de eleição.

Creio que foi ao homem Covas, e não ao político, que se dirigiu o carinho. O brasileiro não sente vergonha de expressar seus sentimentos, especialmente em ocasiões nas quais são solicitadas sua compaixão ou sua solidariedade. Muito se escreveu sobre o perfil político de Covas, em geral ressaltando suas qualidades pessoais: integridade, firmeza, desassombro, coerência. Além destes elementos de caráter, jornalistas e políticos destacaram o lado afetivo do personagem – sua teimosia, o estilo mal-humorado, o pavio às vezes curto... O lado "humano", enfim, "apaixonado", que convivia com as qualidades de ponderação, cálculo estratégico e sentido do *timing*, essenciais para uma carreira política bem sucedida.

Estamos, portanto, falando de sentimentos e de emoções, dos dois lados do cenário: do homem e do público. Mas foram sobretudo a dignidade e a sinceridade com que Covas lutou contra a doença que mobilizaram a reação afetiva dos paulistas. À natural compaixão pelo sofrimento do outro – aqui facilitada pela ampla cobertura dada ao calvário que o governador suportou –, soma-se uma forte impressão de serenidade frente ao inevitável, intercalados por momentos de grande intensidade emocional, como aquele em que, falando de sua cirurgia, ele revelou que sentira dor e medo, como faria qualquer pessoa na mesma situação.

O homem comum pôde assim experimentar sentimentos que se potencializaram mutuamente: frente a alguém que incarnava uma figura paterna e protetora, respeito e admiração, frente ao mesmo indivíduo, porém sob o aspecto fragilizado em consequência do câncer, empatia e solidariedade. Covas era ao mesmo tempo "como eu" e "mais do que eu": identificação e idealização,

Mário Covas e o homem comum

portanto, soldaram-se como duas faces de uma mesma moeda. Acrescente-se a isso a imagem de honestidade no trato da coisa pública, que, traduzida na linguagem comum, pode se chamar simplesmente *decência* – virtude rara entre nossos políticos –, e teremos os ingredientes que, a meu ver, produziram o efeito de que falamos.

Uma última observação: Covas não era uma figura capaz de incendiar a imaginação do povo, como Getúlio, o mártir, Carmen, a menina pobre e lutadora que venceu no estrangeiro, ou Ayrton Senna, o super-homem que pilotava máquinas quase voadoras. Foi um homem extraordinário, sem dúvida, mas de uma espécie que parece ao alcance da gente comum: as qualidades que possuía eram as mesmas que gostaríamos de ter, e que muitos de nós de fato têm. O que o singularizou nos últimos tempos de sua vida foi a coragem de viver um cotidiano de dor, que o impediu de realizar seus últimos sonhos – e por isso granjeou o respeito e o carinho de tantos cidadãos anônimos.

Casa de ferreiro, espeto de pau: Psicanálise e eleições em São Paulo

Assentada a poeira do embate, conhecido o vencedor, podemos refletir com alguma distância sobre os argumentos aduzidos para explicar o resultado das eleições municipais em São Paulo. E de início chama a atenção a quase unanimidade que se formou: mais do que uma vitória de José Serra, teríamos assistido a uma derrota da prefeita Marta Suplicy, provocada – assim se diz – por suas características pessoais, em particular a arrogância. Não teria sido a sua administração, aprovada como ótima ou boa por praticamente metade do eleitorado, mas a sua *imagem*, o fator decisivo para tal resultado.

O que é, exatamente, a imagem de alguém? É a maneira pela qual os outros o percebem. Na formação de minha imagem, têm relevância minhas atitudes, minhas declarações, meu comportamento; mas, se se tratasse apenas disso, não haveria distância entre o que sou e como pareço ser aos olhos dos outros. Obviamente, existe aqui um fator proveniente destes outros, ou seja, da maneira pela qual o que digo e faço os afeta. E, no caso de um político, esta maneira tem muito a ver com os aspectos inconscientes que influem na escolha de um governante.

Publicado originalmente como "Sofrimentos do eleitor" pelo jornal *Folha de S. Paulo*, no Caderno "Mais!", em 21 de novembro de 2004.

Sim, porque o voto não é apenas o exercício de um direito por cidadãos adultos e responsáveis, que deliberam racionalmente sobre diversas propostas para o bem da *pólis*. Na adesão do eleitor a este ou àquele candidato, pesam decisivamente fatores emocionais, às vezes evidentes, às vezes obscuros para ele próprio – como se sabe desde que os primeiros oradores, na Grécia Antiga, descobriram ser possível manipular os ânimos de seus concidadãos e fazê-los se inclinar para o lado de quem melhor soubesse despertar e canalizar paixões: indignação, medo, ódio, cólera, esperança...

Voto e anseios infantis

Escolher um líder é outorgar a alguém poder e autoridade sobre nós; é, do ponto de vista da Psicanálise, atribuir-lhe posição análoga à de um pai. Por mais que a escolha se dê na esfera política, e suponha um ambiente democrático em que todos são iguais no momento de votar, e iguais em direitos ao futuro eleito (ditadores não são escolhidos pelo voto), ela comporta aspectos emocionais que não podem ser ignorados. As ponderações acerca da conveniência ou viabilidade das propostas de cada candidato sobre os assuntos públicos não se dão apenas no plano racional: são codeterminadas – e por vezes quase totalmente determinadas – por poderosas forças afetivas. De onde a eficácia do *marketing*, que opera justamente sobre este aspecto não racional, visando a apresentar o candidato como aquele que, por suas qualidades pessoais, melhor atenderá às expectativas e anseios do eleitorado.

Num breve artigo intitulado "A novela familiar do neurótico", Freud estudou a fantasia, muito comum em crianças, de serem filhos não de seus pais, e sim de reis, nobres ou heróis. O motivo para esta fantasia é a sensação da criança de não ser

Casa de ferreiro, espeto de pau: Psicanálise e eleições em São Paulo

correspondida em seu afeto pelos pais, de ser por eles menosprezada, em particular porque tiveram a infeliz ideia de gerar outros filhos, com os quais ela precisa dividir amor e atenção. Sentimentos de rivalidade e fantasias de agressão, especialmente dirigidos ao pai, podem então engendrar a "novela familiar": não sou filho *deste* homem, mas de outro, e posso, portanto, desafiá--lo e atacá-lo. Tal fantasia desempenha um papel importante no caminho da emancipação da criança frente à autoridade paterna, prestando-se além disso – diz Freud – a múltiplas funções na vida psíquica, porque pode se colocar a serviço das mais variadas tendências. Mas, por trás da agressão, esconde-se a *idealização*: pois a figura deste pai "melhor", "mais adequado", é construída a partir das lembranças da primeira infância, quando o pai era tido por sábio, perfeito e bom: "a fantasia expressa, portanto, o pesar da criança por ter deixado para trás aqueles tempos felizes."[1]

Não me parece demasiado simplista utilizar essa ideia para compreender, ao menos em parte, o que está em jogo no ato de votar. Votar é escolher a quem obedeceremos (ainda que dentro dos limites da lei), a quem entregaremos o poder de decidir sobre os inúmeros aspectos de nossas vidas que dependem do Estado, a quem atribuiremos os instrumentos políticos para realizar nossas aspirações e anseios no plano da vida social. Neste sentido, o gesto de apertar o botão da urna eletrônica parece realizar de modo indireto a fantasia de poder escolher nosso pai, selecionando um entre vários pretendentes a esta função.

---

[1] S. Freud, "O romance familiar do neurótico", *Studienausgabe*, Frankfurt, Fischer Verlag, 1970, volume IV, p. 226; *Obras Completas de Sigmund Freud* (trad. Luis Lopez Ballesteros y Torres), Madrid, Biblioteca Nueva, 1973, volume II, p. 1363. Como explicado na Apresentação, essas edições serão mencionadas respectivamente como SA e BN, seguidas dos números de volume e página.

Intervenções

"Aspirações" e "anseios": termos ambíguos, que cobrem desde ideias perfeitamente racionais sobre como queremos que seja a *pólis*, até obscuros desejos inconscientes, que por assim dizer tomam carona na porção adulta da mente do eleitor. Por exemplo, "segurança" quer dizer estar garantido em medida razoável contra a violência, e neste sentido tem uma significação pública e política; mas também alude à sensação interna de estar protegido, de não ser exposto à dor, ao medo, ao frio e à fome – em suma, de não se sentir *desamparado*. O desamparo, não é preciso insistir, faz parte da experiência de todos nós – todos fomos bebês, e em certas regiões de nossa psique continuamos a sê-lo por toda a vida. A busca de alguém supostamente capaz de nos proteger desta vivência desconcertante e ameaçadora está presente em inúmeras situações individuais e coletivas, da escolha de um parceiro amoroso à crença em entidades divinas, do desejo de um emprego estável à identificação com um time de futebol, do culto aos heróis ao medo de envelhecer, adoecer ou morrer.

É evidente que o desejo de ser amparado pode se prestar à exploração demagógica ou populista – Getúlio não era o "pai dos pobres", Stalin não era o "pai dos povos"? –, mas não é necessário que seja sempre assim. Um dos elementos mais importantes para a estruturação da imagem de um político na mente de seus possíveis eleitores (pobres ou ricos, de esquerda ou de direita, instruídos ou não) é a confiança que ele ou ela é capaz de despertar quanto à sua capacidade para ocupar o lugar imaginário "do que ampara" – e, se isto pode acontecer em função de suas propostas políticas e sociais, de sua afinação com as expectativas e sensibilidades de um dado eleitorado, também depende de seu comportamento, de suas atitudes e do seu discurso.

Não se trata de fazer promessas, de resto pouco críveis para um público cada vez menos ingênuo, mas de criar a impressão de ser ao mesmo tempo *competente* e *sensível às necessidades do outro*. Competente, pensaram os paulistanos, a prefeita sem dúvida é – sua gestão foi considerada, de modo geral, adequada –, mas o traço da arrogância parece ter comprometido a avaliação do outro quesito. E isso apesar da percepção de que defendeu os interesses da parcela mais pobre da população, criando programas que a beneficiaram de modo evidente.

Como explicar esta contradição? Muitos sublinharam que ter escolhido a saúde como um dos focos da campanha foi um erro de grandes proporções. E não apenas porque ressaltava uma área em que a administração em julgamento teve dificuldades, mas, penso, porque tocava no nervo sensível do desamparo. Hospitais, remédios, assistência médica, significam "cuidar da dor", "minorar o sofrimento", e isso num momento de particular fragilidade da pessoa.

O bom desempenho de José Serra quando ministro da Saúde, explorado de forma inteligente por seus conselheiros e contraposto às dificuldades que o PT enfrentou para reconstruir o sistema municipal de assistência médica após a catástrofe do PAS, contribuiu decisivamente para ligá-lo à *imago* de "alguém que ampara", capaz de cuidar dos desempregados (o seguro-desemprego nasceu de um projeto apresentado por ele, quando deputado federal), dos idosos, das crianças (campanhas eficientes de vacinação), dos doentes (remédios genéricos, mais baratos, boa distribuição do coquetel AZT, enfrentamento com as multinacionais sobre patentes, etc.) – ou seja, dos desamparados de modo geral: seria, como dizia seu *slogan*, "o prefeito da gente". E isto não de modo demagógico, mas com medidas que testemunham sua "competência", isto é, sua capacidade para tirar ideias do papel e as fazer influir beneficamente na vida das pessoas.

Intervenções

Arrogância e narcisismo

A "arrogância" da prefeita entra, a meu ver, neste contexto. Como traço de personalidade, ela está ligada à dimensão narcísica, ou seja, à apreciação que cada qual faz de si mesmo, de seu lugar no mundo e do papel dos outros. É evidente que, quanto mais narcisista um indivíduo, menos ele se preocupará com os outros, ou melhor, mais estes outros desempenharão um papel de coadjuvantes nos roteiros fantasmáticos do sujeito. A arrogância é a face visível desta configuração: mesmo quando a pessoa está fazendo algo bom para outrem, isto parecerá estar a serviço de sua própria grandeza, e não tanto a serviço do bem-estar dos demais.

O psicanalista Wilfred Bion estudou esta característica de personalidade à luz da teoria kleiniana[2]. Segundo ele, a arrogância pode ser uma reação à sensação de não ser compreendido pelo outro, e também à fantasia de que este outro não pode conter, em sua própria mente, aquelas partes da nossa que, por as sentirmos como excessivamente dolorosas ou aterradoras, precisamos projetar para dentro de nosso próximo. A arrogância se manifesta assim em situações de comunicação, como um apelo desesperado a que o outro nos "contenha", aceite suportar nossos aspectos loucos ou regredidos, mas também – paradoxalmente – como um ataque a esta mesma capacidade de continência, gerando um círculo vicioso de incompreensões recíprocas.

Não se trata, evidentemente, de interpretar de modo selvagem a pessoa da prefeita, nem, aliás, a do seu adversário. Mas parece exato afirmar que, muitas vezes, ela produziu a impressão de alguém demasiado preocupado consigo mesmo, e isto apesar – friso, *apesar* – de ter iniciado programas de vasto

---

[2] W. Bion, "On Arrogance" (1967), in *Second Thoughts*, Londres, Maresfield Libary, 1984, p. 86-92.

alcance social. Outros motivos foram invocados para explicar por que não foi reeleita – sua separação do senador Eduardo Suplicy, suas roupas, sua festa de casamento suntuosa, as taxas que criou, assim como as obras viárias que infernizaram a vida de muitos habitantes da cidade (e não apenas os das zonas nobres, pois o trânsito afeta a todos). Invocou-se até o conservadorismo do eleitorado – embora este último fator possa ser questionado, já que, em quatro eleições recentes, os paulistas escolheram duas mulheres, uma delas nordestina, e um negro nascido no Rio de Janeiro. Também seria preciso, numa análise mais completa, levar em conta os motivos pelos quais o discurso de seu adversário foi mais eficaz, já que não se tratou apenas de uma derrota de Marta, mas igualmente de uma vitória de Serra.

É provável que, além das atitudes da prefeita, alguns desses fatores tenham influído na decisão dos paulistanos de não a reconduzir ao cargo; outros, com certeza, foram induzidos por erros estratégicos na condução de sua campanha. O que me parece evidente é que muitas de suas falas e atitudes foram de molde a suscitar a impressão de alguém particularmente satisfeita consigo mesma, para quem a não aprovação de seus concidadãos tinha o ar de uma surpresa incompreensível: por que eram tão incapazes de ver quão excelente tinha sido sua administração?

Julgue o leitor o efeito das respostas que deu para as perguntas abaixo, que a revista *Veja São Paulo* também colocou para seu adversário:

– Quem foi o melhor prefeito de São Paulo? "Eu."
(Serra: "Prestes Maia");

– Um luxo? "Banho de banheira com sais."
(Serra: "comprar DVD's");

– Um *hobby*? "Tenho talento para pintar."
(Serra: "ver filmes");

— Uma qualidade? "Determinação."
(Serra: "minha capacidade para me colocar no lugar dos outros");

— Um canto de São Paulo de que gosta? "Avenida Nove de Julho, pelo que fiz nela."
(Serra: uma praça perto de sua casa, e a vila onde mora sua mãe).

Mesmo levando em conta que respostas a uma entrevista não traduzem necessariamente a verdade íntima de uma pessoa, salta aos olhos a maior habilidade do ex-ministro para se apresentar como alguém aberto ao outro e capaz de reconhecer seus aspectos bons (ver filmes que não dirigiu, elogiar um prefeito que deixou boas lembranças, apreciar uma praça que não construiu, chamar a atenção para sua capacidade de empatia), enquanto as respostas da prefeita sistematicamente acendem os holofotes sobre si mesma. Ingenuidade? Inabilidade? Não cabe aqui ir além da constatação: a imagem que tais respostas favorecem não é, certamente, de molde a ocupar o posto vacante do pai da primeira infância.

"A mulher de César não deve somente ser honesta; ela precisa também *parecer* honesta", diziam os romanos. Pouco importa se o vencedor é tão, mais ou menos narcisista e autocentrado quanto aquela a quem derrotou; a versão vale mais do que o fato, e talvez o descaso com o que a Psicanálise nos ensina tenha sido um dos motivos que fizeram Marta Suplicy perder esta eleição. Casa de ferreiro...

A volta do Febeapá

A recente polêmica em torno das estatísticas sobre obesidade e desnutrição no Brasil deixou pasmos os que ainda têm algum respeito pela Lógica. Segundo o IBGE, existem hoje no país mais pessoas com sobrepeso do que passando fome. O que concluir daí? Que existem dois problemas diferentes, cada qual com seus motivos. Mas não foi isso o que circulou; o surrealismo nacional apressou-se a deduzir que: 1) *se* existem pessoas gordas, *então* a fome não é mais um fenômeno importante no Brasil; 2) *se* ainda há quem passe fome, *então* isso é menos grave do que a alimentação excessiva ou inadequada. E a resposta dos que pensam diferente também não primou pela coerência: os que afirmavam 1) e 2) não estariam dizendo uma bobagem – a intenção deles seria torpedear os programas sociais do atual governo, fazendo crer que atacam o problema errado.

Poucos foram os que apontaram o evidente sofisma envolvido na discussão. E foi precisamente isto – a conivência latente com a irracionalidade – que me chamou a atenção nesta sucessão de disparates. Por que disparates? E o que nos ensina a leviandade com que foram proferidos?

Publicado originalmente como "Sociedade de bacharéis", pelo jornal *Folha de S. Paulo*, no Caderno "Mais!", em 5 de janeiro de 2005.

Em primeiro lugar, vejamos o erro de raciocínio: trata-se de duas afirmações paralelas – "existe fome no Brasil" *e* "existe obesidade no Brasil" –, e não contraditórias. Considerar que uma é o oposto da outra é o mesmo que pensar que, porque chove no Rio Grande do Sul, no mesmo dia não pode fazer sol em Pernambuco. Em segundo lugar, a falta de contextualização: *quem* sofre de fome, ou de obesidade? Onde isto acontece? Em que camadas sociais? Quais as causas desses fatos? Cada afirmação é apenas parte de um todo, e, sem que este seja minimamente apresentado, é impossível compreender a posição relativa que cada dado nele ocupa, e, portanto, o que ele significa. É o apagamento do contexto que permite a ligação arbitrária entre as duas informações, como se fossem contraditórias, e não apenas diferentes.

A busca de relações entre os dados de nossa experiência é uma necessidade humana fundamental, e sua função é tanto intelectual – tornar compreensível o mundo à nossa volta – quanto emocional – proporcionar a segurança que decorre desta compreensão. Desde que essa segurança seja garantida, pouco importa que as relações encontradas sejam verdadeiras (o que aqui significa conformes à realidade objetiva) ou imaginárias (aqui significando conformes a um sistema de crenças aceitas por uma comunidade, por exemplo a magia entre os homens primitivos). O importante é estabelecer relações que comportem *evidência*, e vemos imediatamente o risco de tomarmos por verdadeiras relações cuja principal característica é confortar nossa angústia de não saber, e portanto de não podermos nos defender dos perigos que rondam nossa existência.

Dois mil anos de filosofia foram dedicados a definir o que é verdade e o que é erro, e a discussão ainda permanece em aberto; não é aqui o lugar de nos estendermos sobre ela. Mas alguns pontos *foram* estabelecidos além de qualquer dúvida, e um deles é que de duas afirmações paralelas nada se pode concluir, porque não há termo médio que permita passar das premissas à conclusão.

Mas, dirá o leitor, desnutrição e obesidade não são extremos de uma mesma coisa – os hábitos alimentares – que portanto serviria como termo médio? Apesar das aparências, a resposta é *não*. Chuva e sol também são extremos do "tempo", e nem por isso se pode deduzir da presença de um aqui a presença (ou ausência) do outro acolá. E isto porque não se trata de uma oposição conceitual, caso em que efetivamente se trataria de termos correlacionados, mas de realidades materiais: afirma-se que a existência de A (obesidade) cancela, ou torna menos relevante, a existência de B (desnutrição). É aqui que reside a falácia.

Mas por que, se ela é tão óbvia, pessoas inteligentes persistiram em não a enxergar? Mesmo que fosse válida a teoria conspiratória ("querem torpedear os programas sociais"), ela só daria conta das intenções sinistras dos que desqualificaram a pesquisa, porém não do absurdo lógico que estamos comentando. Vale a pena ir mais longe: a partir deste exemplo do bestialógico nacional – que Stanislaw Ponte Preta chamava acertadamente de *Febeapá*, acrônimo de "Festival de Besteiras que Assola o País" – talvez possamos identificar um aspecto da vida brasileira que vai muito além dele.

Trata-se da tendência a evitar o árduo caminho da demonstração, saltando diretamente para o garboso território das conclusões. Em outras palavras, o passo-a-passo indispensável em tantas coisas, tanto no pensamento como na vida, é visto como aborrecido; a minúcia, o cuidado com a verificação, o necessário asseguramento de que o que fizemos está "em ordem" antes de passar à etapa seguinte – tudo isso, que não tem charme nem brilho, mas garante que o próximo passo será dado com segurança, tende a ser desconsiderado como "coisa de obsessivo", incompatível com a inventividade e a exuberância que caracterizam nossos compatriotas.

Talvez estejamos diante do ressurgimento – se é que alguma vez ele se extinguiu, o que me parece muito duvidoso – do famoso "espírito bacharelesco", hoje *aggiornato* com um fascínio pelos números que o parece contradizer, mas na verdade é apenas a sua vestimenta contemporânea. O próprio do espírito bacharelesco é a verborragia, a retórica pela retórica, e sobretudo o diletantismo, ou seja, a mania de falar (bonito, de preferência) daquilo que só se conhece superficialmente. É claro que a retórica, neste caso, serve para distrair a plateia, evitando que ela se dê conta de quão tolos são os argumentos do orador.

Insisto: a versão contemporânea do estilo condoreiro parece consistir no uso indiscriminado dos números. Qualquer informação nos chega quantificada, como se quantificá-la fosse o mesmo que compreendê-la: ficamos sabendo que as vendas neste Natal foram tantos por cento superiores à do ano passado, etc. O que não nos é dito é se e por que a escala de comparação (de um ano para outro) é relevante: isso exigiria situar o dado num contexto mais amplo, e é precisamente a omissão deste último que torna inútil a informação isolada.

Oscar Wilde disse certa vez que "há um M em 'Monmouth' e um M em 'Macedônia', mas nada se aprende a partir desta analogia". Precisamos distinguir com mais cuidado entre o essencial e o acessório, o aleatório e o correlacionado, o significativo e o irrelevante. Nunca é demais lembrar que "razão" significa primeiramente *proporção*, e que esta se refere à relação das partes entre si e com o todo do qual são partes. E não me venham dizer que vivemos na era pós-moderna, em que prevalece a estética do fragmento, etc. Toda sensação é por natureza fragmentária, assim como toda informação; é nossa tarefa as *com-por*, pô-las junto umas das outras, a fim de discernir seu sentido e sua relevância (termo que vem de *relevo*, como algo que se destaca contra um fundo liso). Isso pode ser trabalhoso, mas até o cético Wilde – para quem "não há lógica que possa tornar os homens razoáveis" – completou sua frase assim: "mas sempre é útil analisar, formular e investigar." Amém.

O escândalo dos doutores demitidos

Abro meu *e-mail* e deparo com uma chamada intrigante: "A PUC/SP não discrimina doutores". Quem envia a mensagem é a Assessoria de Comunicação Institucional (ACIPUC): para meu espanto, fico sabendo que muitas faculdades particulares se recusam a contratar professores com título de doutor, ou mesmo os despedem logo após a defesa. E por quê? Porque um doutor ganha alguns reais a mais que um mestre, e este mais do que um bacharel, licenciado ou especialista.

Dia seguinte: encontro na *Folha Ilustrada* uma crônica de Moacyr Scliar, "Crime e castigo". O coordenador está passando uma descompostura no professor, cuja frequência a um curso de pós-graduação acaba de ser descoberta: como ousa ele fazer tamanha bobagem? E dá-lhe ameaças! O professor, atônito, concorda em desistir da pós, ou pelo menos manter secreto o seu título quando o obtiver – qualquer coisa, desde que não perca o emprego.

Conversas com colegas me fazem ver que o assunto não é, como havia pensado, uma piada de mau gosto. A "discriminação

---

Publicado originalmente pelo jornal *Folha de S. Paulo*, no Caderno "Mais!", em 23 de março de 2005.

contra os doutores", por motivos que beiram o ridículo – mais dez reais por hora-aula, na maioria das vezes – é um dos escândalos mais grotescos que encontramos no amontoado de aberrações em que se converteu o ensino superior pago "neste país". Custa a crer que o aperfeiçoamento de um professor seja causa de demissão ou de não contratação; no entanto, é o que vem acontecendo em inúmeras escolas particulares. Aqueles com quem conversei a respeito estão receosos; temem ser postos no olho da rua se forem identificados. Mas suas experiências são "amargas", como me disse um deles.

Não basta, contudo, esfregar os olhos e nos indignarmos com este absurdo. É preciso refletir sobre o que ele significa, sobre o descalabro que se instalou no setor pago da educação universitária. O paradoxo torna-se ainda maior se lembrarmos que, nas últimas décadas, órgãos como o CNPq, a CAPES e a FAPESP aplicaram centenas de milhões de reais em bolsas de mestrado, doutorado e pós-doutorado, visando à capacitação do pessoal docente, e por extensão à melhoria do nível de ensino no País. Apenas uma fração dos que obtêm estes títulos podem ser absorvidos pelas universidades públicas ou por escolas particulares que valorizam a titulação, como as PUC's, FGV's e algumas (poucas) outras. Quando o recém-doutor envia seu currículo ou vai fazer uma entrevista, porém, descobre que seu título depõe contra ele, que está *overqualified*...

Sabemos que, para credenciar um curso, o MEC exige entre outras coisas uma certa cota de doutores e mestres no corpo docente; mas esta cota muitas vezes não é observada, ou, quando o é, portadores de certificados de especialização (curso no qual não é preciso redigir uma tese) contam como mestres. Credenciado o curso, as verificações são esparsas e complacentes, aceitando-se explicações esfarrapadas para a insuficiência de pessoal titulado. Diversos colegas contaram-me que, ao procurar trabalho, o entrevistador não corou ao dizer que "nossa cota de doutores já está preenchida" – tomando a percentagem estabelecida pelo MEC (10% de doutores, o que já é pouco) como teto, e não como piso.

Não se trata apenas do desperdício de tempo, dinheiro (pessoal ou público) e esforço intelectual por parte de quem conseguiu obter o título que almejava, nem de tesoureiros que, de olho no balanço da empresa, preferem pagar por uma aula vinte reais em vez de vinte e cinco. Estamos diante de uma concepção do ensino como mercadoria, e da mão de obra que produz esta mercadoria como fator meramente quantitativo, cujos custos devem ser mantidos no patamar mais baixo possível.

A educação superior está estruturada como uma pirâmide: os alunos da graduação são ensinados por alguém já concluiu seus estudos universitários, e que busca na pós-graduação um complemento para avançar na carreira. O título deveria ser um fator capaz de decidir sobre a contratação, como o é nos concursos, e seria de se esperar que, *ceteris paribus*, as faculdades dessem preferência ao candidato mais graduado. Mas é o contrário que se verifica: contanto que sejam preenchidas as horas-aula, é mais lucrativo pagar menos e selecionar um professor que tenha apenas bacharelado, argumentando que o curso já tem todos os mestres e doutores de que "precisa". E que se danem os alunos: desde que paguem suas mensalidades, o que menos importa a quem lhes vende um diploma é a qualidade do que for ensinado. Todos conhecemos "universidades" em que, como nos clubes, para entrar no *campus* se passa um cartão pela catraca; basta estar *intramuros* – ainda que na lanchonete ou no cabeleireiro – para não "estourar em faltas".

A miopia dos donos destas arapucas tem um componente de ganância e outro de ignorância, esta a respeito da diferença entre um doutor e um mestre. Um doutor não é apenas um mestre que escreveu mais uma tese; pelas regras da academia, ele pode orientar candidatos a ambos os títulos, porque é um especialista em sua área, cujo trabalho foi avaliado publicamente por uma banca na qual pelo menos dois componentes devem ser de outra instituição. Não estou idealizando o valor de um título: todos sabemos que há teses melhores e piores, departamentos mais exigentes ou menos. Mas é lícito supor que alguém que passou pelo duro teste de duas defesas de tese só pode enriquecer o curso de graduação em que vier a dar aulas.

Outros equívocos

Na verdade, o caso dos doutores é apenas a ponta de um *iceberg* de equívocos na nossa educação superior, cuja regulamentação, tão boa no papel, é tão falha na prática, justamente por desconsiderar a complexidade do real e querer uniformizar tudo segundo um mesmo padrão (de hábito inatingível).Um desses equívocos transparece na convicção segundo a qual todo professor é por direito de nascença alguém capaz de dar aulas e, simultaneamente, ser um investigador no campo a que se dedica – o famoso binômio "ensino e pesquisa". Sem querer desqualificar a atividade do pesquisador, deveríamos reconhecer que muitos professores, titulados ou não, não possuem vocação para produzir conhecimento novo, que é o que significa propriamente a palavra "pesquisa". Seu talento é transmitir o conhecimento já existente, algo tão necessário quanto pesquisar – especialmente nos cursos de graduação, nos quais se trata de equipar o aluno com o saber já acumulado naquela área de estudo. Preparar boas aulas não é o mesmo que pesquisar; se é preciso ler, informar--se, planejar, isso não significa que quem assim procede seja um investigador desbravando as fronteiras do conhecimento.

O escândalo dos doutores demitidos

Por vezes, podem coincidir na mesma pessoa um ótimo pesquisador e um excelente professor; mas isto é raro, e é injusto exigir que seja sempre assim.Em vez de exigir isso de todos os que ensinam na universidade, deveríamos prestigiar a figura do bom professor, empenhado em realizar sua tarefa da melhor forma possível. Disso, seguramente, faz parte a busca de aperfeiçoamento por meio dos cursos de pós-graduação; estes professores deveriam ser incentivados, e não punidos – é o mínimo que se pode pensar.

Da mesma forma, os diplomas de nível médio deveriam ser mais valorizados, melhorando o conteúdo dos cursos que os conferem e desmistificando a ideia de que somente o diploma universitário conduz a um futuro mais promissor. Inúmeros alunos de escolas particulares, sobretudo dos cursos noturnos, não têm condições de (nem desejam) fazer mais que o mínimo necessário para obter um diploma. Por que os iludir, fazendo-os crer que ao terminar um curso de quarta categoria estarão dando o salto para o sucesso profissional? Não seria mais digno, e mais honesto, reconhecer que um curso médio consistente os ajudaria a chegar aonde querem, com um gasto muito menor de tempo e de dinheiro?

Mas isso implicaria reconhecer publicamente o que todos sabem: inúmeras faculdades particulares têm por objetivo principal o enriquecimento dos seus proprietários, e para alcançá-lo estão dispostas a vender um serviço de qualidade pavorosa. O nível do que ali é ensinado só não é pior devido à dedicação de muitos professores, que consideram como sua missão utilizar a disciplina que lecionam – mesmo que seja de cunho "técnico" – para formar, na parca medida do possível, o espírito dos seus alunos. É indigno que seus empregadores faturem milhões economizando tostões.

Intervenções

Para terminar, uma sugestão concreta: que, no projeto de reforma universitária atualmente em debate, sejam introduzidos dispositivos que favoreçam a maior capacitação do corpo docente, usando os tradicionais instrumentos empregados pelos cavaleiros para fazer andar suas montarias – a cenoura e o chicote. Cenoura: vantagens aos cursos que tenham maior proporção de professores titulados. Chicote: sanções disciplinares e monetárias (provavelmente as únicas eficazes neste território) contra os que a cada ano não aumentarem aquela proporção até chegar a um nível aceitável de titulados – por exemplo, 50% de mestres e 30% de doutores. Quem sabe, ameaçando mexer no bolso dos empresários do ensino, o escândalo da discriminação dos doutores venha a se tornar mais uma das vergonhosas lembranças que o Brasil esconde nos desvãos da sua memória. Por enquanto, ele é uma chaga aberta – e ameaçando gangrenar.

Pior que um crime: um erro

Questionado por Napoleão acerca da conveniência de mandar assassinar o Duque de Enghien, seu ministro Talleyrand teria retrucado: "De forma alguma, Majestade! É pior que um crime – é um erro."

Diante desta resposta, muitos pensarão nas sugestões que, em seu *Príncipe*, Nicolau Maquiavel oferece aos que queiram governar um Estado. E, a propósito das revelações que têm assombrado o país, o pensador vem sendo lembrado com insistência: ao "maquiavelismo" da cúpula do PT caberia a responsabilidade pela dilapidação do capital político acumulado ao longo de vinte e cinco anos de combates. Por outro lado, seria por não ter seguido as lições do florentino – que recomendava aos governantes firmeza no trato da coisa pública – que o presidente Luís Inácio Lula da Silva se teria colocado na difícil situação em que se encontra por causa do "mensalão". Que pensar destas afirmações, que permeiam muitos dos comentários sobre a crise atual?

Publicado originalmente pelo jornal *Folha de S. Paulo*, no Caderno "Mais!", em 7 de agosto de 2005.

Virtù e fortuna

O pensamento de Maquiavel é mais complexo do que a caricatura que dele traçaram seus adversários, na qual ele aparece apenas como defensor da amoralidade, e mesmo da imoralidade, no exercício do poder. Na verdade, o diplomata toscano foi o fundador do que hoje chamamos ciências políticas, porque compreendeu que a vida do Estado depende de um jogo de forças no qual nenhum contendor dispõe de meios para manter para sempre a sua hegemonia. Em seu vocabulário, estes contendores são o "príncipe", os "grandes" e o "povo".

Os escritos de Maquiavel analisam de que modo os Estados devem se organizar para atingir a grandeza, e também aconselham seus dirigentes sobre as formas de conquistar e manter o poder, diferentes segundo se trate de uma república ou de uma monarquia. A pecha de *imoral* se deve a que ele não recua diante do fato de que, para conseguir seus objetivos, o governante pode ter que recorrer a meios cruéis ou violentos: daí a ideia de que os fins justificam os meios. Maquiavel jamais o disse desta forma; para ele, os fins do Estado são a glória, a grandeza e o bem comum, e é para alcançá-los que admite o uso de *quaisquer* meios – bons, neutros ou maus, tanto faz. Comentando o assassinato de Remo por seu irmão Rômulo, escreve ele nos *Discursos sobre a primeira década de Tito Lívio*: "embora o feito o acuse, o resultado deveria escusá-lo", pois o crime foi necessário para estabelecer as primeiras instituições de Roma, segundo ele responsáveis pela imensa grandeza daquele povo[1].

---

[1] "Discourses on the first decade of Titus Livius", in *Machiavelli: The chief works and others*, trad. Allan Gilbert, Durham, Duke University Press, 1965, vol. III, p. 218. Cf. igualmente Rob Jub, "Consider Phlebas"(blog na

Pior que um crime: um erro

É fundamental compreender que Maquiavel *não* está interessado no aspecto moral do problema: não é que aprove – nem, de resto, desaprove – a ação evidentemente indigna do fundador da *Urbs*. O nervo de seu argumento consiste em considerá-la unicamente sob o ângulo de sua eficácia para que Rômulo atingisse seu objetivo, que era reinar sozinho.

À disposição de fazer o que for necessário para alcançar a grandeza ou a glória cívica, Maquiavel chamou *virtù*, termo para o qual talvez a melhor tradução seja "competência". É ela que torna o Príncipe capaz de compreender o que se passa à sua volta, não se deixando enganar pelas aparências e tomando as decisões que melhor convierem – fazer alianças ou desfazê-las, mostrar-se clemente ou brutal, manter acordos ou traí-los (neste caso, cuidando para dispor de meios capazes de neutralizar as reações dos prejudicados, que naturalmente tudo farão para se vingar). Misto de lucidez, determinação, conhecimento e habilidade, a *virtù* é a principal qualidade que um príncipe ou um Estado deve possuir para tornar-se grande e assim se manter.

Mas, para que isso aconteça, é preciso também o concurso da *fortuna* – a combinação favorável das circunstâncias – que, graças à sua elevada *virtù*, o príncipe tem condições de aproveitar: recursos naturais ou militares, fraqueza momentânea de seus adversários internos ou externos, oportunidade adequada para tomar tal ou qual medida, e assim por diante. Por outro lado, sem *virtù* o bafejo da *fortuna* será incapaz de impedir o enfraquecimento de um Estado, ou a ruína de quem o governa.

---

internet, sem endereço de site), "Lord Acton's dictum and Machiavelli", 30.01.2009.

Intervenções

Apesar das inúmeras mudanças que desde o tempo de Maquiavel ocorreram na organização dos Estados, sua análise permanece válida: na arena política, confrontam-se forças de magnitude diversa, e a *virtù* continua a ser o elemento decisivo para assegurar o triunfo de uma delas. No que se refere ao governante, ela se chamará atualmente *visão de estadista, habilidade política*, ou como quisermos: na sua ausência, projeto algum chega a se consolidar.

Lula tem *virtù*?

Esta sumária apresentação do pensamento de Maquiavel nos permite formular uma questão: até que ponto Lula tem demonstrado possuir *virtù*? Lembremos que esta qualidade nada tem a ver com o que chamamos "virtude", e portanto não pertence à esfera da ética. As reiteradas afirmações do presidente sobre sua probidade pessoal – "ninguém neste país é mais ético do que eu" – estão assim totalmente fora de lugar, sem contar que lembram irresistivelmente a madrasta de Branca de Neve diante de seu espelho.

Como líder sindical e como construtor de um partido, Lula demonstrou possuir *virtù* em abundância: seu carisma, sua habilidade, sua determinação são os responsáveis pela trajetória que todos conhecem. Desde que iniciou seu mandato, porém, a quantidade de erros que cometeu, ou que permitiu que fossem cometidos por seus ministros e pela cúpula do PT, sugere que lhe falta dolorosamente aquilo que faz de alguém um grande presidente. E tivemos alguns: Getúlio e Juscelino, para ficar nestes, souberam conduzir o país a novos rumos, embora a ambos tenha faltado, no final da vida, o sopro da *fortuna*.

Parece-me que a atitude do presidente, inteiramente fora de tom e muito aquém do que a situação atual exigiria, provém – pelo menos até agora – dessa ausência. Como notou entre outros Maria Rita Kehl em entrevista ao caderno "Mais!", seu discurso tem sido de modo geral despolitizado e despolitizador: fala como pessoa a outras pessoas, e não como chefe do Estado; emprega quase exclusivamente metáforas retiradas de domínios como o familiar (pais e filhos) ou o esporte (futebol), que nada têm a ver com o registro da política. Falta ao seu governo um projeto de país – e isto apesar de o PT ter atraído para suas fileiras, ao longo dos anos, o maior número de intelectuais já cooptado por um partido no Brasil.

Não é o caso de discutir aqui se a política econômica adotada por Lula trai ou não as aspirações dos petistas, ou se ele deveria ter feito alianças com tal ou qual facção em vez daquelas pelas quais optou. O que chama a atenção é a pusilanimidade do presidente diante de situações que exigiriam medidas drásticas, como no caso Waldomiro Diniz, ou, agora, frente às denúncias do *"cafajefferson"*. Em vez de mirar-se no exemplo de Geisel, que demitiu o general Frota quando veio à tona o que se passava nos porões do DOI-CODI paulista, Lula parece ter tomado como exemplo o que fez Figueiredo no caso Riocentro, e que lhe custou a perda da autoridade pelo restante do seu mandato.

Hybris e *nêmesis*

E quanto ao mensalão, mesadão e outras mazelas que vêm aparecendo no que Jô Soares chamou certa vez de *depoimintos*? Que diria Maquiavel de tais práticas? Já sabemos que ele não as condenaria pela evidente imoralidade que encerram. Suponho que se perguntaria se foram *eficazes* – e, com toda a certeza, diria que não.

Intervenções

Pois agir como tudo indica que agiram os dirigentes do PT demonstra sua ingenuidade – deixaram pistas que alguém já chamou de "amadoras" – mas, sobretudo, é prova de uma arrogância sem par. Roberto Jefferson percebeu isso: "eles não confiavam em nós – queriam nos comprar." Colocaram-se assim nas mãos de seus "clientes", sem avaliar até que ponto os tinham sob controle, nem como, caso eles faltassem com seus compromissos, seria possível mantê-los no cabresto. Mais: desconsideraram a possibilidade de ser chantageados e de se ver na incapacidade de continuar a corrompê-los. E, por fim, liquidaram com a maior vantagem comparativa do PT no cenário político brasileiro – a imagem de um partido de cujas posições se podia discordar, mas cuja integridade estava acima de qualquer suspeita (ainda que, como em todo agrupamento humano, alguns de seus integrantes estivessem aquém dos padrões almejados).

Lula precisa retomar a iniciativa, e não será apregoando que é um homem honrado que o poderá fazer. Quanto a seus assessores, teriam feito melhor em não desprezar a cultura erudita. Ela lhes teria talvez permitido lembrar que, nas tragédias gregas, *hybris* (arrogância) acarreta invariavelmente *nêmesis* (vingança ou castigo). Como diziam os atenienses, "aqueles a quem os deuses querem perder, enlouquecem primeiro com o orgulho."

Comércio legal de armas: sim ou não?

O referendo sobre o comércio de armas de fogo vem suscitando acaloradas discussões, o que merece ser saudado como positivo: é raro ver nossos concidadãos envolvidos desse modo num assunto de interesse público, avaliando com tanto empenho os argumentos em favor de cada posição – em suma, pensando politicamente.

Por outro lado, muitos se perguntam por que um referendo sobre *esta* questão, já que ela é apenas parte de um fenômeno muito mais grave: a escalada da violência no Brasil, e o morticínio que disso decorre. Foi por se preocuparem com esta situação que os parlamentares aprovaram, em 2003, o Estatuto do Desarmamento, após discussões que se arrastaram por seis anos. E o pomo da discórdia foi precisamente o artigo 35 desta lei, que proíbe a comercialização de armas de fogo para a população civil, excetuadas algumas categorias elencadas no artigo 6: praticantes de tiro ao alvo, pessoas que vivem em áreas rurais isoladas ou que dependem de suas armas para subsistir, seguranças, quem se sentir ameaçado em sua integridade física, etc. Os opositores desta medida barraram por anos a fio a aprovação do Estatuto; como os que queriam o desarmamento

---

Publicado originalmente como "A posse abstrata", pelo jornal *Folha de S. Paulo*, no Caderno "Mais!", em 16 de outubro de 2005.

continuaram a pressionar, acabou-se chegando a um compromisso: a lei passaria, porém o artigo polêmico seria submetido ao voto popular.

Contudo, a forma pela qual o referendo está sendo proposto omite tudo isso. Propõem-nos uma pergunta seca: deve-se ou não proibir o comércio de armas e munições no Brasil? Boa parte da confusão em que mergulhou o debate nasce desta formulação infeliz, pois os cidadãos não estão sendo informados adequadamente sobre aquilo a respeito do que devem decidir. Assim, misturam-se nas discussões coisas completamente diferentes: uns focalizam a questão da criminalidade em geral, para a qual o impedimento de que civis adquiram armas não terá efeito algum, e por isso tendem a votar pelo não. Já outros lembram tragédias que nada têm a ver com a bandidagem, e, como veem na proibição um meio de diminuir sua ocorrência, tendem a optar pelo sim.

O resultado da pergunta mal feita é, em primeiro lugar, ocultar que a lei prevê casos em que não vigorará proibição alguma, e em segundo sugerir fortemente uma *relação direta de causalidade* entre a quantidade de assassinatos e a posse de pistolas ou revólveres: "dado que possuir uma arma de fogo torna possível utilizá-la para matar alguém, deve-se ou não", etc. O caráter abstrato desta suposta causalidade deixa de lado outros motivos que engendram violência e criminalidade, faz parecerem idênticas situações essencialmente diversas, e, para dizê-lo de uma vez, ilude o cidadão, induzindo-o a crer que o controle sobre um aspecto secundário no complexo conjunto de fatores responsáveis pela morte de tantas pessoas contribuirá para minorar a probabilidade de que outras tenham o mesmo destino. Por esta razão, cabe indagar sobre o fundo do problema: *caso seja adotada, a proibição tem ou não boas chances de atingir o seu objetivo*, que é diminuir os óbitos causados por armas de fogo?

Mínimo denominador comum

Situações essencialmente diversas: o tiro que mata é o último elo de uma complexa cadeia de fatores, e mesmo de várias, que pouco têm a ver umas com a outras. A arma na mão de um assaltante que entra numa casa ou aborda alguém em seu carro é uma coisa, na mão de uma criança que a descobre na gaveta do pai é outra, na mão de um indivíduo tomado de fúria ao ficar sabendo que a mulher o traiu, ou que o sócio o enganou, é uma terceira, assim como são coisas diferentes a dita arma numa briga de bar, numa vingança premeditada, num tiroteio entre traficantes, numa escaramuça para repelir invasores de terra, ou uma onça numa caçada.

A formulação escolhida para a consulta condensa toda esta variedade de situações numa única e abstrata "posse de armas". Boa parte da discussão entre as pessoas, na imprensa e na televisão tem visado a *diferenciar novamente* aquilo que a pergunta proposta reduziu ao mínimo denominador comum. Ouvimos adversários da medida invocar o direito à legítima defesa, ou o fato de que os criminosos continuarão armados até os dentes: argumentos em si válidos, mas que perdem de vista o que se está de fato discutindo. Já os defensores do "sim" mencionam os acidentes domésticos, as tragédias que poderiam ter sido evitadas se não houvesse uma pistola à mão, o risco muito palpável de um bandido desarmar quem porta uma garrucha e a usar contra ele. Cada uma destas afirmações é verdadeira: mas, por serem todas e sem exceção *parciais* em relação ao problema em pauta, não bastam como argumento decisivo nem num sentido nem no outro.

Intervenções

Fascínio pelo abstrato

O desejo de resolver questões complexas com uma penada é antigo e recorrente na história do Brasil, assim como o costume de editar leis perfeitas no papel e inaplicáveis na realidade – isso quando não produzem efeitos contrários aos que esperava o legislador. É o que acontece, entre outros exemplos, com o código de trânsito: ao determinar pontuação muito próxima para um atropelamento fatal e para infrações leves, ele torna na prática inoperante o sistema de pontos, pois após alguns anos seria preciso cassar a carteira de quase todos os motoristas do país. Efeitos como esses resultam da sistemática desconsideração da exequibilidade das normas legais, e de um fascínio pelo utópico que parece fazer parte da cultura nacional.

Outra mania tupiniquim – copiar sem crítica o que se faz em países "mais adiantados" – tampouco nos é de grande valia nesse assunto. Na Suíça e em Israel, onde um grande número de reservistas é convocado anualmente para exercícios militares, todos guardam sua arma em casa; nem por isso ali são altos os índices de criminalidade. Já os Estados Unidos – onde também é disseminada a posse de armas, e em cujo imaginário o arquétipo do *cowboy* com um Colt à cintura tem o peso que se sabe – são uma das nações mais violentas do mundo. A conclusão que se impõe é que a posse de armas, *per se*, é pouco determinante em relação à taxa de assassinatos, a qual depende de fatores culturais, econômicos, sociais e psicológicos bem mais complexos.

A verdade é que a violência tem muitas causas, e nem sempre as mesmas em cada lugar ou em cada situação. Aqui mesmo, no Brasil, medidas como o fechamento dos bares a partir de uma certa hora (em Diadema), ou o ativo envolvimento da comunidade, acrescido de um policiamento mais eficiente

Comércio legal de armas: sim ou não?

(no Jardim Ângela), estão tendo êxito notável no controle da criminalidade.

Além disso, sabemos o que acontece quando se impõe uma norma que uma parcela importante da população não está disposta a acatar: surge imediatamente um mercado negro, traficantes passam a fornecer o artigo proibido, criam-se redes de corrupção dos fiscais, e os crimes violentos aumentam em vez de diminuir. Foi o que ocorreu com a Lei Seca nos Estados Unidos (que só beneficiou a Máfia), e com a hipócrita proibição dos jogos de azar pelo governo Dutra (que fez proliferar os bicheiros). E isso para não falar nas drogas, cuja circulação jamais foi impedida por ser ilegal; a disputa pelos lucros fantásticos que elas proporcionam, como se sabe, está na raiz de padrões de violência até há pouco impensáveis, tanto para os diretamente envolvidos no tráfico quanto para o resto da população (aliás, segundo Millôr Fernandes, em breve será vedado ao Exército servir-se de armas de uso exclusivo dos traficantes).

Da forma como está redigido o artigo sobre o qual os cidadãos devem deliberar – e insisto: devido à formulação inadequada da pergunta, sem se saber sobre o quê – a proibição não atingirá seus objetivos. São tantas as exceções, a bem dizer justificadas, que qualquer pessoa desejosa de comprar armas ou munições saberá a quem se dirigir, exatamente como quem quer usar cocaína, maconha ou *crack* não deixa de o fazer apesar da ilegalidade de tal comércio.

O controle da criminalidade exige medidas de diversas ordens, tanto por parte da população quanto do Estado, segundo as características específicas de cada região. Outra questão, totalmente diferente, é a posse de armas por civis que não são bandidos: ela é sem dúvida perigosa para quem as detém e para inocentes que estejam por perto, e por isso seriam necessários

Intervenções

controles rigorosos sobre sua venda e seu porte (pelo Estado), mas também sobre sua conservação e armazenamento (por seu possuidor). Haveria muito menos acidentes e crimes por impulso em lugares públicos se se tomassem medidas para impedir gente armada de entrar neles; e sempre convém lembrar que uma em cada duas pessoas que reagem a um assalto tentando utilizar sua arma acaba morta.

Infelizmente, o referendo não está contemplando com realismo as diferentes situações envolvendo armas de fogo. Por estas razões, e embora não pretenda jamais adquirir uma, sinto-me inclinado a votar "não". Mas preferia ter sido chamado a opinar sobre uma questão mais bem formulada – pois, ao que tudo indica, a votação de 23 de outubro será mais uma dessas iniciativas com a qual ou sem a qual a situação permanece tal e qual.

Um espelho embaçado, mas não partido

Pela violência dos ataques à polícia e a alvos civis, pela capacidade de coordenação demonstrada pelo PCC, pelo despreparo do Estado para lidar com a situação, pela constatação de que o sistema penitenciário está falido, pela percepção de que certas leis são excessivamente lenientes e alguns juízes tolerantes demais na aplicação delas – por tudo isso, os recentes distúrbios em São Paulo deixaram a população atônita. Passado o pânico, alguns se perguntam sobre o efeito destes acontecimentos na autoestima dos paulistas, na imagem que fazem de si e da sua terra. É ainda motivo de orgulho ser cidadão do Estado dos bandeirantes?

Para responder com exatidão a esta pergunta, seria preciso dispor de pesquisas que ainda não foram realizadas. Assim, o que se segue é uma impressão pessoal, fundamentada no que saiu nos jornais e em algumas ideias da Psicanálise.

"São Paulo amanheceu triste, calada e confusa", li numa reportagem. A população foi portanto atingida por um violento impacto, e a ele reagiu primeiro se protegendo fisicamente – as

---

Publicado originalmente como "Espelho embaçado", pelo jornal *Folha de S. Paulo*, no Caderno "Mais!", em 21 de maio de 2006.

Intervenções

ruas ficaram vazias – e em seguida por uma espécie de paralisação, refletindo o estupor frente a uma agressão tão súbita e feroz. Estas são as condições que caracterizam um trauma (em grego, "ferida", de uma raiz que significa "furar"): por um lado, a intensidade do golpe que atinge o sujeito, e, por outro, a condição de fragilidade em que ele o encontra. É esta, na verdade, que determina se o golpe se tornará ou não um traumatismo: pois mesmo um impacto forte pode não se revelar traumático se a vítima estiver preparada, enquanto um menos intenso, ao pegá-la de surpresa, pode ter efeito devastador.

O impacto do choque rompe, por assim dizer, a "casca" que nos envolve (a pele, no caso físico, ou o que Freud chamava de "paraexcitações", no psíquico), e introduz de chofre uma grande quantidade de excitações no interior do sujeito. Este repentino e excessivo afluxo desorganiza o funcionamento subjetivo – de onde a paralisia e o estupor: "triste, confusa e calada".

Em seguida, porém, vem a reação: é preciso ligar esta energia flutuante, impedir que continue a inundar o psiquismo como um *tsunami*. *Ligar* significa vinculá-la a representações, e com isso dar sentido à experiência: buscam-se culpados e causas para o que ocorreu, discutem-se remédios, etc. Trata-se de um complexo processo de elaboração, que passa pela mobilização de defesas a fim de neutralizar, na medida do possível, os efeitos deletérios da ruptura do paraexcitações. É este mecanismo que pode nos ajudar a responder, ao menos em parte, à questão levantada atrás.

Uma das reações à violência é a *identificação com o agressor*: a vítima assume a culpa pelo que lhe aconteceu, poupa do seu ódio quem a feriu, busca inocentá-lo, e até negar que tenha havido um ataque – como vemos ocorrer com certas crianças vítimas de abuso sexual. O custo psíquico desta defesa é enorme, podendo

Um espelho embaçado, mas não partido

chegar à "amputação" (em sentido figurado) daquela parte da psique que registrou a experiência. A consequência para a autoimagem é fácil de perceber: restaura-se o narcisismo ferido, mas ao preço de um medo paralisante e de uma culpa esmagadora, cujos efeitos se farão sentir com virulência mais adiante. Restauração ilusória, portanto.

Não me parece, pela leitura do que se publicou, que tal tenha sido o caso em São Paulo. Ao contrário, o ataque do PCC às instituições e à população desencadeou reações que buscam diferenciar os "bons" dos "maus": prova disso são as críticas dirigidas à incúria do governo, à incompetência dos órgãos de segurança, à legislação complacente ao extremo com criminosos de alta periculosidade. A população soube distinguir de onde vem a ameaça, e não deu sinais de se ver como culpada, nem de que sente vergonha por viver aqui. Da mesma forma, observou-se entre os policiais a reação clássica a uma humilhação, a qual atinge sempre o setor narcísico da personalidade – o desejo de vingança, materializado na perseguição implacável aos "suspeitos". Não vem ao caso agora discutir se a vingança é a melhor política (penso que não é): importa notar que tanto as críticas dos paulistas ao seu governo quanto as ações repressivas da polícia mostram que a reação ao trauma não foi a de se identificar com o agressor.

O que houve, sim, foi um sentimento de saturação com o discurso da complacência, e a exigência de medidas capazes de por fim à ameaça do crime organizado. Ninguém menos do que o deputado comunista Aldo Rebelo, a quem não se pode acusar de indiferença pelos direitos humanos, manifestou clara posição a respeito: é preciso que a esquerda repense sua aversão à ideia de que delito e pobreza nem sempre estão associados, que reconheça que os direitos humanos da vítima é que foram agredidos, e que portanto cabe – sempre dentro dos limites legais – um tratamento mais rigoroso para certos réus. Pois nem todo crime nasce da exclusão social: existem psicopatas, e os motivos deles para delinquir nada têm a ver com fome ou com miséria.

Também ficou claro o divórcio entre o bom senso da população e a atitude pusilânime do governo, dos políticos e do Judiciário, coisa gravíssima da qual não podemos tratar adequadamente neste artigo. Basta lembrar o discurso afrontoso do ministro Marcio Thomaz Bastos quanto a evitar a aprovação de "leis do pânico" – como se os projetos em discussão no Congresso não estivessem lá há anos, engavetados porque não interessava fazê-los tramitar – e a inacreditável ordem de um juiz para bloquear os celulares em regiões próximas às penitenciárias, com isto afetando os aparelhos tanto dos agentes do Estado quanto dos moradores da vizinhança. Em vez de ordenar revistas nos presos, em seus advogados, nas mulheres que vão às visitas íntimas, nas "quentinhas" que recebem, etc., cria-se um problema para quem nada tem a ver com o PCC, e, mais grave, dificulta-se a comunicação entre os encarregados das prisões. Sem comentários.

Em síntese: o orgulhoso lema *"non ducor, duco"* (não sou conduzido, conduzo) inscrito no brasão de São Paulo ficou seriamente arranhado com os episódios da semana. Mas isso não parece ter levado os paulistas a uma crise de identidade, nem a reações de tipo depressivo. Ao contrário, a exigência de propostas sensatas (não truculentas: *sensatas*) para combater as organizações criminosas e de determinação para as colocar em prática, nos vários âmbitos em que isso é necessário (políticas sociais de longo prazo, medidas preventivas e repressivas na esfera policial, revisão de certas leis, etc.) demonstra que o povo não é bobo, e não tirou da inépcia das autoridades conclusões equivocadas sobre quem é, nem sobre o que pode. Ainda bem.

Saída à francesa

No sábado 1º de julho de 2006, os brasileiros assistiram estarrecidos a um vexame da Seleção Nacional. Apáticos, desorganizados, os jogadores permitiram à França impor seu estilo e chutaram pouquíssimas vezes a gol. "Time sem vergonha", "desengonçado", "dorminhoco", "covarde", bradavam os jornais no dia seguinte. Boleiros de todos os matizes ofereceram explicações para o desastre; alguns apontaram fatores de ordem psicológica, já que a Kaká e seus companheiros sobram talento e experiência.

Nada entendo de futebol, e não me estimo competente para avaliar as análises que pipocaram na imprensa, no rádio e na televisão. Elas verberaram a pouca preparação de conjunto, a realização de um único amistoso – em Moscou, a menos dez graus, em março! –, as dificuldades para se concentrar em Wiggis sob o assédio de tantos curiosos, a demora do técnico em promover substituições necessárias e sua obstinação com o "quadrado trágico", a má forma de alguns atletas, etc. Parece razoável pensar que tudo isso tenha contribuído para o fracasso. Meu ângulo é outro: eu diria que, além de garra, o que faltou aos representantes do Brasil foi um pouco da velha e boa Psicanálise.

Publicado originalmente pelo jornal *Folha de S. Paulo*, no Caderno "Mais!", em 9 de julho de 2006.

Explico-me: não era preciso colocar divãs no vestiário. Mas a característica mais visível do time – ser constituído por estrelas que em sua maioria jogam no Exterior – requeria cuidados particulares em matéria de preparação psicológica. O descaso com este aspecto fundamental pode ter sido decisivo para o pífio desempenho contra a França e contra nossos demais adversários – e isso apesar de Carlos Alberto Parreira ser autor do livro *Formando equipes vencedoras* (Rio de Janeiro, Editora Best--Seller, 2006), no qual sublinha a cada página a importância da motivação e do espírito de equipe que tão cruelmente faltaram aos seus comandados.

Atentemos um pouco para a situação emocional daqueles homens, que poucas vezes e só a grandes intervalos haviam atuado juntos. Não é impossível unir indivíduos brilhantes numa equipe: os físicos que fizeram a bomba atômica, os conjuntos de câmara da música erudita, os professores de um cursinho bem sucedido mostram que isso é factível. Mas para obter êxito nessa tarefa é preciso vencer obstáculos muito específicos. Um deles é a rivalidade entre os integrantes do grupo; outro consiste na confiança na própria superioridade, na crença de que a *performance* esperada se materializará espontaneamente. Em competições, isso conduz a menosprezar o adversário e a esperar que os outros, ou a sorte, se encarreguem de fazer o necessário para obter a vitória.

Foi o que vimos no lance do gol francês. Ninguém menos que Pelé comentou que havia três jogadores brasileiros "à toa"; Zidane surpreendeu nossa zaga cobrando rapidamente a falta, a bola passou por todos e aterrissou aos pés de Henry. A jogada era ensaiada, surgira várias vezes ao longo da partida, e os brasileiros a tinham discutido na véspera, mas ninguém fez nada do que havia sido combinado para a neutralizar. Falhou Roberto Carlos – que, a bem da verdade, não estava "ajeitando a liga"

Saída à francesa

(Arnaldo Jabor, psicografando Nelson Rodrigues, em sua coluna de *O Estado de S. Paulo*), mas espreitando os adversários por baixo das próprias pernas. Todos pareciam esperar que alguém saltasse, mas ninguém o fez, e o resultado foi o que sabemos.

A arrogância (*hybris*), sabe-se desde os gregos, é o que traz ruína aos heróis. Pessoas de quem se espera um grande desempenho tendem a ocultar sua ansiedade e seus medos atrás desta máscara, que corresponde a uma reação maníaca frente a fantasias e angústias muito humanas. A isso se acrescenta, no caso da seleção brasileira, algo que Luis Veríssimo notou com argúcia: o peso do passado, a necessidade de igualar – já que superá-los é quase impossível – os gigantes que tantas glórias conquistaram. Falou-se no desrespeito à camisa amarela, na displicência com que Ronaldo e companhia envergaram o uniforme ilustre. Creio que se trata de outra coisa: por trás da soberba, havia *intimidação*, e não só diante de Leônidas, Pelé, Garrincha, Rivelino e outros campeões mais recentes. Era intimidação frente a si mesmos, temor de não corresponder à expectativa de tantos e às exigências do próprio superego.

Ter trabalhado este aspecto da angústia dos jogadores não teria talvez trazido a sexta estrela, mas certamente os ajudaria a ver nos companheiros um apoio indispensável para atingir a meta comum, e a criar o espírito de equipe que em momento algum eles apresentaram. Tal espírito só surge nas condições que Freud descreveu em *Psicologia das massas e análise do ego*: identificação recíproca entre os membros de um grupo, como consequência da identificação de cada um com um ideal de ego (causa, bandeira, valor) investido por todos[1].

---

[1] A rigor, Freud fala em identificação com um líder, mas sua análise vale igualmente para os casos mencionados (Nota de 2009).

Muito se falou sobre o fato de que, por atuar na Europa, os jogadores têm pouco contato com a torcida brasileira, e que foi um erro não se terem concentrado na Granja Comary, vendo a cada dia atrás do alambrado os rostos ansiosos dos compatriotas e imbuindo-se da responsabilidade de não os decepcionar. Não se tratava de vencer a qualquer preço, mas – como fizeram argentinos e ingleses – de lutar até o fim, e deixar o estádio de cabeça erguida. Em vez disso, diriam as más línguas, nossa seleção saiu da Copa à francesa – e duplamente: eliminados pelos *Bleus*, e sorrateiros, furtivos, pelos fundos do hotel. Em comparação, lembre-se que em 2002 Luís Felipe Scolari também tinha nas mãos astros de primeira grandeza, e soube fazer deles um time, não uma "fila de ônibus", para usar uma das imagens com que Parreira descreve um grupo sem objetivos comuns.

Psicologia de botequim

Para quem conhece a complexidade da alma humana e a sutileza com que a Psicanálise procura dar conta dela, a leitura das platitudes que recheiam os manuais de "liderança" produz um misto de incredulidade e irritação. O livro de Parreira se baseia nessa psicologia rasteira, difundida por *palestrantes* (ai, a língua portuguesa...) e paga a peso de ouro por plateias deslumbradas pela tecnologia do *power-point*.

Em vez de se servir dos conhecimentos acumulados em um século de exploração do inconsciente – a delicada relojoaria das fantasias, ansiedades e defesas, movida por poderosos impulsos emocionais –, essa psicologia de botequim confia em receitas do seguinte teor: "crie um ambiente positivo, com uma atitude mental positiva, contra as influências negativas, valorizando as conquistas e estabelecendo um clima de paz e harmonia no grupo. Busque o melhor desempenho, lute contra a resistência às mudanças..." (*Formando equipes vencedoras*, p. 83). Para "acender a chama interior que nos impulsiona rumo aos objetivos", nosso psicólogo se apoia em "histórias de superação, para estimular os indivíduos a se mirar nelas" (p. 80). Crente de que "a motivação é uma necessidade biológica como dormir, comer e respirar" (*sic*, p. 90), estabelece "metas concretas" a serem atingidas por "estímulos concretos": "acerte um número x de passes", ou "diminua seu tempo" (p. 116).

O pressuposto disso tudo – que soa como música aos ouvidos dos que acham que a vida psíquica se regula pela aritmética – é uma confusa mistura de voluntarismo com técnicas de persuasão inspiradas (distantemente, diga-se de passagem) pela teoria skinneriana do condicionamento. O sucesso destas práticas para treinar cachorros e golfinhos é inegável, mas bem menor quando os "modelos inspiradores" esbarram em inibições internas, em identificações contraditórias e em angústias cuja origem mergulha no remoto passado infantil.

Ainda que Parreira tivesse obedecido à risca suas próprias recomendações (entre outras, "ter sempre um líder em campo", p. 79; "não existe fórmula – é entrega, trabalho duro, sem cara feia", p. 90; "manter acesa a mística da camisa amarela", p. 133), o resultado teria possivelmente sido o mesmo de 1994, quando após duas horas de combate inglório a Seleção se tornou tetracampeã graças ao nervosismo de Roberto Baggio, que chutou para fora o seu pênalti.

Uma última reflexão: vivemos na sociedade da imagem, nos dizem. Tudo é aparência, nada mais tem a áspera consistência da realidade. Nossos craques, apesar dos comerciais para a TV em que exercitam toda a sua habilidade com a bola, demonstraram quão ilusória é essa afirmação: sem realidade que a sustente, a imagem se torna simulacro, e ao primeiro teste se esfuma.

Intervenções

O *dream team* só existia na imaginação dos seus componentes, e na esperança de 180 milhões de brasileiros.

E de nada adiantou recorrer ao sobrenatural, que na Comissão Técnica parece substituir o respeito pela realidade, tanto a "concreta" quanto a psíquica. À página 138 da obra de Parreira, lemos sobre o "lado místico, que os grandes líderes não devem deixar totalmente de lado. Não significa nada de concreto, mas cria uma força positiva." A eficácia desta força pode ser medida pela sorte que o técnico diz ter com o número 7, já que nasceu "num dia 27, em 43, que somados dão 7" (?!). O jogo com os gauleses ocorreu em 1/7/06; ora, além de estarmos no mês 7, o dia mais o ano dão 7, duplicando o número favorável. *Qu'en dites-vous, Monsieur Parreira?*

"Sim, amigos", como diria o cronista de *À sombra das chuteiras imortais*: faltou Psicanálise, sobraram psicologia barata e superstições. O legado de Freud não pode, é claro, substituir um bom preparo técnico. Mas talvez tivesse sido útil no terreno emocional, abrindo espaço para que os jogadores ultrapassassem suas barreiras internas e pudessem exibir em campo todo o talento que possuem. Fica a sugestão para 2010: afinal, ignorar a realidade psíquica é o melhor modo de se deixar derrotar por ela.

Três ideias sobre as eleições de 2006

O natural interesse pela disputa presidencial de 2006 deixou um tanto na sombra um fato relevante: em primeiro de outubro, tivemos não uma, mas várias eleições. A complexidade da sociedade brasileira não se reduz ao voto pró ou contra Lula; fatores conjunturais se sobrepõem a outros, estruturais, e sobre tudo isso pairam as paixões, más conselheiras quando se trata de compreender. Somente agora, passados alguns dias, é que se torna mais preciso o quadro traçado pelo voto de 126 milhões de brasileiros. O que ele revela sobre o momento atual, e sobre o que – com as reservas de praxe – se pode chamar de "mentalidade nacional"?

Lula não conseguiu a maioria absoluta que ele e seus aliados consideravam favas contadas. Atribuiu-se este fato ao não comparecimento ao debate da Globo, à foto das pilhas de cédulas apreendidas com os "aloprados", à indignação com o fedor de esgoto que emana de Brasília... Tudo isso tem sua importância – mas creio que se deve tomar o problema pela outra ponta e indagar: por que, *apesar* dessas razões, Lula chegou muito perto da maioria absoluta?

Publicado originalmente como "O panorama complexo das eleições", pelo jornal *Folha de S. Paulo*, no Caderno "Mais!", em 10 de outubro de 2006.

Intervenções

Não é plausível atribuir tais resultados apenas à "ignorância" ou à "alienação dos pobres" – nem, de resto, à "consciência de classe" ou à "desforra contra as elites". Além do carisma pessoal do presidente, é preciso considerar que a população vota com alguma consciência dos seus interesses. O mapa publicado em diversos jornais, colorindo os Estados segundo quem venceu em cada um, impressiona pela nitidez: vitória de Lula no Norte, Nordeste e Sudeste (com exceção de São Paulo), triunfo de Alckmin no Centro-Oeste e no Sul, assim como em Roraima – e isso apesar dos enclaves (poucos) de cada um no território do outro.

A que se deve tamanha homogeneidade? Claramente, aos benefícios econômicos e às desvantagens que o governo do PT trouxe a cada região. A política monetária dos últimos anos manteve a inflação em patamares baixos e barateou produtos de consumo popular; a significativa elevação real do salário mínimo teve impacto entre os 18 milhões de aposentados e 20 milhões de empregados na iniciativa privada que o recebem – majoritariamente concentrados no Norte e Nordeste. O Bolsa-Família, como notaram vários analistas, levou a presença do Estado a rincões nos quais ele jamais havia penetrado. Tudo isso produziu um importante aumento da renda naquelas regiões, e o resultado foi a vitória que elas deram a Lula.

Ao manter o real apreciado, contudo, a mesma política econômica prejudicou a agricultura de exportação e muitos setores da indústria, produzindo maciça rejeição ao presidente nas áreas onde predominam estas atividades. O voto pró ou contra Lula traduz assim, em primeiro lugar, o apoio e a rejeição ao que fez no governo. Por outro lado, a avaliação do governo e da cúpula do PT no quesito honestidade teve mais peso entre a classe média e nas regiões onde a população depende menos da ajuda direta do Estado, favorecendo o candidato do PSDB.

Mas isso requer qualificações. O PT perdeu menos cadeiras no Congresso do que se esperava, e os 1.150.000 sufrágios dados aos mensaleiros – onze dos quais voltaram ao Congresso – sugerem fortemente que nossos compatriotas não consideraram este escândalo tão vergonhoso quanto o dos parlamentares "sanguessugas": muito poucos dos acusados pela CPI das ambulâncias foram reeleitos. Por quê? Não me parece que seja somente devido ao tempo transcorrido: a população parece ter julgado que os protagonistas do mensalão já pagaram o bastante por seu "erro". Em favor desta interpretação, pesa a recondução a Brasília de Paulo Maluf, Fernando Collor e outros, cujo ostracismo foi suspenso pelo eleitorado de seus estados.

Por outro lado, não se reelegeram políticos sérios – por exemplo, Delfim Netto e Luís Greenhalgh –, mas seria equivocado colocar todos os casos no mesmo balaio: o último parece ter sido vítima do mesmo sentimento anti-PT que quase custou a vitória ao senador Suplicy, enquanto o ex-czar da economia pagou o preço de pertencer a um partido pouco expressivo em São Paulo (o PMDB).

O desejo de certeza

Vê-se que não é possível reduzir tudo a um único e mesmo fator explicativo: o Brasil é demasiado complexo, e os elementos em jogo numerosos demais para satisfazer nosso desejo de que tudo fosse simples e claro. Análises mais aprofundadas serão necessárias para avaliar cada situação, inclusive as surpresas trazidas pelas urnas, das quais também se falou bastante.

Acusou-se de incompetência ou mesmo de má-fé os institutos de pesquisa, que não previram certos resultados (Bahia, Rio Grande do Sul, etc.). Eis aí um fato que vai muito além das

Intervenções

paixões do momento, e que me parece indicar um componente fundamental do que chamei atrás de "mentalidade nacional": refiro-me ao elemento de irracionalidade patente em tantos aspectos da vida brasileira. As pesquisas trabalham com amostras, indicam tendências no momento em que são realizadas, e operam com uma margem de erro. Não podem ser absolutamente exatas; tratá-las como se fossem revelações de Jeová no Sinai mostra como é grande nossa necessidade de acreditar que *alguém* sabe, que *alguém* é capaz de discernir o futuro em meio ao alarido e às brumas do presente, o qual nos confunde pela fragmentação e pela multiplicidade de informações e de estímulos.

Aqui entramos no aspecto psicológico, que tanta importância tem quando se trata de compreender fenômenos humanos, e que é tão difícil de avaliar com precisão. Não se trata apenas do humor da nação: há que considerar também a dimensão *psi* dos candidatos, que se revela nos seus comportamentos e atitudes e se reflete em suas estratégias de campanha.

O fator narcísico

Deste ponto de vista, chamam a atenção dois aspectos na aparência diferentes, mas que na perspectiva psicanalítica estão intimamente ligados: a soberba de Lula e a determinação de Alckmin. Ambas as características relevam do que chamamos *narcisismo*, o investimento de si próprio, que condiciona entre outras coisas o grau de autoestima de uma pessoa.

Ao longo de seu mandato, o presidente chocou muitos brasileiros pelo olímpico distanciamento das acusações que pesaram sobre homens de sua confiança, e a certeza de que seria eleito no primeiro turno mostra como se deixou iludir pela idealização que faz de si mesmo – idealização, aliás, que o cobre de ridículo a cada vez que pretende ser o maior e melhor governante "deste país" desde Tomé de Souza.

Já Alckmin esteve sempre impressionantemente convicto de suas possibilidades, mesmo quando tudo sugeria que seria derrotado. Um bocado de sorte, pelos acontecimentos que precederam a eleição, somou-se a essa espantosa fé em si mesmo para o conduzir ao segundo turno. Quantos dos que votaram no ex-governador de São Paulo, porém, o farão de novo em 29 de outubro? É preciso lembrar que uma parcela desses votos não foi para ele, e sim contra Lula, visando a forçar um segundo turno – e é provável que estes eleitores, tendo conseguido o que queriam, votem nulo. Alckmin não pode se deixar picar pela mosca azul, como se a expressiva votação que obteve se devesse essencialmente à sua campanha ou às suas qualidades pessoais.

Uma última observação. O discurso em favor dos "pobres" representa um significativo recuo em relação ao que de melhor o PT havia trazido para a política brasileira: a ênfase nas noções de cidadania e de sujeito político. Muitos dos que não votaram em Lula o fizeram porque não percebem em seu governo um projeto consistente para o país: a administração do varejo e a política assistencialista ficam muito aquém do que se poderia esperar de um governo que começou com tanta esperança. Já Alckmin é rejeitado, entre outros motivos, por sua ligação com o Opus Dei – que pode acarretar retrocessos em questões nas quais a Igreja se encontra na contramão da modernidade, como o controle da AIDS ou o direito ao aborto – e pelo desastre que foi sua política em relação à segurança pública, na qual, infelizmente, incluiu os jovens da FEBEM.

Até o dia do segundo turno, ouviremos muito falatório de campanha. Convém não nos deixar ensurdecer por ele, e exigir dos postulantes que detalhem o que pretendem para o Brasil. O

Intervenções

que farão quanto a reformas necessárias em inúmeros pontos da legislação, como lidarão com as questões da educação, da saúde, da infraestrutura, da política externa? Como imaginam enfrentar os obstáculos que sem dúvida encontrarão? Em suma, que falem do seu programa. Uma possibilidade de conhecê-lo melhor seria fazer os candidatos responderem na TV às mesmas perguntas, dando-lhes tempo suficiente para que mostrem o quanto compreendem da complexidade de cada tema. Será pedir racionalidade demais?

A indignação necessária

Poucos parecem ter reparado numa notícia publicada pouco antes do Natal: numa agência carioca do Banco Itaú, o vigia matou com um tiro um cidadão que tentava passar pela porta giratória. Intimado a colocar na gaveta chaves e moedas, o senhor obedeceu, mas o detector de metais continuava a não permitir sua entrada. O guarda lhe ordenou que tirasse o cinto, o que ele se recusou a fazer, e foi alvejado como se se tratasse de um perigoso assaltante. Tragédia dupla, para a vítima – que perdeu a vida – e para o vigia, cujo gesto absurdo poderia ter sido evitado com um pouco de bom senso.

Dirão alguns que se tratava de um pobre coitado, que apenas "se excedeu" no cumprimento de sua obrigação. Não posso concordar: de um adulto, ainda mais portando uma arma, tem-se o direito de esperar alguma inteligência. O banco provavelmente relutará até o último instante em assumir sua responsabilidade, alegando que o serviço de vigilância é terceirizado, que precisa proteger seus clientes, etc., etc. E a morte de uma pessoa cujo único delito foi resistir a uma ordem cretina terá passado em brancas nuvens.

Mas é preciso refletir sobre o que significa esta tragédia. A meu ver, ela é o ponto culminante, mas previsível, da

---

Publicado originalmente pelo jornal *Folha de S. Paulo*, no Caderno "Mais!", em 3 de fevereiro de 2007.

truculência com que muitas instituições financeiras tratam quem as procura, inclusive e principalmente seus clientes. A escalada da prepotência, da arrogância e do desrespeito vem num crescendo – e um dia chegaria, como chegou, ao assassinato.

A imagem do setor bancário é a tal ponto negativa que o Unibanco prefere apresentar-se como uma entidade que "nem parece banco". O imaginário que sustenta a publicidade é um dos meios mais interessantes para auscultar o mundo em que vivemos: aqui estamos diante de um caso muito instrutivo, pois o anunciante não quer associar seu nome a algo útil ou desejável, como fazem as empresas que não se envergonham do que oferecem. Lembre-se o leitor de *slogans* como "Se é Bayer, é bom", ou "Se a marca é Cica, bons produtos indica": ocorreria a estes fabricantes sugerir que seus produtos "nem parecem" aspirina ou extrato de tomate?

Mesmo hoje, e para permanecer no exemplo das propagandas, a Toshiba faz exatamente o contrário que o Unibanco: em vários de seus anúncios, o vendedor tenta se passar por japonês, buscando capitalizar as conotações de seriedade e competência associadas aos súditos do Imperador. E o ponto forte da campanha da Toshiba é a garantia de cinquenta meses, algo que somente uma firma convicta da qualidade do que faz pode oferecer ao consumidor.

Voltemos aos bancos. A estupidez de um aparelho incapaz de distinguir uma metralhadora de uma obturação ou uma fivela de um punhal é apenas a ponta de um *iceberg* de arrogância e descaso, mas o resto dele é igualmente ofensivo. Um exemplo entre inúmeros: a mesquinharia patente nos talões de cheques.

Alguns leitores se lembrarão daquelas folhas que vinham ao final deles, e que serviam para anotações diversas.

A indignação necessária

"Esquecidos" de que pelas nossas contas não passam apenas depósitos e retiradas, mas CPMF's, IOF's, débitos automáticos, DOC's e assim por diante, os bancos reduziram a um número irrisório as linhas dos canhotos, e retiraram as tais folhas – as quais não parecem diminuir tanto assim os lucros dos seus congêneres americanos e europeus, que continuam a fornecê-las aos seus clientes.

Outro escárnio são os *call-centers*, dos quais o do Itaú é – em minha experiência, ao menos – o mais irritante, tanto pela demora quanto pela constante alteração dos passos necessários para obter tal ou qual informação. Ultimamente, o consulente é obrigado a ouvir o convite para adquirir um cartão de crédito, que "tem um Itaú de vantagens". Outro detalhe revelador: jogando com a expressão "um caminhão de vantagens", o que o bordão transmite é a desproporção entre o veículo enorme e a pequenez do indivíduo postado à sua frente. Cochilo do publicitário, com certeza, mas que deixa transparecer algo efetivamente associável ao banco em questão – peso mastodôntico, falta de flexibilidade, dificuldade para ser manobrado...

O público deveria manifestar mais, e com mais veemência, indignação contra o desrespeito com o qual – das sutilezas aqui evocadas ao brutal assassinato de um inocente – é cotidianamente tratado por certas instituições financeiras. É inadmissível que em nome da segurança (dos banqueiros, é claro) se permita que vigias despreparados, mas *armados*, humilhem e ameacem quem precisa dos serviços de uma agência. É inadmissível que o consulente seja empurrado de tecla em tecla como uma alma penada, que precise de chaveiros com senhas para usar um caixa automático (Unibanco), ou carregar consigo um "cartão de segurança", sem o qual não pode efetuar uma simples transferência de conta para conta, se esta superar um valor irrisório

Intervenções

(Itaú)[1]. É inadmissível que os caixas estejam situados nos pisos superiores, obrigando as pessoas a subir escadas para chegar aos guichês (como em inúmeras agências do Banco do Brasil).

Em resumo: não há como não concordar com o personagem de Brecht – creio que em *Mahagonny* – que, questionado sobre se considera um crime assaltar um banco, responde pensativo: "Talvez... sob certas circunstâncias, pode ser, sim... Mas com toda certeza é um crime *abrir* um banco."

---

[1] Recentemente substituído por uma geringonça eletrônica ainda mais incômoda, o *i-token* (Nota de 2009).

Psicopatia existe, sim

Um garoto de seis anos arrastado por vários quilômetros, preso ao cinto de segurança de um carro: a crueldade inominável desse ato chocou mesmo os policiais que o encontraram, após o abandono do veículo pelos bandidos que o queriam roubar – um deles, menor de idade, outros tendo completado há pouco dezoito anos.

A primeira reação de quem toma conhecimento de um crime assim bárbaro é exigir que ele seja castigado, até por meios cruéis. Os assassinos deveriam experimentar na própria pele a dor que causaram ao menino e à sua família... Olho por olho, dente por dente. Mas logo contemos esse impulso: não somos bárbaros, a sociedade não pode reagir na mesma moeda que os criminosos. Mas isso não diminui nossa necessidade de compreender como é possível um ato dessa natureza, e se se podem tomar medidas para evitar sua repetição.

A violência é uma constante na história da humanidade. Sob a forma de guerras, massacres, escravização dos vencidos, tortura e outras práticas, acompanha desde as cavernas a trajetória da nossa espécie. Variam seus modos de expressão: ela pode ser coletiva, como nos exemplos acima, ou individual (crimes), física ou mental, aberta ou sutil, ocasional ou constante, neste

---

Publicado originalmente como "João vai à guerra", pelo jornal *Folha de S. Paulo*, no Caderno "Mais!", em 17 de fevereiro de 2007.

caso configurando um estado de violência que eventualmente chega a desagregar o tecido social (o sociólogo Émile Durkheim chama a isso "anomia", ausência de lei) – mas está sempre no horizonte da vida social.

Freud a explicava como consequência da nossa constituição psíquica, "que inclui uma boa dose de agressividade"[1]: cobiça, ambição, inveja, rivalidade, raiva, desejo de vingança, são sentimentos que fazem parte da natureza humana, e que desde sempre induzem a atos violentos, cujo objetivo é assegurar a quem os pratica riqueza, glória, sucesso, reabilitação da sua autoestima, e assim por diante. *"Homo homini lupus"*, o homem é o lobo do homem, dizia o filósofo Thomas Hobbes.

Ocorre que a sociedade não pode tolerar tais atos; para os coibir, criaram-se normas, e punições para quem as viola. O medo do castigo – dor física, privação de liberdade, penas pecuniárias, morte – é um dissuasor eficaz, mas precisa ser complementado pela adesão de cada indivíduo aos valores promovidos por seu grupo – o que, segundo a Psicanálise, é obtido pela instalação em sua mente de uma instância denominada superego. A ela, como agente interno das normas externas, incumbe o controle dos nossos impulsos, em particular dos violentos.

Em certas pessoas, porém, o superego falha em sua função. Nelas o sentimento de compaixão inexiste, ou é muito precário; seu comportamento revela que não veem no outro um semelhante, mas um meio para satisfazer suas pulsões e fantasias, ou, caso ameace a realização delas, um obstáculo a ser eliminado. É o caso dos assassinos, e mais geralmente dos psicopatas, que sempre colocam seus objetivos acima de qualquer outra

---

[1] S. Freud, "O mal-estar na cultura", SA IX, p. 240; BN III, p. 2046.

consideração – e, para os alcançar, não têm escrúpulo em causar dano a quem quer que seja.

É claro que existem motivos sociais para o crime. Miséria, fome, desigualdade gritante podem gerar ódio e desespero, especialmente se a sociedade não oferece perspectivas de reduzir tais mazelas por meios dignos; quem as experimenta pode querer privar os mais favorecidos do que possuem, pois a situação é sentida como um acinte – "por que ele, e não eu?"

Mas é preciso cuidado para, a pretexto de "ser de esquerda", não invocar esses fatores como se fossem uma verdade absoluta, válida para qualquer caso – e, a meu ver, jamais diante de crimes praticados com uma desumanidade que claramente satisfaz impulsos inconscientes. Furtar uma carteira, arrancar a bolsa de uma mulher ou exigir o tênis de marca de um adolescente são coisas bem diferentes de premeditar um assassinato, ou cometê-lo nas circunstâncias da tragédia que vitimou o menino João Hélio.

"Boneco de Judas"

O mais chocante, neste caso, é a frieza do jovem que, ao ser interrogado sobre por que não deteve o carro ao perceber o que estava acontecendo, respondeu que se tratava de um "boneco de Judas". Eis como uma tradição cultural (a malhação do Judas, em outros tempos frequentemente acompanhada por ataques a judeus no sábado de Aleluia) pode criar uma racionalização da violência (é lícito punir os assassinos de Cristo) e um modelo de impunidade (se são culpados de deicídio, é um ato piedoso agredi-los).

Nenhum motivo "social", porém, pode dar conta da crueldade destes jovens assassinos. A vida é dura nas favelas, mas seus habitantes são via de regra pessoas decentes, incapazes de fazer o que eles fizeram: não é porque são desprovidos de muitas das coisas que desejam que saem por aí roubando automóveis ou matando crianças.

O que terá passado pela cabeça dos ladrões, ao perceber o que estava acontecendo do lado de fora do carro? Infelizmente, suspeito que nada. Nas pessoas normais, entre o impulso ou fantasia e o ato se interpõe todo um sistema de mediações: imagens, palavras, representações, expectativas, sentimentos, e assim por diante. No indivíduo impulsivo, essas mediações são frágeis ou inexistentes: ele passa quase de imediato do desejo à ação, e só depois se dá conta das consequências do que fez. O psicopata, que se caracteriza pela ausência do sentimento de culpa, sequer se arrepende do que praticou, enquanto a pessoa simplesmente impulsiva pode querer reparar o dano que causou – quando este admite reparação, o que, está longe de ser o caso na tragédia do Rio de Janeiro.

Pode-se ter por inimputável alguém que faz algo desse gênero? Se tiver menos de dezoito anos, a lei brasileira não permite que seja condenado à mesma pena que um adulto. Crimes como o que estamos comentando sugerem que é necessário revisá-la: mesmo que menores de idade, estupradores e assassinos como Champinha, ou como alguns dos jovens que causaram a morte do menino carioca, não podem ser colocados na mesma categoria que um "avião" de traficantes ou que um garoto que assalta por dinheiro. É óbvio que tais atos são intoleráveis; deve existir vigilância e repressão para os evitar, sem prejuízo da tentativa de recuperar, com medidas socioeducativas, o menor que os tiver praticado. Mas é nítida a fronteira entre delitos contra a propriedade, ou infrações leves, e crimes contra a vida e a integridade de outro ser humano.

Sem cair em barbárie semelhante à dos assassinos de João Hélio, sem os querer linchar – numa manifestação de violência que nos colocaria no mesmo nível que eles –, é preciso reavaliar dispositivos legais que, ao garantir penas leves, em nada contribuem para dissuadir menores de praticar atos dos mais cruéis. A lei deve ser reformulada, tomando-se as devidas cautelas para evitar precipitação e injustiça. Por exemplo, exames psicológicos poderiam ser realizados por dois peritos independentes, e o juiz se serviria desses laudos para tomar sua decisão. O que não pode continuar acontecendo é que crimes hediondos levem anos até serem julgados, ou, pior, permaneçam impunes – ou a banalização da violência acabará por rasgar o tecido já esgarçado da sociedade brasileira.

O brado de Aline, irmã do menino assassinado, deve ser ouvido: "justiça!"

Estímulo à impunidade

"Nada estimula mais a criminalidade do que a certeza antecipada da impunidade, por absolvição ou prescrição do crime", disse o ministro Carlos Ayres de Britto, do Supremo Tribunal Federal, quando do brutal assassinato do menino João Hélio[1].

A barbárie da coisa chocou o país: pendurado pelo cinto de segurança, o menino foi arrastado em alta velocidade pelas ruas do Rio. Apesar dos gritos dos que viam o carro passar, os ladrões não se detiveram – e entre eles havia um adolescente de dezesseis anos. Na época, houve um clamor pela redução da maioridade penal, e, segundo pesquisa do Datafolha, cresceu muito o número de brasileiros favoráveis à pena de morte. Vozes mais ponderadas, como as do juiz encarregado do caso, de Dona Zilda Arns e do governador José Serra, sugeriram aumentar o tempo em que um menor infrator pode ficar recluso.

Entende-se essa proposta: pela lei brasileira, após cumprir uma pena máxima de três anos, o menor (ou ex-menor,

---

Publicado originalmente pelo jornal *Folha de S. Paulo*, no Caderno "Mais!", em 28 de fevereiro de 2010.

[1] Em fevereiro de 2010, um dos assassinos de João Hélio – o que na época do crime era menor de idade – recuperou a liberdade. Este artigo comenta o fato.

dependendo da idade que tiver na data da soltura) está quite com a Justiça. Pouco importa que tenha ficado preso por bater uma carteira, por ser avião de traficante, por ter estuprado a irmã ou por ter participado de um feito tão cruel quanto o que vitimou o garoto carioca: três míseros anos, e volta para casa. No máximo, pode ser colocado em liberdade vigiada, o que significa que deve dormir todas as noites numa instituição credenciada. Ora, segundo a Vara da Infância do Rio de Janeiro, sete em cada dez ex-menores nesta condição deixam de cumprir a norma – e nada lhes acontece. Tudo se passa como se tivesse havido absolvição ou prescrição do crime, com as consequências previstas pelo ministro Britto.

Esses fatos são conhecidos há muito pelos que lidam com delinquentes juvenis, mas recentemente ganharam destaque graças a uma notícia estarrecedora: atendendo à solicitação de uma ONG, o juiz Marcius Ferreira conferiu proteção federal a um dos assassinos de João Hélio, precisamente aquele que na época tinha dezesseis anos. Motivo: na "instituição socioeducativa" em que ficou, outros detentos teriam ameaçado matá-lo, e, ao ser solto, ele estaria correndo risco de vida.

"Com que direito" – talvez alguém me objete – "você, que não é advogado nem jurista, critica uma decisão judicial?" A resposta é: com minha condição de ser pensante, e no exercício do uso público da razão, que segundo Kant caracteriza a maioridade intelectual e o exercício da cidadania.

Não envolve desrespeito pelo Judiciário, nem por qualquer outra instituição pátria, considerar equivocada a decisão, porque equipara pessoas ameaçadas por criminosos (por exemplo, testemunhas de delitos) a um criminoso que fez bem mais que ameaçar sua vítima. Seria um insulto (mais um...) ao contribuinte brasileiro que um único centavo dos seus impostos

Estímulo à impunidade

fosse destinado a dar "assistência financeira" a ele, e um insulto aos que justificadamente gozam de proteção sob este programa da Secretaria Nacional de Direitos Humanos.

Foi o que entendeu o Tribunal de Justiça do Rio, ao reverter a decisão e expedir contra o indivíduo um mandado de busca. E se ele for encontrado, ou se entregar? Ficará preso por mais tempo, pelo crime pavoroso do qual foi partícipe? Não: deve ser "condenado" à liberdade vigiada, diz o desembargador que emitiu a ordem (*Folha*, 24 de fevereiro de 2010) – exatamente a regra da qual escarnecem 70% dos que a deveriam obedecer.

Por que tamanha leniência na legislação brasileira, não só para com os menores infratores, mas também para com qualquer tipo de réu? Não estou defendendo rigores sádicos, mas tudo parece indicar que, a partir do momento em que alguém é acusado de um crime, torna-se mais digno de cuidados e de respeito que o comum dos cidadãos. O direito de defesa e a um processo justo – conquistas das quais não podemos abrir mão – não implicam necessariamente as oportunidades que nossos códigos processuais oferecem a quem quiser e puder burlar as leis do país.

Qual o sentido, por exemplo, de determinar uma pena que excede o permitido pela lei? A sentença máxima vigente no Brasil é de trinta anos de prisão, mas os assassinos "maiores" de João Hélio foram condenados a 39, 45, etc. Com certeza há doutas justificativas para tal decisão, mas a impossibilidade jurídica de a cumprir faz com que, ao reduzi-la, a segunda instância dê a impressão de estar aliviando o castigo – e isso, digam o que disserem, apenas aumenta o descrédito dos tribunais perante os cidadãos.

A verdade é que o Estado brasileiro não sabe controlar a violência da sociedade civil de modo a desestimulá-la. Ora é demasiado brutal, ora injusto com os mais fracos, ora complacente com os poderosos, ora excessivamente brando (ou, como neste caso, cínico) na interpretação do conceito de "direitos humanos". Penso que um dos motivos dessa incapacidade de exercer com serenidade a função de resguardar a segurança dos cidadãos que não são criminosos é a experiência da ditadura. O cerceamento dos direitos políticos durante aquele período levou os constituintes de 1988 a criar salvaguardas para as liberdades essenciais – o que é louvável –, mas também a dificultar ao extremo ações e práticas dirigidas aos que as ameaçam. Entre elas, conto a de *viver*, negada ao pequeno João Hélio pelo jovem alvo da extremosa atenção de uma ONG e de um juiz.

Muito há que reformar no Judiciário brasileiro, dizem os especialistas. Por que não começar com algo tão simples quanto curvar-se à evidência da justiça? Concordo que ela nem sempre é clara – mas em casos como este que nos ocupa não cabem dúvidas: um assassino confesso, já beneficiado por uma norma que o liberta depois de um tempo irrisório, não tem por que ser incluído num programa cuja finalidade é bem outra.

Quero deixar claro – não penso que o rapaz devesse ser executado por quem o detesta: apesar de criminoso, é um cidadão, e tem direito exatamente à mesma proteção que qualquer outro brasileiro. Contudo, está na hora de deixarmos para trás as sequelas da tirania militar. Quando mais não fosse por respeito às vítimas, e aos seus familiares, devemos reconhecer que um assassino é um assassino, e que deve cumprir até o fim a pena que lhe for imposta. Três anos são muito pouco para isso; objeto de escárnio por quem a deveria prezar como uma concessão especial, a liberdade condicional como vem sendo praticada acaba criando a "certeza antecipada da impunidade" – e portanto tem efeito contrário ao esperado pelo legislador.

Estímulo à impunidade

Em suma: o jovem assassino está à solta. Não precisa da quase invisibilidade que o programa federal garante a inocentes ameaçados; se precisa de proteção, é contra a falta em sua psique dos freios morais que impedem os não psicopatas de fazer o que ele fez. Essa assistência psicológica poderia (e deveria) ser oferecida pelo Estado – mas, a meu ver, pelo menos, atrás de grades bem resistentes.

Falta Descartes,
sobra Maria Antonieta

A tragédia do dia 17 de julho de 2007 pôs a nu, mais uma vez, a desídia e o escárnio das autoridades frente aos cidadãos "deste país". Além do "que se f..." do sr. Marco Aurélio Garcia, enquanto os bombeiros ainda lutavam para resgatar os restos das vítimas dos escombros o ministro da Aeronáutica entregava à cúpula da ANAC – por "serviços prestados à aviação!" – a medalha Santos Dumont. Tais demonstrações de falta de sensibilidade – até mesmo a prudência política recomendaria mais cautela – vêm se acrescentar a uma série de declarações acintosas que, desde o acidente com o jato da Gol em setembro do ano anterior, se sucedem por parte dos (ir)responsáveis pelo sistema aéreo nacional.

Da insistência em não reconhecer que ele necessita ser inteiramente revisto para voltar a operar num padrão aceitável de segurança e eficiência – "não há risco para a segurança de voo no Brasil" (José Carlos Pereira, presidente-relâmpago da Infraero, dezembro de 2006); "no fundo, é uma crise emocional" (Waldir Pires, ministro da Defesa, novembro de 2006); "eu acho que a crise já acabou" (Lula, dezembro de 2006) – à atribuição

---

Publicado originalmente pelo jornal *Folha de S. Paulo*, no Caderno "Mais!", em 29 de julho de 2007.

dos problemas a causas absurdas – "é a prosperidade do país, mais gente viajando, mais aviões nas rotas" (Guido Mantega, ministro da Economia, junho de 2007) –, assistimos a insultos cotidianos à inteligência dos brasileiros.

Há quase um ano, disparates em cascata e acusações recíprocas têm sido a tônica do discurso oficial. E quando por fim se anunciam tímidas medidas para tentar resolver os problemas, elas se deparam com o ceticismo de especialistas no assunto e dos usuários dos aviões, porque provêm da mesma incompetência que marca tantas iniciativas do governo atual: "tapa-buraco" não é apenas o apelido de uma delas, mas a definição mais adequada da maneira pela qual hoje se administra o Brasil.

As causas pelas quais o Airbus não conseguiu frear ainda estão sendo investigadas. Falha humana, defeitos nos sistemas mecânicos ou eletrônicos do aparelho, condições inadequadas da pista, ou uma combinação destes e de outros fatores, seriam motivos para *este* acidente, com *este* avião, *neste* aeroporto. No entanto, por pavoroso que tenha sido, ele não teria provocado a indignação que suscitou se não ocorresse em meio a um caos sem precedentes na aviação civil brasileira – do qual não têm culpa nem o piloto, nem o fabricante da aeronave.

Ela recai sobre os órgãos que, na colcha de retalhos em que se transformou a administração pública, se superpõem e se entrechocam neste setor, como em tantos outros. Esse emaranhado de agências, ministérios, conselhos *et caterva* está sendo dirigido por pessoas sem o preparo necessário, e sobretudo sem coragem para tomar decisões que se oponham a interesses particulares – das companhias aéreas, dos controladores de voo, das empreiteiras, dos partidos que impõem nomeações em troca de apoio ao governo, e por aí vai. Sua pusilanimidade levou, entre outros absurdos, à liberação da pista de Congonhas antes que

Falta Descartes, sobra Maria Antonieta

tivessem sido feitas as ranhuras que aumentariam a segurança dela em caso de chuva.

Governar é manter firme o leme (*gubernium*) da nau do Estado, na metáfora cunhada por Platão, e que – de tão usada desde a *República* – acabou por se desgastar. Depende um tanto da Fortuna caprichosa, mas principalmente de competência e de pulso firme para tomar medidas impopulares. Que se compare o descalabro atual no tráfego aéreo à forma pela qual o governo anterior lidou com a crise no setor elétrico: sem idealizações ou partidarismos, o fato é que se tomaram providências, algumas de alcance imediato, outras de efeito mais demorado, porém dentro de um plano coerente e executado com firmeza.

Mas Descartes, que no *Discurso do método* aconselhava dividir as dificuldades em tantas partes quantas fossem necessárias, e solucioná-las indo das mais simples às mais complexas, não faz certamente parte das referências dos nossos atuais governantes. Estes preferem inspirar-se em Maria Antonieta, de quem diz a lenda que teria mandado a multidão faminta que batia às grades de Versalhes comprar brioches, já que não tinha pão.

A lembrança não está fora de lugar: além do cinismo cruel e do desprezo pelo sofrimento alheio, a frase atribuída à rainha bem poderia ter sido proferida pelos levianos que embelezaram estações de passageiros antes de cuidar das pistas dos aeroportos, e sugerem aos viajantes "relaxar e gozar" – como se, adulta e especialista em sexualidade humana, a ministra do Turismo não soubesse que no leito a ordem dos fatores é inversa: primeiro vem o orgasmo, depois a distensão.

O pensamento mágico – "quero prazo, dia e hora para anunciar ao Brasil que não tem mais problema nos aeroportos", disse o presidente Lula a certa altura, como se não dependesse do governo que dirige tomar providências para que isso acontecesse

Intervenções

– substituiu em Brasília a racionalidade e o planejamento: "o governo *tem esperança* [sic] de que a situação se resolva em duas semanas", declarou uma "otoridade", em meio à operação--padrão deflagrada pelos controladores em outubro de 2006.

O hábito de empurrar as coisas com a barriga vem de longe na administração pública brasileira. É graças a ele que não se implantaram os meios rápidos de transporte que tornariam Viracopos e Cumbica opções aceitáveis para quem precisa viajar de ou para São Paulo. É graças a ele que se deixam de adquirir equipamentos necessários e de fazer manutenção nos existentes, assim como de tomar medidas cuja necessidade salta aos olhos – "enquanto a questão dos controladores não fosse resolvida, não conseguiríamos detectar os outros problemas", teve a cara de pau de declarar à *Folha de S. Paulo* a sra. Denise de Abreu, diretora da ANAC.

Medidas simples, como a construção de bloqueios de concreto poroso para amortecer a velocidade de um avião em dificuldades – que já existem em aeroportos americanos com características semelhantes às de Congonhas – não foram tomadas: por quê? Outras, como a fixação de tarifas diferenciadas para desestimular o pouso de determinados tipos de avião em tal ou qual aeroporto, ou mesmo a aplicação de multas que doam no bolso das companhias se desobedecerem a normas técnicas e se tratarem seus passageiros como se fossem gado, ferem os interesses delas, e portanto jamais saíram do papel.

E isso junto com um sistema ensandecido de licitações públicas, nas quais por lei deve prevalecer sempre o menor preço. Qual dos senhores governantes escolheria por este critério um hospital para fazer uma cirurgia, ou uma escola para seus filhos? Já Adam Smith dizia que "não há nada que não se possa fazer um pouco pior por um preço um pouco menor" – e o que ocorreu na estação Pinheiros do metrô paulistano lhe dá carradas de razão. Às favas com critérios técnicos, com a segurança, até com a ousadia estética – viva a mediocridade, e empanturrem-se os bolsos dos altos funcionários com propinas de todo tipo.

Nada pode trazer de volta as quase quatrocentas pessoas que morreram nos acidentes da Gol e da TAM. Fatalidades acontecem, mas algumas poderiam ser evitadas se se tirassem as lições pertinentes das que as precederam. Deboche, incúria, negligência e covardia, porém, não conduzem a nada, exceto a mais sangue inocente nas mãos dos irresponsáveis que, em vez de executar o trabalho para o qual foram nomeados, querem fazer crer ao público que a culpa é sempre dos outros.

Talvez, se fossem menos arrogantes, pudessem aprender algo com uma frase de Abraham Lincoln: "é possível enganar a todos por algum tempo, e alguns durante todo o tempo – mas não todo mundo o tempo todo."

Grifes vistosas, prazeres secretos

O artigo em que o apresentador Luciano Huck protesta contra a insegurança nas cidades brasileiras desencadeou uma polêmica considerável. Nela, porém, uma pergunta brilha pela ausência: por que um povo conhecido por sua impontualidade dá tanto valor a um relógio? E não se diga que é apenas a "elite" que o cobiça: os ladrões provavelmente o venderam a um receptador, mas nada impede que venha a adornar o pulso de um chefão da periferia.

O Rolex foi o primeiro relógio de pulso de precisão, fabricado na Inglaterra por um alemão chamado Wilsdorf; somente depois da Primeira Guerra Mundial é que a empresa se transferiu para Genebra. Wilsdorf era um ótimo artesão, e também um gênio da publicidade. Tendo aperfeiçoado um sistema à prova d'água, colocou um aquário na vitrine, e ali deixava suas máquinas funcionando; num golpe de audácia, ofereceu uma delas a uma nadadora que iria cruzar o canal da Mancha – e o mecanismo aguentou firme as muitas horas no mar. Desde o início, portanto, a marca ficou associada à excelência, mas igualmente à resistência, à elegância e à aventura.

Publicado originalmente como "Prazeres secretos", pelo jornal *Folha de S. Paulo*, no Caderno "Mais!", em 14 de novembro de 2007.

Intervenções

O curioso é que a mesma combinação de realidade e imaginário aderiu ao bisavô do Rolex: o relógio de bolso, inventado no século XVIII. Barbara Soalheiro[1] explica que os primeiros a serem fabricados custavam pequenas fortunas: assim, chegar na hora a um compromisso tornou-se símbolo de *status*, já que indicava que o cidadão pontual era rico o suficiente para possuir um *watch*. A autora conta que era comum as pessoas comprarem um em sociedade, reservando um dia da semana para cada proprietário: nos outros, no bolso do colete não havia nada – mas a corrente que saía dele suscitava a admiração desejada pelo cidadão.

Assim, no simples ato de usar um relógio coexistiram desde sempre funcionalidade e imaginário. Os meios de comunicação – pinturas e gravuras, depois romances e jornais – se encarregaram de o transformar num objeto de desejo. Mas o que, exatamente, se deseja nesse desejo?

A palavra *griffe* significa garra: é o leão que deixa na presa morta a marca do seu poder. Como os poderosos são em pequeno número, usar um objeto de marca prestigiosa é também sugerir que pertencemos ao conjunto seleto dos que "podem" – e mandam. Eis por que, além de servir a fantasias de exibição fálica, a roupa, a caneta, o carro (e o relógio) se tornaram ícones identificatórios, indicando que seu portador faz parte de um grupo valorizado, do qual a maioria está excluída. Neste sentido, cumprem a mesma função que as marcas tribais, a circuncisão, os símbolos religiosos e políticos, etc.

Ora, aquilo que começa nas altas rodas é rapidamente imitado pelas outras camadas da sociedade. Pense-se no terno

---

[1] *Como fazíamos sem...?* São Paulo: Panda Books, 2006.

de linho branco, em voga no início do século passado: pouco importava que fosse leve e confortável. Tornou-se rapidamente símbolo de ócio – quem o usava não se sujava trabalhando –, e era esse o recado que passava quando vestido por um boêmio carioca.

Curiosamente, no Brasil, a mensagem "sou importante" não é veiculada pela pontualidade, mas pelo seu oposto. Barbara Soalheiro explica: como aqui o tempo não era marcado por relógios particulares, mas pelos sinos da igreja, chegar atrasado (à missa ou a um encontro) era sinal de desprezo pelas obrigações – portanto, privilégio senhorial.

Se o Rolex está do lado do que a Psicanálise chama exibicionismo (termo que não tem caráter pejorativo, apenas designando um dos destinos possíveis da libido), outro *fait divers* da semana parece ligar-se ao seu par complementar: o voyeurismo. As fotos de Mônica Veloso despida nas páginas da *Playboy* excitaram a imaginação de muitos brasileiros (e talvez a inveja de muitas brasileiras). Mais uma vez, funcionalidade e aura se entrelaçam num episódio revelador.

À primeira vista, o que torna a jornalista desejável são as curvas sedutoras do seu corpo, que inspiram fantasias nas quais se oferece a quem a contempla. Mas inúmeras modelos bonitas adornam as páginas das publicações masculinas: por que então o "auê" em torno desta moça? Talvez haja aqui outro fator: ao nos entregarmos ao deleite de contemplar sua plástica, colocamo-nos na mesma posição daqueles com quem ela teve relações. Ora, Mônica Veloso certamente teve outros namorados, mas é com o enlameado senador Renan Calheiros que se identifica quem compra a revista, ou acessa o *site* dela na *internet*.

E que benefício nos traz essa identificação com "Sua Excrescência"? A resposta não é difícil: todos gostaríamos de poder exibir impunemente aquela postura arrogante, de poder pisotear impunemente as regras do convívio civilizado e de impor nossa vontade aos outros com a mesma truculência que o representante das Alagoas. Ao comer com os olhos a mulher que foi dele, usufruímos por um instante prazeres semelhantes aos que ele desfrutou. Mas apenas vicariamente: para nossa frustração, o superego, a polícia e o olhar reprovador dos outros limitam a realização destes desejos à esfera do devaneio.

Muitas outras questões, é claro, podem ser levantadas a partir de cada um desses episódios, mas não deixa de ser interessante a perspectiva que eles abrem sobre o funcionamento da psique humana. Na sua vasta porção inconsciente, não nos basta ser amigos do rei: somos o próprio rei, o herói, o caubói – e nosso cavalo nem precisa falar inglês.

Papagaios e piratas

A fotografia publicada no dia 10 de janeiro em vários jornais, mostrando a devolução ao MASP dos quadros furtados do seu acervo, merece ser conservada nos arquivos nacionais. De preferência com mais cautela que a dispensada a Picasso e Portinari pelo museu paulista – pois, se for tratada com a mesma displicência que aqueles artistas, os estudiosos que no futuro tentarem compreender os costumes e a mentalidade "deste país" se verão privados de um documento precioso.

A imagem mostra os quadros guardados por dois policiais; ao lado deles, uma fileira de senhores engravatados, fitando com ar solene algum ponto fora do alcance da câmera (talvez outra objetiva, para a imortalidade?); em torno de uma mesa, quatro personagens também endomingados e uma senhora apenas parcialmente visível completam o *tableau*.

As matérias que acompanham a foto dão notícia do fausto com que a direção do MASP recebeu as obras: champanhe, vestidos longos, entrevista coletiva etc. Um aparato considerável cercou a breve viagem delas até a Avenida Paulista: helicóptero, motociclistas, viaturas, luminosos ligados... Dizem os jornais que uns cem policiais participaram da "operação" – quem sabe

---

Publicado originalmente pelo jornal *Folha de S. Paulo*, no Caderno "Mais!", em 20 de janeiro de 2008.

os mesmos que, se estivessem patrulhando as ruas, provavelmente teriam impedido alguns assaltos e sequestros-relâmpago.

O ridículo destas duas cenas incita a refletir. Embora alguns não considerem de bom tom elogiar a polícia, manda a justiça reconhecer que desta vez ela cumpriu com eficiência sua função, sem usar métodos violentos e servindo-se dos instrumentos adequados – entre os quais, como é óbvio, uma boa dose de discrição. Por que esse sucesso indiscutível precisa ser transformado num espetáculo constrangedor? Se a preocupação era com a segurança dos quadros, não seria mais prudente devolvê-los num veículo anônimo, como tantos outros que circulam pela cidade?

É evidente que o objetivo da "operação" era oferecer aos cidadãos embasbacados uma demonstração de poderio. E o mais impressionante é que não faltaram crédulos para saudar o cortejo quando este chegou ao museu: atores e espectadores parecem assim unidos num pacto silencioso, que em nada os enaltece, e que vale a pena tentar explicitar.

O transporte dos quadros – não ilustrado por imagens – fornece o contexto real da foto, na qual aparecem somente dois policiais. Os personagens retratados formam parte da direção do museu, cuja incompetência em prover segurança para o patrimônio artístico sob sua guarda está na origem da série de fatos que veio a culminar na cena aqui comentada. Lembremos que o furto foi cometido em três minutos, nas barbas de vigilantes absurdamente despreparados, e que se revezavam no "rodízio do sono". Mas isso é como que apagado da memória e substituído pela euforia do reencontro, como se Suzanne Bloch e o Lavrador acabassem de chegar sãos e salvos de alguma aventura que inspirasse preocupação em seus amigos.

O discurso do presidente do MASP, de um cinismo inacreditável, faz referência às medidas de proteção – "semelhantes às do Louvre" -– a serem adotadas de imediato. Depois de a casa ter sido arrombada, colocam-se taramelas eletrônicas – e a empresa que as fornecerá terá direito ao seu logo nos corredores do museu. Sem comentários... Nas palavras do dignitário, a incúria dá lugar a um fatalismo de fazer inveja a Jeca Tatu: "tem coisa que só Deus pode garantir 100%". Por exemplo, um sistema eficaz de segurança – ou será que o Louvre confia ao Todo-Poderoso a vigilância do *seu* acervo?

Uma vez ocultadas as causas reais do roubo, que, insisto, é apenas o último elo de uma longa cadeia de negligências de conhecimento público, o passo seguinte é aproveitar-se descaradamente do trabalho alheio, no caso, o da polícia. É a desfaçatez com que isso ocorre que impressiona – e também o que nela está implicado, a saber, que ninguém vai ligar a mínima, pois "é assim que as coisas são".

Cunhou-se a expressão "papagaio de pirata" para designar aquelas pessoas que se esgueiram por trás de um personagem importante, com o intuito de ter sua anônima imagem associada à dele. Aqui, o papagaio tem até mais destaque que o pirata, reduzido a dois policiais que pouco se destacam diante de tantas belas almas postadas no palco. Coisas da vida...

"Gracias, señor"

Mas, se aceitamos que assim seja, é porque estamos habituados a cenas semelhantes quando se trata da coisa pública – no caso, não as obras, que pertencem a uma entidade particular, mas a ação da polícia. O cortejo imponente é apenas uma variante das cerimônias de inauguração de pontes, viadutos, centros de saúde, escolas, chafarizes – tudo o que dê na vista e possa ser faturado politicamente pela "otoridade" inaugurante, frequentemente homenageada com faixas que expressam gratidão por mais aquela demonstração de "carinho" pelo povo local.

Sabujice, beija-mão, placas com todos os títulos de quem entregou a obra completam o quadro, infelizmente familiar a todos nós, e que neste ano eleitoral com certeza será repetido à exaustão. Isso para não mencionar a prática de entregar ao público obras pela metade, ou reinaugurar algumas já "entregues" pelos predecessores – a exemplo do que faziam alguns faraós no antigo Egito, que mandavam apagar dos monumentos o nome de quem os havia construído e substituí-lo pelo seu.

À guisa de exemplo de como isso nada tem de natural, sendo apenas expressão de uma mentalidade que vê no poder público uma extensão do mundo privado, no qual o favor e as relações decidem quem será beneficiado (e como), lembro um fato que na época me chamou muito a atenção.

Era 1978, e a RATP (autarquia dos transportes de Paris) acabara de concluir a ligação entre as estações Luxemburgo e Châtelet, uma estupenda obra de engenharia que passava por baixo do Sena, e, unindo duas linhas até então desconectadas, fazia do sistema por ela administrado uma rede perfeita. Além disso, como as gares de Paris estão ligadas a estações do metrô, tornava-se possível entrar num trem em Nice e continuar sobre trilhos até Calais, no extremo oposto da França – algo sem precedentes, mesmo na Europa.

O que marcou a entrega daquele trecho do *métropolitain*? *Nada*. Uma bela manhã, os trens começaram a circular, sem fanfarras, discursos ou fotos do prefeito entrando sorridente em um vagão. Alguns cartazes explicavam os detalhes da obra: quem quisesse podia admirar o feito técnico que ela representava, *et voilà tout.* Não ocorreria a Jacques Chirac vangloriar-se por ter "oferecido" à população mais uma comodidade em matéria de transporte – e, se o tivesse feito, talvez alguns anos mais tarde não conseguisse se eleger presidente do seu país.

Para finalizar: nada tenho contra o desejo muito humano de ser aplaudido pelo que se conseguiu realizar. A recuperação das pinturas merece palmas, é claro. Mas, como diria Pietro Bardi em sua língua materna, *il troppo stroppia* – o que é demais estraga. Ao imitar os filmes de ação a que nos acostumou Hollywood, a polícia serviu de coadjuvante para a cena de ópera bufa protagonizada pelos responsáveis pelo museu – e se expôs ao mesmo ridículo atroz.

Pergunto: era mesmo necessário?

São Paulo não pode parar

O recente "pacote" anunciado pela Prefeitura para o trânsito de São Paulo vem ensejando críticas por sua "timidez" – este é o termo empregado pelos especialistas – e pela demora em sair das gavetas dos órgãos competentes.

É claro que não existem soluções mágicas para o descalabro produzido por anos de negligência, pela falta de planejamento integrado nos vários níveis de governo, pelo descaso com o transporte público, e por outros fatores que todos conhecem. Mas gostaria de chamar a atenção para alguns aspectos que, me parece, não foram ainda levantados neste debate. Faço-o na condição de motorista e de usuário eventual do transporte coletivo, na esperança de sensibilizar os que têm nas mãos o poder de melhorar alguma coisa no caos em que se transformou a circulação em nossa cidade.

Muito se fala sobre a necessidade de tirar carros das ruas, mas pouco se reflete sobre como estimular o motorista a se servir do transporte público. Ora, quem tenta utilizar o sistema de ônibus de São Paulo se depara com alguns absurdos que poderiam ser facilmente sanados. Em primeiro lugar, a ausência de um mapa das linhas – e não venham dizer que é impossível

---

Publicado originalmente pelo jornal *Folha de S. Paulo*, no Caderno "Mais!", em 30 de março de 2008.

elaborá-lo: numa cidade como Londres, de extensão comparável à da nossa capital e com um número equivalente de linhas, o *bus map* é claro, simples de usar, e pode ser encontrado em qualquer estação do *underground*.

Aqui, a maioria dos pontos é assinalada por um totem fincado no chão, sem nenhuma indicação de quais linhas param nele, ou em quais horários (mesmo aproximados). O sistema de numeração é de tamanha complexidade que ninguém o utiliza; nos luminosos dos veículos, é indicado apenas o destino, o que confunde o usuário, já que vários levam, por caminhos diferentes, ao mesmo terminal. Afixados em pequenas placas à porta de entrada, os itinerários só podem ser lidos no momento do embarque. Sem que se aspire à perfeição, não seria simples copiar o que já deu certo em outras cidades? No Rio de Janeiro, os pontos são razoavelmente informativos; em Paris, o percurso é indicado por placas colocadas *ao longo* dos veículos, e também dentro deles. Etc., etc.

Tudo isso desestimula o motorista a se servir do transporte coletivo. A ideia dos ônibus executivos ou expressos, tentada alguns anos atrás, foi abandonada: por quê? Se o objetivo é tirar carros das ruas, não seria lógico oferecer a quem está habituado ao conforto (?) do automóvel um motivo que de fato o leve a deixá-lo na garagem? Mas ninguém com o juízo no lugar fará isso, se a opção for se espremer em veículos sujos, barulhentos, e de cujo percurso não se faz ideia antes de sair de casa.

O transporte ferroviário, no qual tanto se aposta, não forma uma rede: as linhas do metrô e da CPTM se cruzam em pouquíssimas estações, tanto no interior de cada sistema quanto entre eles. De novo, o espírito de rotina dirá que se trata de sistemas diferentes. Valha a lição de Nova York, cidade na qual antigamente tampouco se cruzavam as linhas do *subway*, exploradas por companhias particulares: problema resolvido unificando o sistema sob a égide do governo municipal.

Para dar um exemplo: por que não ligar por trilhos as estações Vila Madalena (metrô) e Cidade Universitária (CPTM)? Esses poucos quilômetros são cobertos atualmente por meio da "ponte ORCA" – que vai pela superfície, entupindo ainda mais as vias da cidade. Uma das razões pelas quais milhares de motoristas preferem usar seus carros é que, se tomarem um trem, terão de descer longe demais do seu destino – o que alguns pontos de baldeação estrategicamente localizados poderiam resolver. Outra é a ausência de escadas rolantes em número suficiente, e de uma coisa tão simples como bancos ao longo das estações. Repito: se se quer que o motorista troque o transporte individual pelo coletivo, é preciso lhe oferecer um mínimo de racionalidade e conforto, e não ameaças como pedágio urbano, ou mais horas do infernal rodízio.

Circulação engasgada

Mas a própria circulação de ônibus e automóveis enfrenta dificuldades que poderiam ser diminuídas com um pouco de bom senso. Uma delas são ruas nas quais de repente aparece uma placa de contramão, obrigando o motorista a dar voltas e mais voltas para prosseguir na mesma direção. A topografia da cidade e o desenho dos quarteirões com frequência impedem seguir por uma via paralela – quando isso acontece, como na área quadriculada dos Jardins, os congestionamentos são menores, e isso apesar da enorme quantidade de veículos que por ali trafegam. Sugestão: revisar a planta de circulação, de modo a eliminar tais obstáculos.

Outro absurdo inexplicável é a proliferação de tartarugas, que diminuem o leito carroçável e impedem a saída de uma via congestionada. O princípio subjacente à circulação em São Paulo é a proibição de virar à esquerda, obrigando o motorista a fazer múltiplas conversões à direita (quase nunca de apenas um ou dois quarteirões), e portanto a ocupar muito mais espaço nas ruas, e por muito mais tempo, do que seria necessário para concluir sua viagem.

Dir-se-á que a conversão à esquerda em avenidas movimentadas atrapalha o fluxo em sentido contrário. Uma visita a Curitiba mostra que basta diminuir a largura do final das ilhas, criando uma pista exclusiva para quem precisa virar à esquerda – e isso sem falar no farol de três tempos, ou na simples presença de um guarda de trânsito.

Vias radiais poderiam ter sentido único em todas as faixas em determinadas horas do dia, como há cinquenta anos se faz no Rio: as avenidas da orla vão para o centro de manhã e para o bairro à tarde, e não consta que ali haja mais acidentes que em outros lugares.

Criar obstáculos à circulação em vez de os remover, porém, parece ser o desígnio dos nossos planejadores de tráfego. Dois exemplos entre dezenas. Um: acabam de proibir entrar à esquerda na esquina da Paulista e Bela Cintra, bloqueando uma rota paralela à rua da Consolação e dificultando a vida de quem precisa ir para a Augusta e ruas próximas num momento em que se realizam obras na avenida. Por quê? Mistério. Dois: em vez de terem mãos de direção alternadas, cinco ou seis ruas em sequência deságuam na Rebouças, na João Moura e na Sumaré, obrigando quem quer sair destas a rodar quilômetros inúteis até conseguir seu intento.

São Paulo não pode parar

Último lembrete: em Paris, os corredores de ônibus são delimitados por uma faixa cimentada de uns quinze centímetros de altura, que impede discreta mas eficazmente a entrada de carros indesejáveis. Conhecendo os hábitos dos nossos motoristas, não seria o caso de pensar em algo semelhante, em vez de inócuas faixas pintadas, ou de fileiras de cones de plástico?

Sei perfeitamente que o problema do trânsito em São Paulo só se resolverá com medidas em vários níveis, e com tempos variados de implantação. Mas para que a palavra *trânsito* recupere entre nós o sentido de passagem ou circulação, em vez de significar rios de carros imóveis, é preciso algum arrojo, e sobretudo uma mudança de mentalidade, que permita não descartar soluções simples apenas porque exigem pensar em direções diferentes daquela a que estão habituados os responsáveis pelo tráfego urbano.

"São Paulo não pode parar" – o sentido literal desse velho bordão deveria ocupar um pouco mais do tempo e do engenho dos que nos governam.

Fracasso nas Olimpíadas?

O erro que custou a Diego Hipólito uma medalha tida por todos como certa reativou um fantasma recorrente: a crença na vocação do brasileiro para fracassar nos momentos decisivos. Por alguma característica da alma nacional, não seríamos capazes de suportar tal pressão, o que se evidenciaria com particular clareza nas finais esportivas em que somos considerados favoritos. Daí a expectativa que cercava as "meninas do vôlei": por terem perdido algumas partidas finais, elas haviam sido tachadas de "amarelonas", "pipoqueiras" e outras gentilezas de mesmo teor. Daí também a atitude condescendente para com as futebolistas que, repetindo Atenas, "deixaram escapar o ouro", e os muxoxos com que foram recebidas as medalhas de prata e bronze em outras modalidades: "Bronze envergonhado", dizia a manchete do *Estadão* no dia seguinte.

Por que tamanha tolice ressurge periodicamente "nos lares e nos bares", na televisão e na imprensa? Eu mesmo recebi telefonemas de jornalistas interessados em ouvir o que um psicanalista teria a dizer sobre a insidiosa inibição supostamente responsável pelo "fracasso do Brasil nas Olimpíadas", como formulou um deles. O fato de a pergunta ser descabida – é

Publicado originalmente como "Vira-latas identificatórios", pelo *Folha de S. Paulo*, no Caderno "Mais!", em 17 de agosto de 2008.

óbvio que não existe nada disso – não nos exime de investigar por quais motivos ela pode parecer legítima.

É certo que Freud falou dos que "fracassam ao triunfar", e atribuiu o fenômeno aos sentimentos de culpa associados ao complexo de Édipo: colher um êxito ardentemente desejado é para certas pessoas equivalente a uma agressão contra o pai ou a mãe – porém a consciência moral, opondo-se energicamente a isso, interfere para as impedir de atingir o alvo[1]. Mas nada sugere que tal seja o caso das jogadoras de futebol, dos competidores em vôlei de praia, e dos demais atletas – brasileiros e de outras nacionalidades – que conquistaram medalhas de prata e de bronze, para não falar dos que não conseguiram subir ao pódio. É a obsessão nacional pelo "ouro", e a atitude frente à vitória ou à derrota que nela transparece, que merecem um pouco de reflexão.

Mecanismos do autoengano

"Não estamos acostumados a perder", exclamou um desconsolado Ronaldinho após a derrota para os argentinos. "Não pensamos em prata: nosso objetivo é o ouro. Mas ainda não ganhamos nada", ecoou Marta ao terminar a semifinal contra as alemãs. Frases como essas sugerem que muitos atletas compartilham a convicção de que é possível ganhar sempre, que o segundo lugar é apenas um "prêmio de consolação", e que uma medalha de bronze não tem valor algum. O que neles era latente torna-se explícito na postura do presidente da CBF, Ricardo

---

[1] S. Freud, "Alguns tipos de caráter descobertos no trabalho psicanalítico" (1916), seção II: "Os que fracassam ao triunfar", SA X, p. 236-251; BN II, p. 2416-2426.

Fracasso nas Olimpíadas?

Teixeira – não haveria prêmios monetários caso as seleções de futebol voltassem sem os respectivos títulos, o que acabou acontecendo.

Querendo isentar-se da responsabilidade pelas condições precárias em que boa parte dos esportistas tiveram de se preparar, outros dirigentes recorreram à surrada fórmula do "bronze que vale ouro" – versão cabocla do jogo do contente inventado por Poliana. Se a plateia não as aceitasse, porém, ninguém se lembraria de invocar tais desculpas esfarrapadas – e é a cumplicidade dela na operação de mascaramento da realidade que chama a atenção.

Uma das razões desta atitude é sem dúvida de natureza projetiva: os esportistas carregam nos ombros a responsabilidade de representar a nação. Vencendo, inflam nossa autoestima, e, fazendo-nos crer que somos tão bons quanto os melhores, nos proporcionam uma satisfação narcísica rala, mas de certo modo eficaz; se perderem, confirmam a crença na pouca valia dos nossos conterrâneos, e portanto de nós mesmos.

O segundo motivo para desprezar os "perdedores" é a inveja, pois jamais chegaremos a realizar nada parecido com as proezas de que são capazes esses jovens. Como a inveja não é um sentimento nobre, a negamos atribuindo o "fracasso" não às circunstâncias específicas que o provocaram, mas a algo cuja função é nos tornar mais uma vez semelhantes àqueles que, no fundo, não podemos deixar de admirar – mas agora pelo avesso: *se* a incapacidade de transformar o favoritismo em realizações é uma trágica fatalidade do caráter brasileiro, *então* os atletas não podiam mesmo conquistar a almejada vitória.

A inveja é também o que leva a desqualificar o triunfo efetivamente obtido – "foi *só* por um centímetro que Maurren Maggi ganhou aquela medalha". O absurdo desta afirmação fica patente se lembrarmos que neste nível altíssimo de desempenho a diferença entre vencedores e vencidos é sempre diminuta – alguns centésimos de segundo numa das vitórias de Michael Phelps, entre o terceiro e o quarto lugares no revezamento masculino 4 x 100, e em outros casos relatados pela imprensa.

Será que os vencedores destas provas são realmente tão superiores aos outros participantes? Excetuando alguns casos extraordinários, como os de Usain Bolt e Michael Phelps, isto não é verdade. A prova? Em competições anteriores, foram vitoriosos os derrotados de agora, e vice-versa: a seleção feminina de futebol perdeu para as alemãs o campeonato mundial de 2006, mas ganhou delas em Pequim; o time masculino de vôlei venceu os italianos, mas havia perdido deles em 2004; Tatiana Lebedeva foi campeã nas Olimpíadas de Atenas e vice nas da China; e assim por diante.

Virtù e fortuna

Para o esporte vale o que escreveu Maquiavel a propósito da política: o sucesso não depende apenas da *virtù*, mas também da *fortuna*. *Virtù* é que o combatente traz consigo: seu preparo técnico, seu conhecimento do terreno e do adversário, a qualidade de suas armas. *Fortuna* é o fator imprevisível que favorece a um ou outro – a lama no campo de batalha, o erro do oponente, a vara que faltava no estojo de Fabiana Murer. A contusão de Lin Xhiang é obra dela, assim como o fato de Valdemar Cordeiro ter sido agarrado por um idiota na maratona de 2004, ou a falha de Diego Hipólito no instante final. "Faço este movimento desde os doze anos, e nunca errei", lamentava-se ele ao rever o filme da prova. Até que um dia...

Na mesma entrevista, o ginasta reconheceu onde estava sua fraqueza: "creio que poderia não ter criado tanta expectativa

Fracasso nas Olimpíadas?

quanto ao ouro". Ou seja, além da pressão da torcida, o próprio atleta acaba se persuadindo da obrigação de vencer – e isso o perturba no momento decisivo. Inconformada com o resultado da partida final, o rosto molhado de lágrimas, a capitã Marta se perguntava: "Meu Deus, o que foi que eu fiz de errado?" A resposta é: nada. O que determinou os 2 x 1 foi apenas que naquele dia as americanas jogaram melhor que as brasileiras.

Por outro lado, a *virtù* contribuiu, e muito, para alguns bons resultados em Pequim. Entre outros exemplos, ressalto o trabalho psicológico com a equipe feminina de vôlei, o cuidado das iatistas Fernanda Oliveira e Isabel Swan em estudar as condições do lugar em que iriam competir, a equipe multiprofissional de que se cercou a lutadora Natália Falavigna, o apoio dado pela família a César Cielo, a determinação de Katleyn Quadros e de Maurren Maggi. O que esta escreveu na carta ao seu técnico – "dei duro, e estou preparada" – não garantia a vitória, mas sem isso ela jamais chegaria. Contraprova: a "pátria de chuteiras", com muita empáfia e pouco treino, tinha chances remotas contra uma Argentina que se preparou melhor – e merecidamente levou o título.

É tempo de deixarmos de lado o que Nélson Rodrigues chamava de "complexo de vira-lata". Ao invocar absurdos como a suposta incapacidade nacional para manter a cabeça fria na hora H, não apenas estamos faltando com a verdade – desde a invenção dos esportes modernos, inúmeros brasileiros venceram finais com tranquilidade, assim como outros foram prejudicados pelo nervosismo ou pela arrogância –, mas ainda apequenamos o valor de resultados conseguidos com esforço hercúleo, independentemente do metal das medalhas – ou da ausência delas.

Acaso aquelas duas famosas polegadas tornavam Martha Rocha menos bonita? Que o diga quem se lembrar do nome da Miss Universo de 1954.

"Eu sou o cara": a tragédia de Santo André

Um dos aspectos mais comentados do sequestro que na semana passada comoveu o país foi a atuação das emissoras de TV. Escudadas na "missão de informar" – mas na verdade sequiosas de superar a qualquer custo a audiência das demais –, elas acabaram fornecendo a Lindemberg Alves informações preciosas sobre a posição e as ações dos policiais, e, com sua irresponsabilidade, provavelmente contribuíram para o desfecho trágico do episódio.

"*Suave, mari magno turbantibus aequora ventis, e terra magnum alterius laborem spectare*" (é doce, quando no vasto mar os ventos sacodem as águas, contemplar da terra firme o trabalho de um outro), escreveu Lucrécio em seu tratado *De rerum natura*. Sem querer arvorar-me em juiz do que outros acharam correto fazer, pergunto: a espetacularização de situações como essa não acirra ainda mais as forças psíquicas que se podem supor em ação na mente de um criminoso? Criminoso, sim – pois Eloá Pimentel não morreu por causa da televisão, nem porque os policiais invadiram o cativeiro, e sim porque seu ex-namorado atirou contra ela. Mas cabe perguntar que efeitos pode ter produzido

---

Publicado originalmente como "Vira-latas identificatórios", pelo *Folha de S. Paulo*, no Caderno "Mais!", em 26 de outubro de 2008.

a transformação dele – enquanto tinha uma arma na mão – em celebridade nacional.

Os trechos de conversa entre o sequestrador e o capitão Adriano Giovanini publicados pela imprensa sugerem que eles não foram pequenos – como aliás notaram tanto o professor Norval Batista Jr., da PUC-SP, quanto o coronel Eduardo Félix: "ele queria provar a todo instante que tinha o domínio da situação", disse o militar; "a mídia exacerbou a psicopatia e a megalomania que estavam em jogo", explicou o especialista.

As declarações de Lindemberg e o modo como se portou durante aqueles quatro dias terríveis sugerem que se trata de uma pessoa muito frágil. No que consiste essa fragilidade? De modo sumário, numa organização da personalidade que evidencia mecanismos mentais arcaicos, uma angústia extremamente intensa e modos de lidar com ela que, em vez de a diminuir, potencializam a sensação de estar sendo atacado por forças maléficas contra as quais é preciso se defender a todo custo.

Partamos do que disse o rapaz: "meu problema é com a menina que está aqui na minha frente. Tenho que desenrolar..." Desenrolar o quê? O que ele via em Eloá que a tornava tão indispensável à sua sobrevivência psíquica? Claramente, bem mais que um objeto de desejo ou de amor. Tudo indica que havia projetado nela algo de si mesmo, uma parte ao mesmo tempo amada, odiada e temida, que nem podia recuperar nem tolerar que "fosse embora".

Este modo de estabelecer vínculos é menos raro do que se poderia supor. Ele tem o nome de "relação de objeto narcísica", e, quando se instala, acarreta consequências bastante graves – embora deva ficar claro que, no mais das vezes, não levam o sujeito a matar alguém.

"Eu sou o cara": a tragédia de Santo André

Em primeiro lugar, a relação com os outros significativos (pais, namorados, cônjuges) é permeada por projeções maciças: eles se convertem em artigos de primeira necessidade, um pouco como a droga para o adicto. Deles se exigem uma presença física e um grau de atenção que comprovem o quanto amam o sujeito; mas, como o que este almeja é fundir-se com o objeto para poder controlá-lo, por assim dizer, "de dentro", o fato de o ser amado ser diferente dele e ter vida própria é sentido como insuportável. A ameaça de o perder (real ou imaginária) desencadeia uma angústia aterradora, que frequentemente se exprime por ciúmes patológicos e por atuações que podem chegar à violência.

Pelo que mostrou de si durante o sequestro, Lindemberg parece fazer parte deste grupo de pessoas. O termo que empregou – *desenrolar* – é revelador: precisava separar-se do que havia depositado na ex-namorada. Como diz a psicanalista Joyce McDougall, o outro é aqui "considerado e tratado como uma parte de si mesmo que deve ser amada, odiada, dominada ou destruída."[1]

Mas isso era justamente o que o rapaz não podia fazer: "estou confuso", "preciso ficar sozinho", "olho para a frente e não vejo caminho". A total impotência, impossível de ser admitida porque significaria a ruína de uma autoimagem já muito pouco sólida, é negada pela megalomania: "eu sou o cara", "sou o príncipe do gueto, o cara que manda no local". A espetacularização do seu ato tresloucado, a evidência de que (como disse o coronel) havia conseguido mobilizar todo aquele aparato e a atenção de milhões de telespectadores, tiveram o efeito de reforçar sua crença nessas fantasias grandiosas.

---

[1] "Le théâtre en rond", in *Théâtres du Je*, Paris, Gallimard, 1982, p. 189.

Tudo indica que elas estavam a ponto de se converter em delírio: "tem um anjinho e um diabinho, e o diabinho está falando mais alto". A projeção das dúvidas em entes sobrenaturais, devidamente divididos em um bom e um mau, fica aqui patente. Também é visível o apelo a uma figura capaz de pôr fim àquela situação, alguém dotado de poder suficiente tanto para silenciar o diabinho quanto para fazer Eloá desistir de o abandonar: "invade essa p... logo, mano. Estou falando para você invadir. Se a polícia passar segurança, a gente sai de mãos dadas [...], mas preciso de sinceridade".

A necessidade de controlar esta parte cindida de si é ilustrada por McDougall com um comportamento observado em alguns bebês que sofrem de insônia crônica: para adormecer, precisam sempre da presença física da mãe. Isso sugere que não conseguiram interiorizar a imagem materna em grau suficiente para poder se apoiar nela e se desligar com tranquilidade do estado de vigília; pode-se dizer que a figura da mãe não chega a se constituir no núcleo de um objeto interno "bom" e reassegurador.

Por conseguinte, o sentimento de identidade destes futuros adultos – de ser "eu", ao mesmo tempo separado dos outros e ligado a eles por vínculos sólidos e variados – permanece como que esburacado, gelatinoso, lacunar, exigindo ser reforçado pela injeção constante de "cimento narcísico" por parte do objeto a quem se delegou essa função.

Se estas observações permitem formular uma hipótese sobre por que Lindemberg não pôde suportar ser abandonado pela namorada, por outro lado não o isentam da responsabilidade pelo crime que cometeu. Isso dito, ficam as lições das quais bastante se falou nos últimos dias. Mesmo que nada garanta que um sequestrador enlouquecido não vá matar sua vítima, a polícia deve receber os equipamentos que poderiam ter monitorado o que se passava no apartamento, e as emissoras precisam rever sua ideia de o que é informar: a busca insensata dos picos de audiência as levou a se tornarem cúmplices involuntárias de um assassinato. Que se lembrem disso quando o próximo sequestrador apontar a arma para a sua vítima.

Lula e os livros

Uma frase dita pelo presidente Lula em sua entrevista à *Piauí* deste mês vem dando o que falar: não é por falta de tempo que não lê *blogs*, *sites*, jornais ou revistas, mas porque tem "problema de azia". A observação provocou reações de jornalistas e colunistas, e é provável que tenha causado mal-estar na comunidade acadêmica, assim como entre os brasileiros com maior nível cultural.

Nenhuma ideia pode ser examinada sem referência ao seu contexto. O presidente não estava falando das virtudes ou malefícios da leitura em geral, mas apenas do efeito que tem sobre ele o noticiário, em especial o político; assim, seria descabido inferir do que disse uma suposta opinião negativa de sua parte sobre o ato ou o costume de ler. Contudo, nos parágrafos seguintes à declaração – que também delimitam o contexto dela – fala de seu lazer: ora, se deste fazem parte "pescar, jogar cartas, conversar", brilha pela ausência qualquer menção à leitura de livros, e igualmente a qualquer outra atividade cultural.

Dirá o leitor que isso se deve à sua origem humilde? Além de ser uma generalização indevida, tal explicação deixa de lado o fato de que muitas pessoas nada abonadas frequentam *shows*, veem filmes de apelo popular, visitam exposições divulgadas

---

Publicado originalmente como "Não lê por quê?", pelo jornal *Folha de S. Paulo*, no Caderno "Mais!", em 25 de janeiro de 2009.

pela mídia ou vão ouvir música erudita, quando essas coisas são oferecidas a preços que cabem no seu bolso, ou mesmo gratuitamente. Que o diga quem esperou horas para entrar na exposição Rodin, espremeu-se nas filas de "Dois Filhos de Francisco" e "Tropa de Elite", ou se dispõe a enfrentar a multidão que acorre ao Ibirapuera para ouvir as orquestras estrangeiras que de vez em quando se apresentam no parque.

Atenhamo-nos, porém, ao capítulo livros. É certo que alguém pode se informar pela televisão, ou por resumos preparados por assessores sobre assuntos de interesse dos seus chefes – metade da matéria da revista é dedicada a Clara Ant, que faz este trabalho para o presidente. Mas nem *briefings*, nem meios eletrônicos podem substituir o livro, e isso por ao menos duas razões.

A primeira é que ver imagens ou ouvir alguém falando põe em jogo capacidades psíquicas diferentes das requeridas para lidar com um texto longo. Além de concentração muito maior, a extensão de um livro comum torna impossível apreender seu conteúdo de uma única vez; o hábito de ler favorece, portanto, a retenção de dados, e treina a memória para reconhecer e acessar, entre seus inúmeros arquivos, aqueles que permitem estabelecer continuidade entre o que se leu antes e o que se está lendo agora.

A segunda é que, como contém num volume reduzido um enorme número de informações, o livro possibilita, no trato dos seus temas, uma abrangência que nenhum artigo ou vídeo pode igualar. É o espaço do debate entre ideias complexas, do relato minucioso, da descrição precisa do que o autor julga importante comunicar. Isso permite o trânsito entre níveis diferentes de abstração, entre o detalhe e o quadro do qual faz parte, entre os elementos isolados e a síntese que lhes dá sentido.

Um mau modelo

Mas não é por essas qualidades dos livros que lamento a ausência deles no cotidiano de Lula. É porque, com a influência que têm suas palavras e atitudes, o fato de não demonstrar o menor interesse pela palavra impressa transmite uma mensagem nefasta a quem nele confia e nele se espelha. Todos sabem que é um excelente comunicador: se insistisse na importância dos livros, se utilizasse em suas falas exemplos e referências tirados do que leu, podemos estar certos de que isso teria efeito benéfico sobre os milhões de brasileiros que passam anos, ou a vida inteira, sem jamais segurar nas mãos um volume, quanto mais abri-lo e se inteirar do que contém.

O presidente já disse muitas vezes que não ter estudado não o impediu de chegar aonde chegou. Eis outra frase infeliz: não é *porque* teve parca instrução formal, mas *apesar* dessa falta, que obteve seus sucessos. Ao mencioná-la como se fosse algo positivo, contribui – mesmo que não seja essa a sua intenção – para desprestigiar ainda mais tudo o que está ligado à educação.

A situação calamitosa do ensino no Brasil em nada melhora quando o modelo identificatório que Lula representa para tanta gente sugere nas entrelinhas que estudar não é necessário. Essa atitude *blasée* ao contrário me parece particularmente perniciosa para os jovens, muitos dos quais, por razões que não cabe aqui explicitar, têm atualmente pela leitura uma aversão que beira à fobia. O que está em jogo não é a visão utilitária segundo a qual o estudo é o caminho da ascensão social, mas a importância dele (e da leitura) para criar cidadãos menos permeáveis à manipulação pelos órgãos de informação, da qual o próprio presidente se queixa na entrevista.

Diz Lula que é admirador de Barack Obama e crítico contundente de George W. Bush. No entanto, o descaso com os livros e com o que eles significam o aproxima deste, e não daquele. Uma das pérolas proferidas pelo texano foi endereçada aos estudantes da universidade em que se formou (Yale), e na qual teve desempenho medíocre: "vocês, alunos que tiram C, também podem pretender ser o presidente dos Estados Unidos".

Em contraste, Obama – que em seus tempos de Harvard dirigiu a revista da faculdade de Direito – tem o maior respeito pelos livros, graças aos quais pôde adquirir uma sólida base intelectual para suas convicções progressistas. Sem a frequentação deles, não teria podido citar em seu discurso de posse a Bíblia e palavras de George Washington, não saberia se servir das alusões e metáforas que abrilhantaram sua fala, nem demonstraria o seguro conhecimento da história de seu país, assim como da situação de povos estrangeiros, que evidentemente possui.

É verdade que, sem seu carisma e sem a habilidade retórica que soube desenvolver, nada disso teria produzido o entusiasmo que se viu, mas também seria tolo negar que a qualidade literária e a construção caprichada do discurso têm algo a ver com o efeito que teve mundo afora. E não se objete que foi redigido por assessores: no dia seguinte, os jornais davam conta de que foi o próprio Obama quem estabeleceu o roteiro básico e deu ao texto a última demão de tinta.

Lula não é o tabaréu que alguns pretendem (Mario Sergio Conti, a quem ele concedeu a entrevista, diz que o *site* da *Veja* na *internet* o mima frequentemente com o epíteto de *apedeuta*, que significa ignorante). Mas, se tivesse um pouco mais de apreço pela letra de forma, evitaria meter-se em algumas situações constrangedoras, e faria um grande bem ao povo "deste país."

As aves que lá gorjeiam

A "aurora da vida", evocada num poema famoso de Casimiro de Abreu, esteve em evidência nos últimos dias, porém deslocada para um pouquinho mais tarde: três notícias se referiam a crianças de nove anos, e, embora ligadas a assuntos bem diversos, todas provocaram alguma celeuma.

A primeira foi a declaração do jogador Ronaldo sobre os motivos pelos quais prefere que seu filho cresça em Madri: "Vejo aqui crianças da idade dele com um palavreado adolescente, palavrões até. [Meu filho de nove anos] é uma criança doce, educada, praticamente um europeu. [...] Prefiro que tenha amiguinhos europeus, sem a malandragem dos amiguinhos brasileiros".

"O nível mental das pessoas que assistem à tevê no Brasil é por volta dos nove anos", julga o ator e dramaturgo Miguel Falabella. "Um jovem francês lê duzentas vezes mais que um brasileiro. Tem piadas e diálogos que as pessoas não entendem, porque não têm a informação".

O terceiro fato foi a escolha de um livro em quadrinhos para os alunos da terceira série do ensino fundamental (oito ou nove anos) da rede pública paulista, criticada porque algumas histórias contêm palavrões e alusões de natureza sexual. Por sua vez, vendo nela somente moralismo e hipocrisia quanto à

Publicado originalmente como "Malandros utópicos", pelo jornal *Folha de S. Paulo*, no Caderno "Mais!", p. 4, em 24 de maio de 2009.

realidade vivida pelas crianças dessa idade, alguns reprovaram a retirada do título da lista fornecida aos estudantes...

Coincidência

Que pensar de tal coincidência? Em primeiro lugar, que se trata disso mesmo – uma coincidência, ou seja, algo fortuito, que poderia não ter ocorrido dessa forma. Se a falha quanto ao livro tivesse sido descoberta uma semana antes, ou se Falabella tivesse situado o nível intelectual dos telespectadores na faixa dos seis ou dos onze anos, não se veria vínculo nenhum entre as três coisas. Além disso, a última é um fato, enquanto as duas primeiras são opiniões; fato, aliás, com o qual a Secretaria de Educação de São Paulo lidou de modo adequado, reconhecendo o erro e tomando as providências que se esperariam.

Realmente, a obra não é apropriada para crianças. O autor de uma das histórias, Caio Galhardo, explicou que pretendia apenas "tirar sarro" de uma mesa-redonda de futebol. "Quem a selecionou, não leu o livro", declarou. É difícil não concordar com o cartunista, mas nem por isso se vão proibir os quadrinhos para adultos ou condenar as editoras que os publicam. O que ocorreu foi negligência por parte de um funcionário do terceiro escalão, rapidamente reparada por seus superiores. Ponto final.

A frase de Falabella se coloca em outro contexto: a péssima educação oferecida pelo Estado aos pequenos brasileiros, cuja consequência óbvia é o baixo nível intelectual da nossa população. De fato, os jovens europeus leem mais que os do Brasil – embora lá também se ouçam queixas de que a escola pública vem piorando ano a ano. O padrão abominável da televisão nacional tampouco contribui para minorar o problema, mas isso não se deve a um vício de natureza do meio: depende dos responsáveis pela programação escolherem bons roteiros e os produzirem com critério. Prova de que pode existir vida inteligente na TV (e não só nos canais ditos culturais) é a qualidade dos diálogos da série "Dr. House", assim como o desempenho dos atores e a excelência da pesquisa técnica que subsidia cada episódio – e se poderiam citar outros (raros) exemplos.

Idealizações

Restam os comentários de Ronaldo. A idealização que equipara "europeu" a "doce" e "educado" terá algum fundamento? Talvez o tenha na experiência do jogador: não conheço o suficiente de sua biografia para avaliar isso, mas posso imaginar que no Velho Mundo o filho de um atleta pago a peso de ouro circule num ambiente bem menos perigoso e violento do que aquele que cercava seu pai na zona norte do Rio de Janeiro.

Nós brasileiros costumamos nos deslumbrar com algumas características da vida na Europa que contrastam agudamente com nosso cotidiano: civilidade, limpeza das ruas, eficiência nos serviços públicos, organização em geral – na mesma entrevista, Ronaldo se refere ao mundo do futebol, e cita aspectos em que os europeus nos superam. Sem masoquismos desnecessários, não vejo mal em reconhecer que determinadas condições são melhores lá do que aqui, mas também é verdade que "doce" e "educado" nem sempre rimam com "europeu". Ou alguém ignora que o Velho Continente foi palco de inúmeras guerras, perseguições religiosas e políticas, discriminações, fogueiras, torturas e crueldades? E os conquistadores que de lá partiram mostraram-se tudo menos doces para com os índios, africanos e asiáticos com os quais as navegações (e depois o colonialismo) os puseram em contato.

Isso dito, convém evitar a idealização inversa, que conduziria a glorificar a brasilidade e fechar os olhos para as mazelas do nosso país. Outro tema em foco nas últimas semanas o comprova: a reação oposta diante dos desmandos dos políticos no Brasil e na Inglaterra. Enquanto o presidente da Câmara dos Comuns, Michael Martin, viu-se forçado a renunciar devido às pilantragens dos seus colegas, Temers e Sarneys agem de modo a convalidar o que disse o deputado Sergio Moraes (PTB-RS), cuja frase imortal ("estou pouco me lixando para a opinião pública") deveria adornar o estandarte do Parlamento, do mesmo modo que "Ordem e Progresso" figura na bandeira nacional.

E não é apenas "Sua Excrescência" que assim pensa. O Estado brasileiro tem uma tradição de truculência e malandragem na relação com os governados; com demasiada frequência, seus funcionários consideram natural que o dinheiro dos impostos financie privilégios indecentes para eles, para suas famílias e para seus apadrinhados; a cultura do "todos fazem" e do "deixa disso" impregna muitos setores da sociedade civil, inclusive o das concessionárias de serviços públicos e das empresas em geral. É o que sabem todos quantos já tentaram falar com os SAC (serviços de afronta ao consumidor), hipocritamente colocados atrás de muralhas telefônicas cujo objetivo evidente é fazer com que o reclamante desista de sua pretensão.

A conclusão é que as afirmações de Ronaldo e Falabella, embora generalizadoras demais, contêm algo de verdadeiro – e quem sabe por isso incomodaram tanto. Não é preciso endossá--las por completo; se servirem como alerta, terão contribuído para nos tornar mais veementes na defesa dos nossos direitos. Afinal, às vezes as aves que lá gorjeiam são mesmo mais afinadas que as de cá.

Humilhadas e ofendidas: o "rodeio" de Araraquara

A agressão de um grupo de alunos da UNESP contra colegas suas que veio à tona esta semana merece, obviamente, o mais enfático repúdio. Foi um ato covarde, que suscita solidariedade para com as moças assim humilhadas. Mas não basta experimentar tais sentimentos: é preciso refletir sobre o fato, que faz parte da série de violências entre jovens a que se deu o nome de *bullying* (de *bully*, valentão); por sua vez, este tipo de assédio se inscreve num contexto mais amplo, ligado em última análise às formas sociais de exercício da agressividade.

Recapitulemos brevemente: com a conivência dos participantes de uma festa, alguns estudantes puseram em prática algo que já vinha sendo trombeteado pelo Orkut, em particular na comunidade "Rodeio das Gordas". Segundo os jornais, tratava-se de agarrar uma jovem gorda e prendê-la nos braços, ou mesmo montar nas costas dela, como se faz com os animais num rodeio. A coisa tinha o sentido de uma competição: o tempo seria cronometrado, e prêmios atribuídos aos "bravos toureiros" (*sic*) que conseguissem se manter no dorso da "gorda bandida" por mais segundos.

Publicado originalmente pelo jornal *O Estado de S. Paulo*, no Caderno "Aliás", p. 4, em 31 de outubro de 2010.

De onde pode ter vindo semelhante ideia? Duas pistas se nos oferecem: os termos *rodeio* e *gorda*. O primeiro é uma variante da tauromaquia, que remonta à civilização cretense; outras modalidades do mesmo esporte são as touradas espanholas e as demonstrações dos caubóis no Velho Oeste. Em todas elas, porém, há algo conspicuamente ausente do que fizeram os alunos da UNESP: o *equilíbrio* entre os contendores (suposto ou real, não importa aqui), cada qual entrando no embate com suas características próprias: força, chifres ou cascos do lado do animal, astúcia e perícia do lado do homem.

Era este equilíbrio que, por cruenta que fosse a luta, fazia com que fosse considerada um combate leal, no qual era posta à prova a coragem do toureiro ou do peão. A evolução dos costumes nos fez mudar de ideia, e atribuir mais valor à compaixão para com o animal que à valentia daquele que o desafiava: a proscrição da "farra do boi" está na mesma linha do banimento da vivissecção e de outras práticas, antes aceitas com naturalidade, hoje condenadas como cruéis. O motivo disso é o mesmo que nos indigna no tal "rodeio": a convicção de que não há equilíbrio, mas *abuso* da vantagem proporcionada pela superioridade de um dos contendores – no caso dos bichos, a da inteligência humana, que nos fez criar técnicas de domesticação, inventar métodos de pesquisa capazes de gerar conhecimento a partir de experiências com cobaias, e assim por diante.

Estamos aqui no cerne do problema: o que era visto como apresentando aos dois lados chances semelhantes de vitória passa a ser percebido como uso ilegítimo de uma vantagem sobre o mais fraco deles. Tal fraqueza pode ser de vários tipos: física, no caso de forças desiguais; de número, no caso de pessoas pertencentes a uma minoria; narcísica, se a vítima for portadora de alguma característica considerada negativa, etc. Esta última classe abrange uma infinidade de situações, por um motivo que

Humilhadas e ofendidas: O "rodeio" de Araraquara

a Psicanálise esclarece bem: a tendência do ser humano a se diferenciar do outro, e a ver nessa diferença um elemento que nos torna melhores que os portadores da característica em questão.

A transformação da diferença em marca de inferioridade provém da necessidade que temos de manter estáveis os parâmetros da nossa identidade, o que envolve entre outras coisas a adesão às razões e aos valores que os tornam desejáveis. Daí nasce a convicção de que é *melhor* ser como somos, e que os que não são assim são de algum modo *piores* – convicção que, como se sabe, está na origem do preconceito.

Ora, a estabilidade e a coesão das identificações estão sujeitas a oscilações, e estas desencadeiam angústias frequentemente intensas. Para as dominar, colocamos em ação mecanismos de defesa, entre os quais se conta a projeção sobre o outro daquilo que rejeitamos em nós mesmos. Este movimento torna possível a canalização da agressividade, porque cria a figura ambígua de um adversário simultaneamente desprezado, odiado e temido, do qual esperamos atos hostis. Para impedir que nos atinjam, o recurso mais eficaz é nos anteciparmos a eles – de onde a agressão aos seus possíveis perpetradores.

O *bullying* é um exemplo deste tipo de situação, mas está longe de ser o único: da malhação do Judas à perseguição e ao massacre de grupos étnicos ou religiosos, passando pela intolerância religiosa, pela homofobia e pelo racismo, a História abunda em casos de violência contra o diferente.

Para entendermos o caso do "rodeio das gordas", outro aspecto deve ser levado em conta: a crescente limitação dos meios socialmente aceitos para o exercício da agressividade. Já não se podem fazer coisas que nossos avós consideravam inócuas (por exemplo, a chacota em relação a deficiências corporais, formas de humor grosseiras ou obscenas), úteis (castigo físico em crianças, humilhação dos alunos "burros") ou necessárias (recusa de direitos a minorias sexuais em nome da moral). Não há como negar que isso constitui um progresso, talvez o mais importante na civilização desde a conquista das liberdades individuais e políticas que resultou do Iluminismo e das revoluções inglesa, americana e francesa. Mas o custo psíquico desse avanço é bem maior do que poderíamos supor – e este fato exige consideração.

Nas sociedades humanas, o controle da violência se dá por mecanismos de vários tipos: medo do castigo em caso de transgressão, interiorização das normas, instituição de práticas que permitem o escoamento dela de modo relativamente inofensivo (por exemplo, o esporte), etc. Um desses mecanismos é o ritual de passagem, pelo qual o candidato se submete a situações que podem envolver, além do esforço e da persistência indispensáveis para comprovar que é digno de entrar no grupo a que deseja pertencer, também dor física ou moral: é o caso das demonstrações de coragem ou resistência exigidas em certas tribos para que o jovem aceda à categoria de guerreiro, ou do trote dos calouros, atualmente muito questionado.

A diferença entre estes ritos e o *bullying* salta aos olhos: naqueles, o indivíduo submete-se de bom grado às provas e provações, e, uma vez ultrapassadas estas, é admitido no círculo dos que já as superaram. Isso faz com que a violência eventualmente envolvida no processo não seja percebida como arbitrária, pois é condição para a pessoa obter o que deseja.

É possível que o enfraquecimento do prestígio atribuído aos rituais de passagem, e a consequente diminuição da possibilidade de exercer e sofrer violência de maneira regrada, esteja na raiz de algumas das maneiras pelas quais ela irrompe na sociedade contemporânea. Sem idealizar o passado – houve barbárie

Humilhadas e ofendidas: O "rodeio" de Araraquara

suficiente na História para que não caiamos nesse engodo –, o fato é que a agressividade inerente ao ser humano precisa ser exteriorizada de algum modo, e, na ausência de formas reconhecidas como legítimas para que isso aconteça, ela tende a vir à tona sob a forma de comportamentos impulsivos.

Isso não exclui a existência de formas "legais" para abusos (pense-se no nazismo, na segregação racial, nas ditaduras de todos os tipos), mas também é provável que a pobreza de meios capazes de neutralizar de modo razoavelmente eficiente eventuais excessos, e de punir os que os cometem, contribua para que explosões de crueldade se tornem cada vez mais frequentes na sociedade atual.

Voltemos ao ataque dos estudantes às suas colegas. Ele sugere a existência de fantasias ligadas à virilidade – "montar" (ou "trepar") é o que o macho faz com a fêmea –, de medos quanto à imagem corporal, e, portanto, quanto à identidade ("quem é gordo são elas, não eu"), de animalização da mulher ("touro bandido" é o difícil de montar). Claramente, não visava a integrar as jovens à sociedade dos agressores, como poderia ter sido se se tratasse de um teste para averiguar se mereciam ser admitidas nela. Ao contrário, manifestou apenas brutalidade, vileza e estupidez.

O fato de os rapazes terem pedido desculpas publicamente e proposto colaborar num futuro evento sobre violência contra mulheres pode sinalizar algum arrependimento, mas não me parece suficiente para uma reparação adequada; o mesmo pode ser dito das consequências administrativas e das indenizações legais que seu ato venha a gerar. Sabe-se que a única medida eficaz contra o *bullying* (como mostra um ótimo artigo na revista *Psique*, n. 58, deste mês) é o envolvimento dos possíveis molestadores num programa adequado de conscientização, que inclua igualmente as possíveis vítimas e os possíveis espectadores, cuja omissão significa aprovação tácita do que estão presenciando.

Fica então lançada uma proposta: que os ditos estudantes criem no Orkut e em outras redes sociais *sites* para se opor às diversas formas de assédio moral, que possam oferecer a especialistas, aos alvos delas e ao público em geral canais de discussão sobre essa forma particularmente maligna de ferir nossos semelhantes.

Sobre o massacre do Realengo

O que se passa na mente de um desequilibrado como Wellington Menezes de Oliveira, que ganhou seus quinze minutos de fama assassinando crianças na escola em que estudou? Não se pode saber com certeza, porque nessa esfera de questões não existe prova irrefutável. Contudo, baseando-nos em fatos conhecidos e em declarações do sujeito, é possível chegar a algumas hipóteses pelo menos plausíveis.

No caso que consterna o país, as informações disponíveis até o momento permitem supor que o rapaz carregava no seu íntimo uma imensa angústia, com a qual procurou lidar criando um sistema delirante que funcionou por algum tempo, mas acabou por se esboroar sob a pressão de fantasias extremamente ameaçadoras, das quais podemos ter alguma ideia pela carta que ele deixou.

O texto está redigido em longas frases, pontuadas apenas por vírgulas. As ideias se sucedem como em jorros: é visível um desespero crescente, manifestado na extensão igualmente crescente dos parágrafos. Não se trata, é óbvio, de um erro de redação: o pensamento tentou se focar, porém a angústia era tão avassaladora que acabou se sobrepondo ao esforço intelectual

---

Publicado originalmente como "O mal secreto", pelo jornal *O Estado de S. Paulo*, no Caderno "Aliás", p. 6, em 10 de abril de 2011.

para a dominar. A repetição dos temas, e um certo grau de incoerência na escrita, dão testemunho desse fracasso.

Do que Wellington tinha tanto pavor? Nada deixa pensar que fosse de extraterrestres, do Juízo Final ou de outras coisas frequentes em delírios paranoicos. A abertura falando das "mãos impuras dos adúlteros", o pedido para ser lavado (das suas próprias impurezas?) e envolvido num lençol branco, as referências à castidade, sugerem que era a sexualidade que ele temia, e em primeiro lugar, como assinalou Bárbara Gancia na *Folha de S. Paulo*, da sua própria. Sexualidade que, a julgar pela menção enfática à sua virgindade, não chegou a ser exercida com outrem.

A solicitação para se enterrado ao lado da mãe nos dá uma pista sobre qual poderia ser o objeto dela. Tudo indica a existência de poderosas fantasias incestuosas, das quais talvez o rapaz tivesse algum vislumbre consciente. Que não se trata de piedade nem de amor filial comum, como poderia ser o caso em outras circunstâncias, pode ser deduzido da convocação ao "fiel seguidor de Deus", no masculino, cuja prece ao lado das duas sepulturas (pois uma ficaria junto à outra) teria o condão de o fazer ser perdoado "pelo que fez". A meu ver, isso não alude ao crime que pretendia praticar, mas aos desejos incestuosos, e o "seguidor de Deus" seria o pai de Wellington – ou, como este já falecera, um representante dele.

A menção aos animais ressalta que são "desprezados", e que "não podem trabalhar para se sustentar". A escolha dessas características inusuais faz pensar que os bichos são uma personificação do próprio Wellington, que possivelmente se desprezaria e odiaria por seus sentimentos "pecaminosos", e se demitira do emprego meses atrás. O apelo à generosidade das instituições parece dirigir-se a esses pais, cuja vontade ele quer cumprir: teriam a intenção de lhe deixar a casa de Sepetiba, e os familiares deveriam acatar tal intento. Ou seja, ele pede a estes que o ajudem a cumprir o desejo dos pais: ao ceder a casa a uma dessas instituições, estariam reconhecendo que pertencia a Wellington, com o que se realizaria a (suposta) vontade deles de que ele a herdasse.

A referência aos pais e à obediência filial aponta para o medo do superego, que na psique é o representante da autoridade parental. Como Wellington era um paranoico, o receio que todos temos da punição por nossos desejos edipianos tomou nele um matiz muito mais feroz que nas pessoas comuns. Sua timidez, o recolhimento em que vivia, a docilidade do seu caráter – era pacato e obedecia sem dificuldade aos superiores, lê-se na imprensa – podem ter sido tentativas de aplacar esse censor interno, mas, como acabou se revelando, nada disso foi suficiente.

O embate entre impulsos impossíveis de serem reconhecidos e elaborados e uma instância mental que os condenava sem apelação foi se avolumando até se tornar insuportável. O "mau" que o rapaz julgava abrigar em si não podia mais permanecer dentro dele: precisou ser expulso, literalmente projetado sobre alguém como ele – daí, possivelmente, a escolha dos alunos da escola em que estudara. É provável que tenha sido na puberdade que o conflito edipiano tenha se acentuado na mente de Wellington: se assim for, compreende-se que o tenha deslocado para adolescentes, nos quais procurou eliminar o que não conseguia mais suportar em si mesmo.

Ao mesmo tempo, a "gravidade" dos seus "pecados" os tornava imperdoáveis: era preciso punir-se por eles, como os pais o teriam feito se estivessem vivos – e, paradoxalmente, *no lugar* deles (identificação) e *antes* deles (triunfo). O suicídio se apresenta então como a única via para tal fim: com o sacrifício da vida. Talvez esperasse aplacar a ira dos pais, e – mais uma vez paradoxalmente – unir-se a eles numa espécie de cena primitiva macabra (o pai rezando ao lado da cova-leito que partilharia com a mãe).

Essa reconstrução dos processos psíquicos que podem ter levado Wellington a um crime tão hediondo é, repito, apenas conjetural. Ela não pode, é claro, trazer de volta as vítimas de sua loucura; pode no máximo ajudar-nos a compreender por que ele a praticou. Mas o horror que nos assaltou ao tomarmos conhecimento do que ele estava fazendo mostra mais do que compaixão pelas vítimas: penso que se deve ao receio de, por termos sido na infância pequenos Édipos, um dia nos vermos atirando em inocentes depositários das nossas angústias. Embora (se formos "neuróticos normais") não precisemos recorrer às mesmas defesas psicóticas que esse moço teve de mobilizar, no fundo somos tão humanos quanto ele – e o desfecho trágico da sua loucura deve nos fazer pensar na nossa própria violência, que por a exercermos por meios mais sutis não deixa de ter semelhança com a dele.

Parte II
Novo, velho: a imaginação instituinte na cultura e no social

Quem nasce para vintém nunca chega a tostão

Desde que em 356 a.C. um certo Eróstratos incendiou o templo de Ártemis em Éfeso – com isso visando a que seu nome fosse "para sempre lembrado entre os helenos" –, de vez em quando alguém decide se promover agredindo algo maior e mais belo do que sua própria pessoa. W. A. Mozart, cujo bicentenário de nascimento comemoramos este ano, foi alvo da inveja de Antonio Salieri; pensar-se-ia que, depois de morto, o deixariam em paz. Que nada: numa série de artigos[1], o crítico inglês Norman Lebrecht vem se notabilizando pela virulência de seus ataques à figura e às criações do compositor.

A tese dele pode ser resumida em três pontos. Um: "Mozart é o compositor que agrada mais e ofende menos. Vivaz, melodioso, sem dissonâncias: quem não vai gostar?" Dois: "o teste crucial quanto à importância de qualquer compositor é a medida em que pôde dar uma nova forma à arte. Mozart não fez a música progredir um único passo." Três: o apreço universal pelo mestre de Salzburgo seria efeito da indústria cultural,

---

Publicado originalmente como "Erudição em chamas", pelo jornal *Folha de S. Paulo*, no Caderno "Mais!", em 26 de fevereiro de 2006.

[1] "Mozart demais faz mal" e "Encontrando seu Mozart interior", na coluna que mantém em *La Scena Musicale*.

Intervenções

interessada em faturar alto com a ignorância do público: "a maioria das pessoas quer mergulhar numa *jacuzzi* musical; seu amor por Mozart provém de um impulso de escapismo. O ano Mozart foi meticulosamente planejado como uma Disneylândia para os ouvintes."[2]

A bem dizer, o inglês reconhece que há algumas obras-primas entre os 626 itens do catálogo Köchel, mas isso não afeta sua conclusão: embora endeusado pelos simples de espírito, o compositor não passa de um "precursor da *muzak*."

Que pensar dessas afirmações? O argumento da indústria cultural é um tiro no pé, pois prova demais: nada produzido pela Humanidade escapa às investidas dela, e o próprio meio no qual Lebrecht escreve (*internet*, revistas) é parte do que condena. Não se pode ter Mozart como responsável por esse fenômeno da era industrial, que ele não conheceu. Além disso, o fato de uma criação do espírito ter alcançado popularidade não a torna ruim, nem, aliás, boa: é um fato que diz respeito às condições da *recepção* dela, e de modo algum às da sua *produção*.

Mozart teria escrito demais – em comparação, Beethoven tem apenas 125 números de *opus*. Pergunta-se: e daí? Os índices de Bach e Vivaldi contam mais de mil entradas, assim como os de Schubert e Telemann. Quem esclarece este fato é Edward Saïd, ao analisar, em *Musical elaborations*, a constituição do repertório de concerto a partir de meados do século XIX: até então, o público não aceitava que se tocassem obras "velhas", e, portanto, era necessário ter sempre à mão alguma novidade. Bach escrevia uma cantata para cada data importante do calendário luterano, e

---

[2] Trechos citados por João Gabriel de Lima, "O Lado B do Gênio", *Veja* nº 1942, 08.02.2006.

ninguém teve a ousadia de, por este motivo, o considerar repetitivo ou monótono. Mas, segundo Lebrecht, a necessidade de atender com rapidez às encomendas – Mozart foi o primeiro compositor sem patrão, nobre ou eclesiástico – o teria conduzido a repetir à exaustão as mesmas fórmulas e a compor música irrelevante, própria para encantar um público pouco exigente.

O musicólogo cita aqui um fato conhecido – muito do que o compositor escreveu foi "de rotina", no dizer de Otto Maria Carpeaux (*Uma nova história da música*) –, mas tira dele conclusões absurdas. Qual autor engendrou somente obras-primas, ou realizou apenas descobertas que transformaram o mundo? Acaso são igualmente sublimes todas as cenas de Shakespeare, todos os teoremas de Euclides, ou cada quadro de Cézanne? Exigir tal coisa é desconhecer – ou fingir desconhecer, por pura coqueteria intelectual – os mecanismos psicológicos e culturais da criação. E da famosa "infantilidade" de Mozart (a fixação anal atestada em sua correspondência, e lembrada acusatoriamente pelo crítico) nada se pode deduzir quanto à qualidade do que escreveu: Leonardo da Vinci adorava construir brinquedos cenográficos para as festas de Ludovico, o Mouro, e nem por isso pode ser considerado pueril.

Mozart viveu no século XVIII, antes que o romantismo introduzisse as noções de originalidade e genialidade: é portanto anacrônico julgá-lo por um ideal que não era o seu. O que importa é considerar as condições objetivas nas quais exerceu sua arte, saber qual era o público a que visava a atingir, como eram os instrumentos de que dispunha, e, para além da estridência pró ou contra, tentar compreender algo da fantástica capacidade criativa que tanta admiração suscitou já entre seus coetâneos. No espaço deste artigo, só é possível aflorar tais questões, mas vamos lá.

Intervenções

"Mozart em nada contribuiu para fazer avançar a música": falso. Além de criar o concerto para piano – apenas! –, estabeleceu a forma atual do quinteto de cordas (com duas violas, em vez do segundo violoncelo de Boccherini), e firmou o clarinete como um dos elementos no naipe dos sopros. Nas décadas finais do século XVIII, o piano estava começando a se tornar conhecido: ele percebeu imediatamente as possibilidades expressivas do novo instrumento, e escreveu para todos os níveis de dificuldade – da Sonata K. 515 em dó maior, concebida *à l'usage des commençants*, a peças para amadores avançados e às obras virtuosísticas com que se apresentava em público.

O caso da Sonata em dó é típico da má-fé com que certos críticos, além de Lebrecht, procedem em relação a Mozart. Ela seria simples demais – só que, quando foi escrita, não existiam exercícios para piano: Czerny, Hanon e Behringer ainda não haviam nascido, e o *Gradus ad Parnassum* de Clementi só seria publicado vinte anos depois. Mozart colocou ali escalas, arpejos, trinados, variações de dinâmica, figurações para a mão esquerda e assim por diante, visando a que seus alunos praticassem estas coisas – e a música é bonita. Algum problema nisso?

Tampouco é inútil lembrar que os pianos da época tinham três oitavas a menos que os atuais, e um encordoamento diferente; seu som era mais claro e mais leve do que o dos Steinways e Bechsteins de hoje em dia. A textura sonora do que foi escrito para ser tocado neles não pode, é óbvio, ser equivalente à de Chopin, Liszt ou Brahms, concebida para instrumentos muito mais robustos.

A questão do "não ofende os ouvidos": os contemporâneos consideravam espinhosas muitas das peças de Mozart. Os parisienses, para os quais escreveu a Sonata K. 331 (a da *Marcha turca*), torceram-lhe o nariz, julgando-a difícil demais. Uma das razões da repulsa eram as ousadias harmônicas nela presentes, que desmentem a lenda de um Mozart "porcelana de Sèvres". Por outro lado, como bem lembra Carpeaux, ele escreveu no estilo galante do seu tempo. É contra este pano de fundo que devem ser examinadas suas obras, não contra o de épocas posteriores – e, em inúmeras composições, o artista foi além dele, como atestam a melancolia pré-romântica de certos *Andantes*, ou o *Quarteto das dissonâncias*, cuja abertura oscila entre diversas tonalidades.

O que ressaltam todos – maestros, executantes, cantores, críticos e historiadores – não é apenas a incomum inventividade melódica do compositor, mas sobretudo a rigorosa arquitetura, que torna suas criações modelos de equilíbrio e solidez. De Chopin a Sir Thomas Beecham, de críticos da época, como Charles Burney, a Bernard Shaw e Harold Schoenberg, de Paul Badura-Skoda à soprano Elizabeth Schwarzkopf, é unânime a opinião que Carpeaux exprime com sua característica sobriedade:

> "Mozart resolve seus problemas segundo cânones estritos. Mas o motivo de tal 'ortodoxia' é que desenvolve seus temas de tal maneira, que a solução mais regular é também a melhor de todas, ou, às vezes, a mais surpreendente. O forte senso arquitetônico do mestre não lhe proíbe as licenças: torna-as desnecessárias."[3]

No afã de reduzir o compositor às suas verdadeiras (e supostamente modestas) proporções, Lebrecht afirma que a força de suas óperas se deve apenas ao talento de Da Ponte. Mas e a *Flauta Mágica*, cujo libreto é muito inferior aos do italiano? Para melhor *épater le bourgeois*, nosso Salieri moderno deixa de

---

[3] Otto Maria Carpeaux, *Uma Nova História da Música*, Rio de Janeiro, Edições de Ouro, 1968, p. 118.

lado o papel atribuído à orquestra, de constante comentário ao que se passa no palco (na ária de Leporello *Madamina*, entre dezenas de exemplos). Ignora a formidável capacidade do mestre para caracterizar por meios musicais (tonalidades, andamentos, acompanhamentos orquestrais específicos) a psicologia dos personagens, tornando-os assim verdadeiros indivíduos, e não apenas tipos abstratos. João Gabriel de Lima lembra como, nas árias de Cherubino, Mozart usa a modulação tonal para retratar a rapidez com que mudam as emoções do adolescente; o mesmo acontece na cavatina que Don Giovanni canta à janela de Donna Elvira, na qual a falsidade do amor proclamado nas palavras é denunciada pela banalidade do tema e pelo acompanhamento repetitivo.

Quanto à "preguiça de criar", supostamente atestada pelos manuscritos quase sem correções: testemunhos contemporâneos comprovam que Mozart elaborava mentalmente suas estruturas, e só as colocava na pauta uma vez satisfeito com o que compusera. E ninguém menos que Chopin confessou certa vez sua admiração pela sutileza do contraponto – o recurso mais cerebral na arte da composição – nas peças do austríaco. Basta lembrar o *morceau de bravoure* na cena das máscaras de *Don Giovanni*, quando três danças diferentes são apresentadas ao mesmo tempo (e com total eufonia).

Para concluir: nem todo mundo que pretende emular Eróstratos se sai bem na empreitada. Desta vez, quem se chamusca é Lebrecht: suas teses não resistem ao exame. Acerta no tocante à indústria cultural e às obras menores, mas, parafraseando um famoso epigrama, "o que diz de verdadeiro não é novo, e o que diz de novo não é verdadeiro". Em tempo: ele não foi convidado a participar de um recente volume de *scholarship* mozartiana, o *Cambridge Companion to Mozart*, editado por Simon Kiefe, em sua Inglaterra natal. Ao que parece, com toda a razão.

A estrela de David

O *Maguen David* brilha em milhares de correntinhas, e ornamenta os mais diversos objetos rituais judaicos; como símbolo de uma religião monoteísta, equipara-se à cruz e à meia-lua; figura na bandeira de Israel e nos livros de orações. Por quê? Como veio se tornar o elemento figurativo por excelência do judaísmo, a ponto de os nazistas a terem imposto, sob a forma da estrela amarela, àqueles que pretendiam excluir do convívio civilizado?

O homem é um animal que simboliza. O que o distingue dos demais seres vivos é sua extraordinária capacidade de fabricar signos, cujo conjunto constitui o que chamamos de cultura. A linguagem, a arte, a religião, a ciência, os mitos, os instrumentos técnicos, a alimentação, possuem em comum o traço de serem produtos humanos, interpostos entre nós e o que chamamos de "Natureza". A oposição Natureza-cultura, explorada por Lévi-Strauss, define o especificamente humano: a rede simbólica envolve a todos nós desde que nascemos até depois de nossa morte, delimitando, e de certo modo prescrevendo, nossa maneira peculiar de ver o mundo e atuar nele.

Publicado originalmente pela *Revista Shalom*, nº 137, em outubro de 1976. Republicado pela *Revista Vozes Cultura*, v. 88, n. 3, em 1994, e pela *Shalom*, nº 385, ligeiramente modificado, em outubro de 2005. Para o presente volume, o texto foi novamente revisado.

Intervenções

Um símbolo cristaliza em si uma multiplicidade de significações, permitindo aos que participam da sociedade em que ele se inscreve decifrar a realidade à sua volta num certo sentido. Os símbolos transmitem toda uma tradição, e a apreensão imediata do seu significado faz com que o indivíduo se aproprie dela, dos valores que ela incarna e das normas de ação que dela decorrem.

Contudo, no mundo dos símbolos não existem compartimentos estanques. Muitas vezes, pelas vias mais tortuosas, um deles migra de uma cultura para outra, perdendo no caminho suas significações originais e recebendo novas. Esta maleabilidade se deve ao fato de serem figuras, e, portanto, capazes de receber interpretações bastante diferentes das que lhes haviam sido atribuídas por aqueles que primeiro as selecionaram para significar alguma coisa.

Pense-se no exemplo da cruz: entre os romanos, ela era um instrumento de suplício, destinado à punição dos criminosos e ladrões. Nos primeiros séculos do cristianismo, esta significação ainda estava associada a ela, e compreende-se que os adeptos da nova religião não quisessem adotar um emblema com conotações tão degradantes. Os que leram *Quo vadis* ou assistiram a *Ben Hur* se lembrarão de que o emblema dos cristãos era o peixe. Há uma razão para isto: em grego, peixe se diz *iktios*, e estas eram as iniciais de "Jesus Cristo, Filho de Deus, Nosso Senhor" naquele idioma. Foi só no século IV que a cruz passou a simbolizar o cristianismo, quando seu sentido original já se perdera, e o novo significado da Paixão se acoplara a ela de maneira inequívoca.

O mesmo se aplica à Estrela de David. O hexagrama não é um símbolo originalmente judaico, e muito menos "o" símbolo do judaísmo. Não aparece uma única vez na Bíblia, nem nas centenas de obras judaicas que se escreveram até o período medieval. Tampouco se vincula à tradição da Cabala: não desempenha qualquer papel na elaborada simbologia do Zohar, a principal obra da fase espanhola do cabalismo, nem nos textos de Isaac Luria, o maior expoente da escola de Tzfat (século XVI).

O símbolo judaico clássico sempre foi a Menorá, o candelabro de sete braços, associado ao serviço do Templo. O hexagrama também não estava associado ao nome do rei David, tendo os dois elementos – a tradição do Escudo de David e o uso da estrela de seis pontas – carreiras completamente independentes na simbologia judaica até o século XIV.

Por outro lado, o hexagrama, que aparece frequentemente associado ao pentagrama, ou estrela de cinco pontas, é utilizado como elemento decorativo – por causa de sua simetria formal – por muitas culturas antigas; justamente entre os hebreus é que ele é raro. Segundo Gershon Scholem[1], o exemplo mais antigo de seu emprego por judeus é um selo do século VI a. C., e sua aparição seguinte ocorre mais de setecentos anos depois, no friso da sinagoga de Cafarnaum, construída em torno de 200 d. C. Neste mesmo friso, é utilizada com fins ornamentais a suástica, que nem por isto será proclamada como símbolo judaico. No livro de Wayne Goodenough, *Jewish symbols in the Greco-Roman Period*, não há qualquer menção ao hexagrama, nem, aliás, ao pentagrama. E uma prova convincente de que não existia conexão entre a estrela de seis pontas e o judaísmo está no fato de ela ser usada como motivo ornamental em várias igrejas do início da Idade Média, mas quase nunca nas sinagogas ou objetos rituais judaicos da mesma época.

---

[1] G. Scholem, "Das Davidschild: Geschichte eines Symbols", in *Judaica*, Frankfurt, Suhrkamp Verlag, 1963, p. 75-117, de onde foram extraídas as informações para o presente artigo.

Intervenções

Magia e proteção

A verdadeira história do hexagrama está relacionada à magia, que, como se sabe, era cultivada em todas as culturas antigas, sem excetuar o judaísmo. Nos procedimentos mágicos empregavam-se sinetes e anéis próprios para "selar" coisas e corpos contra os maus espíritos, decorando-os com desenhos denominados *selos*. Tanto o hexagrama quanto o pentagrama incluíam-se nesta categoria, e já no século VI ambos aparecem com o nome de "selo de Salomão".

Este nome vincula-se à lenda, relatada por Flávio Josefo nas *Antiguidades judaicas*, segundo a qual o rei Salomão possuía um selo gravado com o nome de Deus, que lhe garantia o domínio sobre anjos e demônios. Posteriormente, mas com certeza antes do século VI d. C., o tetragrama (as quatro letras do nome de Deus, YHWH) foi substituído pela estrela – de cinco ou seis pontas – nas ilustrações desse selo que figuram nos livros de magia. Os judeus medievais empregavam tanto o hexagrama quanto o pentagrama em *mezuzot*[2] mágicas, muito difundidas até o século XIV. O sinal era colocado no final do texto sagrado, entre as linhas, ou ao lado de certas palavras, e podia ter diversos formatos, não apenas o de uma estrela. Maimônides protestou vigorosamente contra essa prática, que considerava supersticiosa, mas ela continuou até bem depois de sua morte.

A tradição do escudo de David tem outra origem. Segundo alguns textos esotéricos medievais, o rei possuía um escudo mágico no qual estava gravado o Nome Impronunciável de Deus, que o protegia e o fazia vencer seus adversários. Já outros autores afirmam que sobre este escudo estava escrito – sob a

---

[2] Pequenos tubos, geralmente de prata, em cujo interior se encontra a oração *Shemá Israel*, e que se costuma colocar nos batentes das portas. Para o motivo disso, ver, neste mesmo volume, "Origens da festa de Pessach".

A estrela de David

forma de uma Menorá – o salmo 67, que teria sido composto como "cântico de David ao fugir da face de Saul na caverna" (*Salmos*, 67:1). Seja como for, o escudo de David representava um símbolo autêntico do judaísmo, com a significação de "salvação diante do perigo". Os místicos ocuparam-se largamente deste escudo, embora sem precisar a forma que apresentava, e consta que David Reubeni, o Falso Messias do século XVI, apresentou aos judeus italianos certas bandeiras contendo nomes sagrados, dizendo que se tratava do "verdadeiro escudo de David".

A reunião das duas tradições, tendo como pano fundo a ideia de proteção, resultou na identificação do escudo com o hexagrama. Foi certamente por essa razão que ele acabou por deslocar a Menorá nas representações ligadas a David, já que o candelabro não estava associado ao tema da segurança. O cabalista David Ben Yehudá, cujo *Séfer Hagvul* (*Tratado do limite*) foi publicado na Espanha no início do século XIV, parece ter sido o primeiro a afirmar expressamente que o hexagrama *era* o escudo de David.

Entre os cristãos, alquimistas e místicos empregavam o hexagrama num contexto completamente diferente. Sendo o triângulo o símbolo da água e o triângulo invertido o símbolo do fogo, a justaposição dos dois significava a harmonia dos elementos. Tanto o pentagrama quanto o hexagrama aparecem, com o nome de Selo de Salomão, em livros de magia do Renascimento, quando se acreditava que quem a conhecia ganhava poder sobre a natureza e sobre outros homens.

A questão da magia no pensamento renascentista é fascinante, pois é comum vê-lo glorificado como o momento de libertação da Razão frente à teologia medieval. Hélène Védrine, em *As filosofias do Renascimento*[3], mostra quão superficial é esta

---

[3] Hélène Védrine, *Les philosophies de la Renaissance*, Paris, PUF, 1977.

ideia, herdada de uma historiografia simplista. Por outro lado, como elemento decorativo, o hexagrama em posição inclinada continua a ornamentar manuscritos, objetos e tronos de bispos até bem avançada a Idade Média.

Uma redenção problemática

Mas retornemos à história do escudo de David. Anteriormente à sua figuração como estrela de seis pontas, ele estava associado ao cabalismo, no contexto da doutrina das *Sefirot*. Estas são as dez emanações da Divindade, que representam seus atributos: Majestade, Misericórdia, Justiça, etc. A décima *Sefirá* é conhecida como *Malkhut*, "reino". O reino de David é a representação terrestre desta *Sefirá*, o que a vincula ao destino do povo judeu, e este à própria Divindade. Os cabalistas especularam largamente sobre o sentido do "reino de David", que representou a época de maior apogeu para o Israel bíblico, e daí inferiram uma alegoria sobre a Era Messiânica: se o Messias é o descendente do grande rei, como afirma o profeta Isaías[4], sua chegada conduziria à restauração do reino dele, ou seja, ao fim da Diáspora e ao retorno do povo judeu à terra de Israel.

Ora, no século XVII surgiu na Turquia o último dos Falsos Messias, Sabatai Tzvi. Quando ele abjurou o judaísmo, seus adeptos passaram a acreditar que este tinha sido não um ato de covardia, mas de supremo heroísmo: abandonar a fé no Deus de Israel era uma coisa tão inconcebível, que somente o Messias poderia fazê-la sem perder seu lugar no Mundo Futuro. A heresia sabatianista, que escandalizou o judaísmo europeu durante todo o século XVIII, apossou-se do hexagrama como símbolo secreto

---

[4] Cf. Isaías, cap. 11.

do Filho de David, que, segundo seus adeptos, era justamente Sabatai Tzvi.

O rabino Jonathan Eibeschutz, que viveu na Alemanha em meados do século XVIII, possuía um amuleto com este sinal. Seus críticos viam no amuleto uma prova cabal de adesão à heresia, mas Eibeschutz se defendeu com o argumento de que o hexagrama não passava de um sinal mágico que o protegia dos maus espíritos. Seja como for, foi graças aos sabatianistas que a Estrela de David passou a ser associada à visão messiânica da redenção, significado não muito distante do que dois séculos depois lhe foi atribuído pelos fundadores do movimento sionista.

Entra em cena a comunidade de Praga

A difusão do símbolo entre as massas judaicas, contudo, segue uma via completamente diferente, e que nada tem a ver com as especulações messiânicas ou com seu significado mágico. É em Praga que o hexagrama vai servir pela primeira vez como distintivo específico da comunidade judaica.

Embora isso não esteja registrado em documentos, acreditava-se que o imperador Carlos IV havia concedido em 1354 um privilégio especial aos judeus daquela cidade: o de portar uma bandeira própria. Quando em 1527 o imperador Ferdinando I entrou em Praga, as autoridades cristãs ordenaram que judeus o fossem saudar "com a sua bandeira". Ora, nela estava inscrito um vistoso Escudo de David, já na forma em que o conhecemos. É provável que a comunidade local tenha escolhido este distintivo por nele ver um motivo de orgulho, pois alude a uma figura da maior importância no Velho Testamento.

A tradição que vinculava o Escudo de David à estrela de seis pontas já estava consolidada, portanto, no século XVI. Sabemos que os judeus húngaros saudaram o rei Matias Corvinus, em 1476, com uma bandeira vermelha onde figuravam um pentagrama, um chapéu judaico e duas estrelas douradas de quatro pontas. A oscilação entre o pentagrama e o hexagrama parece confirmar as hipóteses de Scholem sobre a origem do símbolo. Mas tudo indica que foi o uso continuado do hexagrama por parte dos judeus de Praga que acabou por fixar o nome "Estrela de David" aos triângulos invertidos e sobrepostos, enquanto o pentagrama aos poucos ficou associado ao nome "Selo de Salomão". Contudo, ainda em 1676, o hebraísta cristão Johann Christian Wagenseil escreve que "os judeus chamam de Escudo de David à estrela de cinco pontas", o que mostra quão pouco cristalizada estava a terminologia.

A partir de 1600, o símbolo passa a ser empregado corriqueiramente pelos judeus praguenses, em especial nos livros impressos naquela cidade, que abrigava então a principal comunidade do Sacro Império Romano-Germânico. Mas quando, em 1622, o judeu Jacob Bassevi foi elevado à categoria de nobre, o escudo de armas que lhe foi atribuído pelo imperador Ferdinando II não continha um hexagrama, e sim três pentagramas sobre uma faixa oblíqua, prova inequívoca de que ambos os símbolos estavam em uso entre os judeus.

De Praga, o emprego do hexagrama se difundiu entre as comunidades da Áustria e da Boêmia. Em 1656, na pedra-marco que servia de limite entre o gueto de Viena e a parte cristã da capital, encontravam-se lado a lado uma cruz e uma estrela de David – a primeira vez em que ela é utilizada como "o" símbolo do judaísmo. De Viena, de onde os judeus foram expulsos em 1680, o *Maguen David* chega a outras paragens; a coletividade asquenazita de Amsterdã, por exemplo, o adota pouco depois como seu símbolo próprio, para se diferenciar dos oriundos de Portugal, que constituíam a maioria dos judeus daquela cidade.

Na Polônia e na Lituânia, porém, no século XVII a estrela de David não aparece ainda como distintivo comunitário, mas apenas como elemento ornamental em objetos rituais: coberturas da Torá, cortinas de sinagogas, etc. Também figura, com suas implicações mágicas, em amuletos e pedras tumulares de rabinos e curandeiros.

A difusão do símbolo

Scholem considera que o motivo principal da difusão do símbolo a partir do início do século XIX foi o espírito de imitação: "os judeus da época da Emancipação procuravam um símbolo do judaísmo, assim como viam em toda parte um símbolo do cristianismo. Se o judaísmo nada mais era do que uma 'confissão mosaica', como afirmava a grotesca categoria com que nos conduziram à escola, parecia muito natural que devesse possuir, como as outras confissões, um signo visível de identificação."[5]

Nas sinagogas construídas naquela época, o *Maguen David* aparece por toda parte, tanto por sua forma geométrica, adequada para fins arquitetônicos e decorativos, quanto pela pobreza do simbolismo judaico então conhecido. Ao mesmo tempo, ele passa a figurar em numerosos objetos rituais judaicos, de bandejas para o Seder de Pessach a caixas para guardar *tefilin*[6], nos solidéus (*kipot*), e assim por diante. O costume se propaga

---

[5] Cf. Scholem, op. cit., p. 87.

[6] Faixas e pequenas caixas de couro colocadas na testa, no braço esquerdo e na mão durante as orações matinais, em cumprimento à injunção bíblica: "e estarão estas palavras, que hoje te ordeno, sobre o teu coração [...]; e

lentamente da Europa Central para a Polônia e para a Rússia. Havia nestas regiões uma resistência ao seu uso, já que as significações mágicas ainda eram vivas, e, como os judeus súditos do czar não haviam passado pela Emancipação, não viam necessidade de um equivalente judaico para a cruz.

Um autor do século XIX, Jakob Reifmann, resume bem este sentimento, ao escrever que "a estrela de seis pontas é um arbusto estranho na vinha de Israel. É como no versículo bíblico: *Misturaram-se aos povos e aprenderam a orar como eles*". Scholem afirma com todas as letras: "Assim, exatamente no momento de sua maior expansão, o *Maguen David* serviu como símbolo vazio de sentido para um judaísmo cada vez mais carente de sentido. Os sermões dos pregadores não eram suficientes para insuflar-lhe vida: a carreira brilhante e vazia da Estrela de David no século XIX é em si mesma uma prova do declínio do judaísmo."[7]

Foi o movimento sionista que recuperou o *Maguen David* como símbolo do povo judeu. Desde o Congresso de Basileia, ele o inscreveu em sua bandeira, em lugar das sete estrelas douradas propostas por Theodor Herzl para simbolizar as sete horas de trabalho diário – um grande avanço social que, segundo ele, deveria existir no futuro Estado. Como dissemos atrás, na esteira do movimento sabatianista, a estrela de seis pontas tinha sido associada à visão da chegada do Messias, e durante o século XIX ela se difundira amplamente entre as massas judaicas. Ora, o sionismo visava à restauração da independência e da dignidade do povo judeu, e portanto nada mais natural que escolhesse como sua insígnia um elemento associado à ideia de redenção.

---

as atarás como marca na tua mão, e serão por sinais entre os teus olhos" (Deut. 6:6-9).

[7] Idem, p. 92.

A estrela de David

A decisão dos congressistas de Basileia não podia ser mais acertada: a Estrela de David associava o futuro ao passado, especialmente àquela parte do passado na qual os judeus tinham seu próprio país – e não havia perseguições religiosas. O fato de que naquele tempo o símbolo não fizesse parte da iconografia judaica não foi considerado, e na verdade não precisava ser levado em conta: o que importava era o presente, e nele, pelas razões lembradas acima, a estrela de seis pontas estava firmemente associada aos judeus, tanto por eles próprios quanto pelos cristãos.

Por outro lado, as ressonâncias heréticas do símbolo convinham perfeitamente aos valores iconoclastas da primeira fase do sionismo, que combatia precisamente a passividade das massas judaicas frente às humilhações de que eram objeto. Um messianismo laico, uma interpretação revolucionária do passado judeu, um retorno às origens e ao orgulho da independência: eis o que a Estrela de David representava segundo o ideário do novo movimento.

Contudo, o século XX reservaria ao hexagrama uma função bem mais sinistra: foi com ele que os nazistas estigmatizaram os judeus enquanto aguardavam a oportunidade de colocar em prática a "solução final". Os sofrimentos e o heroísmo da resistência nos guetos e campos de concentração acabaram por conferir à estrela de seis pontas um significado existencial de grande alcance. Agora ela podia representar, no mesmo desenho, a totalidade da experiência do povo: no triângulo voltado para baixo, a perseguição e o martírio do passado; no que aponta para cima, a altivez, a vontade inquebrantável de viver e a fé no porvir.

A bela interpretação de Franz Rosenzweig, no seu livro *Der Stern der Erlösung* (*A Estrela da Redenção*), vem acrescentar-se a esta: dos seis vértices, três representam Deus, o Mundo e o Homem, e os que se situam entre eles aludem às relações entre eles: Deus/Mundo = Criação; Deus/Homem = Revelação; Homem/Mundo = Redenção. Este me parece o significado mais profundo da estrela de David: na severa perfeição de suas formas, ela simboliza a integridade do homem e do judeu, e nos recorda que as tarefas decisivas estão à nossa frente, e não atrás de nós.

Origens da festa de Pessach

Princípio, memória, futuro; lei, festa, liberdade; Deus, povo, aliança: os motivos fundamentais da cosmovisão judaica surgem entrelaçados no mandamento de recordar a saída do Egito. Na verdade, podemos dizer que a estreita ligação que guardam entre si, nesta certidão de nascimento do povo judeu, equivale à interpretação fornecida pelo judaísmo aos mistérios fundamentais da vida humana. E a recorrência anual de Pessach, com a solenidade festiva de que a recobriu a tradição, é em si mesma um estímulo à interrogação da perspectiva judaica: em que medida que ela se presta aos questionamentos da atualidade?

Sincretismo

As origens de Pessach se perdem na noite dos tempos. Os toques dramáticos do ritual e a profusão de símbolos, carregados de uma intensidade inusitada nas festividades judaicas, atestam a sua antiguidade. É possível que exista nele um substrato pagão, de origem talvez canaanita[1]; mas a transformação radical

---

Publicado originalmente como "Paganismo, história e liberdade: reflexões por ocasião de Pessach", pela Revista *Shalom*, n. 96, em abril de 1973. Uma versão revisada foi publicada pela mesma revista, n. 463, em 1 de abril de 2007. Este capítulo foi revisado em 2009.

[1] Nota de 2009: Pouco se sabe sobre os rituais e festas dos habitantes de Canaã. Para uma reconstrução do que pode ter sido o seu calendário religioso, ver Lilinah biti-Anat, "A Canaanite-Phoenician Sacred Year",

pela qual este hipotético elemento original passou ao ser "judaizado" foi de tal ordem que, a meu ver, ele permaneceu sepultado no mais fundo da consciência coletiva durante os séculos posteriores, para só retornar ao horizonte de investigação com as descobertas arqueológicas dos últimos cinquenta ou cem anos. Este pano de fundo da tradição pagã permite lançar um pouco de luz sobre a maneira pela qual o monoteísmo judaico absorveu e remodelou os elementos religiosos com que esteve em contato em seu período inicial, sob o poderoso impacto de uma nova visão do divino que foi e é caracteristicamente sua.

Pessach se celebra na noite da lua cheia do primeiro mês do ano[2]. A festividade canaanita que provavelmente lhe serve de matriz estaria relacionada ao culto a uma divindade lunar, como era comum entre os povos do Oriente Médio. Talvez, nesta noite em especial, demônios maléficos estivessem à solta, e os homens se recolheriam prudentemente às suas casas. Um amuleto protetor seria colocado na porta, separando o exterior maligno do interior aconchegante. Seria oferecido um sacrifício para aplacar a ira dos deuses, ou para agradar as divindades protetoras da família.

Passada a noite terrível, haveria paz até o ano seguinte, quando tudo voltaria a se repetir com a inexorabilidade dos

---

texto no qual a pesquisadora afirma que os meses começavam com a lua nova, e que na noite da lua cheia se praticava algum ritual ligado aos deuses locais. O texto pode ser encontrado no site www.geocities.com/SoHo/Lofts/2938/year.html. É com base nestas informações que suponho a existência da cerimônia mencionada neste artigo.

[2] Na época bíblica, o ano começava na primavera: "Este vos será o primeiro dos meses do ano... e este dia vos será por memória; celebrá-lo-eis por festa ao Senhor; nas vossas gerações o celebrareis, como estatuto perpétuo" (Ex. 12:1 e 14). A mudança da passagem do ano para o outono (Rosh Hashaná) só ocorreu depois do retorno do Exílio da Babilônia, certamente sob a influência dos costumes mesopotâmicos.

Origens da festa de Pessach

fenômenos naturais; a reiteração do ritual teria por objetivo afastar novamente o perigo muito real que rondava as frágeis habitações humanas. Como outras cerimônias pagãs, esta festividade hipotética visaria a controlar tanto quanto possível as forças desenfreadas da Natureza, cujo impacto deveria ser evitado por meio dos ritos mágicos apropriados.

Opondo-se à visão mágico-mitológica da realidade, o judaísmo desde o começo repeliu a atmosfera terrificante das celebrações pagãs. Os elementos da noite especial – o símbolo apotropaico[3], o sacrifício, o ritual elaborado – estão presentes na versão judaica, mas o espírito que preside à cerimônia é inteiramente diferente. Se a religião hebraica efetivamente absorveu estes componentes estranhos, ela os moldou de acordo com sua própria inspiração, a ponto de torná-los irreconhecíveis.

O traço comum às várias religiões do Oriente Antigo, aqui agrupadas sob a denominação genérica de "paganismo", consiste na presença da mitologia e da magia[4]. Concebendo os deuses como originários de uma fonte primordial – a água, ou o ovo cósmico – a mitologia traça as vicissitudes de seu nascimento, as lutas que travaram pelo domínio do Universo, e em geral a "biografia" das entidades divinas. Sendo estas fundamentalmente arbitrárias no uso do seu poder, a magia objetiva compeli-las a atuar de acordo com os interesses humanos. Isso é conseguido por meio de determinados ritos: apelando aos poderes fundamentais do Universo, o feiticeiro obriga o deus da chuva a fazer chover, ou, na noite da lua cheia, o sacerdote detém o braço impiedoso do deus da morte. Utilizando o conhecimento secreto que só ele detém, o oficiante obriga os deuses a se curvar

---

[3] Que serve para afastar o mal.
[4] Cf, Yehezkel Kaufmann, *The religion of Israel*, translated and abridged by Prof. Moshe Greenberg, Chicago, University of Chicago Press, 1960.

à sua vontade, seja reencenando os incidentes decisivos na vida deles (aqui a mitologia se cruza com a magia), seja executando os movimentos prescritos pela tradição, na ordem precisa e no tempo exato.

Contra este elemento mágico-mitológico essencial do paganismo, a religião judaica opta pela existência de um único Deus, justo e misericordioso. O relato bíblico não contém quaisquer referências à origem da divindade, nem a combates com outras entidades da mesma natureza que Ele[5]: como é tido por eterno, não tem "biografia" que possa ser recontada por mitos ou reencenada por ritos. E como é tido por onipotente, magia alguma pode opor-se aos seus desígnios: todo o Universo provém da vontade de Deus. Não há uma legalidade superior à qual se possa apelar para revogar seus decretos.

Neste contexto, os elementos pagãos da festa da lua cheia só podem ser absorvidos mediante sua inclusão num quadro de referência completamente novo, processo que os desveste de seu caráter pagão e equivale a um certificado de conversão ao judaísmo. É por isto que, ao examinarmos mais de perto os trâmites da "judaização" do festival, podemos descobrir alguns dos elementos fundamentais da religião de Israel.

A transposição para o contexto judaico

Quais são estes fatores? Em primeiro lugar, a *conversão da natureza à história*. Em lugar da deificação das forças naturais

---

[5] Mesmo monstros como o Leviatã, que Jeová teria vencido – claramente resquícios de um período pré-monoteísta dos hebreus – não são em momento algum considerados como deuses. As referências a tais combates, nos Salmos e em alguns textos dos Profetas, servem para exaltar a majestade e o poder do "Senhor dos Exércitos". Cf. Robert Graves e Raphael Patai, *Hebrew myths: The book of Genesis*, New York, McGraw Hill, 1963.

desencadeadas periodicamente pela fase crítica da lua, o judaísmo impõe a comemoração da saída do Egito, fato histórico provocado (segundo sua cosmovisão) pela vontade soberana de um Deus único e radicalmente superior à natureza. Consequentemente, ao invés da repetição *real* do fenômeno da natureza, aparece a injunção de *recordar* o fenômeno histórico, por essência único e incapaz de se renovar. O perigo da destruição não se repete a cada ano; ele existiu somente uma vez, e jamais voltará a ocorrer. Prova disto é a formulação do mandamento bíblico, repetida todas as vezes que ele aparece: "por *memória*", "*lembrai-vos*", "*recordai-vos*", etc[6]. A unicidade do evento histórico assim enfatizada constitui uma ruptura com o caráter natural da solenidade pagã, na medida em que os fenômenos naturais se caracterizam pela regularidade com que se repetem (estações do ano, inundações, mudanças de temperatura, marés, ventanias, etc.).

Não que Pessach esteja isenta de conotações naturais. Em sua forma primitiva, a festa combinava um elemento agrícola – a oferenda dos pães ázimos, feitos de trigo e relacionados à sedentariedade da agricultura – com um elemento pastoril – a oferenda do primogênito, característica da sociedade nômade dos criadores de rebanhos. Mas estes componentes naturais são concebidos como agradecimento pela prosperidade advinda da benevolência divina, condicionada à conduta moral do homem, e não como representação de incidentes na vida dos deuses, ou do seu relacionamento com os homens, como no caso da cerimônia pagã.

Em outras palavras, a oferenda do trigo e o sacrifício do cordeiro pascal foram despidos de seu significado original – alimentar os deuses esfaimados –, e receberam um lugar na

---

[6] Cf. Hayim Yerushalmi, *Zakhor: História judaica e memória judaica*, Rio de Janeiro, Imago, 1992.

economia da concepção judaica, que os reveste da qualidade de símbolos de agradecimento à onipotência e à misericórdia divinas.

O mesmo sucede com o sangue do cordeiro na porta da casa (Ex. 12:7). Originalmente um amuleto destinado a neutralizar as forças do mal, no ritual judaico o sangue serve apenas para que o anjo do Senhor saiba como distinguir entre as casas dos judeus e as dos egípcios. O judaísmo não tem lugar para um reino do mal independente e oposto a Deus, porque ele seria incompatível com a onipotência divina. Os demônios maléficos, que aterrorizavam o pagão e o levavam a colocar o sangue como barreira entre o espaço sagrado da casa e o exterior varrido pelas forças do mal, são remodelados na forma do "anjo da morte", que não tem autonomia alguma e se limita a executar as ordens divinas. O que no paganismo representava a afirmação das duas realidades em choque foi transformado pelo judaísmo na afirmação da única realidade possível: aquela determinada e organizada segundo a vontade do Criador do Universo.

A celebração judaica tem por objetivo *recordar* a saída do Egito. Aqui opera um dos princípios fundamentais do judaísmo, em germe no período bíblico e plenamente desenvolvido no período do Segundo Templo e do Talmud: a *ortopraxia*, ou ação correta, é superior à *ortodoxia*, ou crença correta. Cumprir o mandamento de Pessach não é simplesmente recordar o evento do Egito: é celebrar o Seder *da forma prescrita*, para recordar *desta maneira* o evento do Egito. A ênfase na ação adequada, porém, não se confunde com a crença na efetividade mágica desta ação: assim como o perigo do anjo da morte não é atual, mas se localiza no passado remoto, a realização do Seder tampouco objetiva afastar os demônios, mas recordar o acontecimento mais decisivo na história do povo judeu.

Origens da festa de Pessach

Esta união do passado mais longínquo com a realidade presente, e as implicações sobre a natureza do futuro contidas na injunção "como estatuto *perpétuo*", testemunham o caráter essencialmente histórico desta cosmovisão. Os primeiros elementos da "filosofia da história" judaica, e com eles os de sua equivalente cristã, já se encontram presentes no mandamento de Pessach. A festa celebra um ato divino relacionado aos homens: a saída do Egito graças à *yad khazaká* (mão forte) e à *zrôa netuyá* (braço estendido) do Senhor[7]. O Deus judaico não é apenas o criador da natureza; ele também move os cordões da História. A orientação da trajetória dos homens é uma consequência inevitável do conceito judaico de Deus, pois seria inconcebível que os homens pudessem traçar seu percurso à revelia da autoridade do Criador.

A expressão hebraica *Avinu Malkeinu*, tantas vezes utilizada como apelativo da divindade, abriga as duas noções lado a lado: *Avinu*, nosso Pai, origem de toda vida e portanto também da do homem; *Malkeinu*, nosso Rei, fonte do ordenamento social, político e jurídico da comunidade. A onipotência se alia à onisciência para plasmar a história como desenvolvimento de um plano divino, cujas características fundamentais vão ser elaboradas pelos profetas, e em especial por Isaías.

A intervenção de Deus no mundo dos homens se faz voltada para o objetivo a que tende todo o percurso da humanidade: a época messiânica de paz universal. A história, concebida como vasto parênteses entre a Criação e a Redenção, toma o aspecto de um palco onde se representa o drama universal; nele, o povo judeu ocupa a posição de ator principal, na medida em que só a ele é dado conhecer o desfecho da peça. A elaboração profética

---

[7] "Lembrai-vos deste mesmo dia em que saístes do Egito, da casa da servidão; pois com mão forte o Senhor vos tirou daqui..." (Ex. 13:4). A contradição entre esta versão e a que põe em cena o anjo da morte não nos ocupará neste momento.

deste tema é particularmente clara em Isaías e Jeremias, quando tratam do problema contemporâneo representado pela ascensão aparentemente irrefreável da Assíria e da Babilônia.

Ora, ao acentuar a celebração anual do acontecimento primordial, o judaísmo enfatiza a constante ação divina na História, e o propósito – ainda que este pareça incompreensível aos contemporâneos – inerente a cada nova volta de sua espiral. Esta forma de interpretar a História constitui uma grande "pedra no sapato" para o judeu moderno, imbuído de uma concepção radicalmente diferente do acontecer humano, que se centra na essencial *purposelessness* (falta de sentido) deste acontecer. Se há um elemento da tradição judaica que se choca frontalmente com a visão que herdamos do Iluminismo, é a fé na Providência como reguladora da história.

Atualidade de Pessach

Em parte provocada pelas crises do nosso século, em parte originada pela *hybris* da era da ciência, a rejeição da Providência – e a consequente aceitação de que as forças históricas são compreensíveis no plano da teoria, mas dificilmente governáveis no plano da prática, e de qualquer modo inteiramente além do controle do indivíduo – equivale a uma ruptura fundamental com um dos elementos básicos de Pessach tal como a tradição a concebe: a intervenção significativa de uma força superior na história humana.

Mas parece-me que há na festa outro elemento, igualmente fundamental, que tem algo a dizer ao judeu contemporâneo: trata-se da afirmação da liberdade como direito irrevogável do ser humano. Pessach é e sempre foi *zman kheruteinu*, "a época da nossa libertação". A liberdade pode parecer um ideal muito

Origens da festa de Pessach

distante de nós, depois deste século XX, tão próximo do totalitarismo orwelliano mesmo nos baluartes mais firmes da democracia; mas ela permanece como uma das aspirações mais dignas e mais nobres da espécie humana.

A saída do Egito, embora essencialmente única, é um acontecimento que metaforicamente se reedita a cada momento: quando optamos pela luta, e não pela acomodação, quando preferimos as areias escaldantes do deserto sem cadeias à vida em servidão às margens verdejantes do Nilo. Seja em termos políticos, seja em termos intelectuais, cada um de nós é um Moisés em potencial; a sociedade alienante dos meios de comunicação em massa e da doutrinação totalitária nos asfixia como o palácio do faraó, construído com o suor de milhares de escravos anônimos.

E, se cada um de nós tiver a coragem de matar seu feitor egípcio, se cada um de nós estiver disposto a trocar a modorra mental em que nos submerge o torvelinho da vida moderna pelo incômodo do pensamento independente, então talvez a celebração de Pessach venha a adquirir um significado novo e existencial: da escravidão à Terra Prometida, o Seder nos relembra que devemos atravessar nosso próprio Sinai.

Infância:
uma categoria recente

Uma das reações ao assassinato de Isabella Nardoni – a precipitação da imprensa, de certos investigadores e até de membros do Judiciário em acusar o pai da menina – incita a refletir. Por que tanta pressa para encontrar um culpado, infringindo o elementar direito desse homem à presunção de inocência e, eventualmente, a um julgamento justo? E isso apesar do precedente da Escola de Base, no qual os adultos suspeitos de abuso sexual contra um menino se mostraram inocentes.

É natural que tragédias suscitem comoção pública: alguns leitores talvez se lembrem de incêndios como os do Andraus e do Joelma, e, mais recentemente, o *tsunami*, o furacão Katrina, o acidente da Gol, também despertaram revolta e solidariedade. Mas nem toda tragédia é um crime: casos como o de Isabella, como o de mães que tentam matar bebês indesejados, provocam uma repulsa mais profunda, porque põem em jogo a crença na naturalidade dos sentimentos familiares.

Se hoje a violência contra crianças nos parece particularmente hedionda, convém lembrar que esta é uma atitude recente. Durante séculos, ela foi aceita como legítima, quer

---

Publicado originalmente como "Nascimento tardio", pelo jornal *Folha de S. Paulo*, no Caderno "Mais!", em 13 de abril de 2008.

no interesse da própria criança (castigos físicos como parte da moldagem do caráter, por exemplo), quer no dos pais (abandono de filhos ilegítimos na "roda dos enjeitados"), ou da sociedade (infanticídio eugênico em Esparta, assim como em certas tribos indígenas e africanas).

O princípio que justificava tais práticas é bem expresso na Lei das Doze Tábuas: "o pai tem direito de vida e morte sobre seus filhos, assim como de os vender" (Tábua V, 2). A mesma regra vale em inúmeras sociedades antigas, e mesmo atuais: como prova da sua fé, Jeová exige de Abrão que sacrifique Isaac; como não há alimento para todos os membros da família, João e Maria são enviados para morrer na floresta; Édipo é abandonado no monte Citerão devido à profecia de que mataria seu pai; repetindo o faraó, Herodes manda matar os meninos judeus para evitar que um deles se torne o salvador do povo; meninas recém-nascidas são assassinadas na China porque o único filho permitido pela lei "deve" ser do sexo masculino – os exemplos encheriam toda uma página.

Foi com a ideia cristã de um Deus menino que começaram a surgir práticas mais respeitosas para com as crianças, como a de acolher nos mosteiros medievais algumas das que seus pais abandonavam. Mas a categoria psicológica e sociológica da *infância* é recente: data do século XVIII, e uma das obras que contribuíram para a sua difusão foi o *Emílio*, de Jean-Jacques Rousseau. A percepção de que os pequenos seres humanos têm características emocionais e intelectuais distintas das dos adultos levou à criação da *nursery*, com seus brinquedos e jogos, e de histórias próprias para eles: primeiro as de Andersen, depois as de fadas, até chegarmos aos desenhos animados – e o primeiro longa-metragem do gênero, *Branca de Neve*, retoma a história de uma garota cuja morte é planejada pela madrasta.

Aliás, a imagem negativa dessa figura tem raízes na realidade histórica. Na Idade Média, era comum as mulheres morrerem de parto, deixando o viúvo com uma penca de filhos para criar. Quando este se casava de novo, era frequente que a segunda esposa privilegiasse os *seus* filhos em detrimento dos do primeiro leito – como vemos, entre outros contos, em *Cinderela* e *João e Maria*.

A evolução dos costumes produziu a crença na "inocência" e na "pureza" da criança, em particular no que se refere à sexualidade. As descobertas psicanalíticas mostram que as coisas são um pouco diferentes, mas é importante frisar que elas não invalidam a dimensão jurídica da proteção aos menores: o pequeno é mais fraco do que o grande, e portanto o crime contra ele é considerado mais grave que o praticado entre iguais. Já a lei romana prescrevia: "o tutor que agir com dolo será destituído com infâmia, e pagará em dobro o prejuízo causado" (Tábua VII, 11). O que é condenado aqui é o abuso de confiança, que além de ser um delito é também uma transgressão aos princípios da ética.

Um marco histórico na percepção de que a criança é sujeito de direitos foi a Declaração dos Direitos adotada pela ONU em 1959, base para o nosso Estatuto da Criança e do Adolescente, que apesar de algumas falhas é uma boa lei. O fato de ela ter "pegado" mostra que a sociedade brasileira está disposta a cuidar melhor das novas gerações e a punir os que agirem de modo contrário – e isso é um avanço civilizatório. Prova disso é que situações que há poucas décadas deixavam as pessoas indiferentes, ou apenas suscitavam protestos da boca para fora, como a exploração do trabalho infantil, são hoje tidas por intoleráveis.

A esses dados de ordem sociológica e política, o psicanalista pode acrescentar que o abuso sexual, a pedofilia, a brutalidade na punição, o infanticídio, não nos chocam apenas porque ofendem o princípio da proteção ao mais fraco, mas também porque mobilizam ansiedades infantis à ameaça representada pelo adulto (bruxas, ogros). Além disso, existe a angústia diante da possibilidade de que venhamos a ter tais desejos e ideias – ou, pior, a praticar tais atos, que correspondem a fantasias inconscientes mais difundidas do que gostaríamos de acreditar.

Demonizar o pai de Isabella[1] pode ter a função de exorcizar algo que tememos porque inconscientemente também desejamos – a possibilidade de prejudicar, pouco ou muito, os pequenos que dependem de nós. Já o sabia o profeta Jeremias: "os pais comem uvas verdes, e os dentes dos filhos apodrecerão?" (Jer. 31:29).

---

[1] O fato de que ele e sua namorada tenham sido posteriormente condenados pelo crime não invalida, a meu ver, as considerações acima.

Abuso sexual

Os casos de pedofilia e incesto recentemente noticiados pela imprensa – a menina engravidada pelo padrasto, o austríaco que manteve presa sua filha por mais de vinte anos e com ela engendrou sete filhos-netos, a rede criminosa baseada em Catanduva – provocaram repulsa e horror em todos os que deles tomaram conhecimento. Como é possível que alguém pratique tais atos, perguntam-se as pessoas, e quais as consequências deles para as vítimas?

Mesmo que *pedófilo* e *incestuoso* não sejam sinônimos – o primeiro se interessa sexualmente por crianças, o segundo toma como objeto uma pessoa da mesma família ou clã (criança ou não), portanto proibido pela lei ou pelo costume –, não é raro que as duas condições coincidam num mesmo indivíduo, como no caso de Alagoinha, e em tantos outros que diariamente chegam às instituições de tutela da infância.

Os motivos pelos quais um adulto – geralmente homem – aborda uma criança com o objetivo de se aproveitar dela são de diversas ordens. Em primeiro lugar, ela é mais fácil de atrair do que um parceiro adulto: balas, pipocas e a promessa de deixar jogar videogames bastaram para levar ao quarto do borracheiro de Catanduva os garotos que cobiçava. Quem assim procede tem

---

Publicado originalmente pelo jornal *Folha de S. Paulo*, no Caderno "Mais!", em 22 de fevereiro de 2010.

medo de que o adulto recuse seu convite; pode-se supor que seja acometido de ansiedade em relação ao seu desempenho, ou que suas fantasias de castração sejam particularmente intensas.

Em segundo lugar, o "predador psíquico" – termo que tomo emprestado ao antropólogo Boris Cyrulnik – tem características que o singularizam entre as várias classes de perversos. A principal delas é uma identificação maligna com a mãe, diferente da que desemboca numa posição homossexual "normal", ou da que – caso venha a fazer parte da porção sublimada da libido – resulta num interesse pedagógico, numa atitude maternal e devotada para com os amigos, etc. O que norteia o impulso sexual do pedófilo é a combinação dessa identificação com um ódio imenso pela criança que ele mesmo foi – "meu objeto deve sofrer ainda mais do que eu sofri" – e com um completo desinteresse pelos sentimentos do outro, que leva o indivíduo a não se incomodar com as consequências que seus atos possam acarretar para a criança.

Quer esta tenha sido "apenas" bolinada, induzida a praticar felação, ou estuprada, tais consequências são de extrema gravidade. O abusador sexual busca muitas vezes uma revanche contra violências de que ele próprio foi vítima na infância (é a justificativa de Josef Fritzl para o que fez com a filha), e se aproveita do fato de que as crianças são efetivamente dotadas de sexualidade para as seduzir. Mas atenção: a sexualidade infantil não se confunde com a adulta, e certamente não faz parte dela o intento de servir de meio para prazeres dos quais não tem noção.

Este ponto é crucial. Todos sabemos que as crianças se interessam pelo que acontece no quarto dos pais, e, no contexto do Complexo de Édipo, desejam inconscientemente ocupar o lugar de um dos cônjuges. Sua imaturidade, porém, e o fato de desconhecerem muito do que se refere à vida sexual das "pessoas grandes", as fazem inventar o que Freud chamava de "teorias sexuais infantis". Brincadeiras de médico, de "gato mia" e outras semelhantes expressam a curiosidade natural sobre o corpo, sobre a diferença entre meninos e meninas, sobre como se fazem bebês – mas são parte do que Sándor Ferenczi denominava "linguagem da ternura". Já o adulto – perverso ou normal – opera na "linguagem da paixão", ou seja, num registro que confere sentido bem diverso à excitação, às fantasias e aos atos eróticos.

A "confusão de línguas" da qual fala o psicanalista húngaro nasce de que o adulto não controla seus impulsos, e excede os limites que a cultura impõe na esfera sexual. Como afirma com razão Renata Cromberg, não se podem confundir "carinhos de pai" – beijos, abraços, afagos normais e desejáveis na relação pai-filha – com "carinhos de homem": os mesmos gestos, porém realizados com o intuito de proporcionar prazer sexual para si – e nunca para a criança.

Quando isso acontece, ela se vê enredada numa armadilha fatal: sente-se culpada por suas fantasias incestuosas (que, repito, fazem parte do desenvolvimento normal), e chocada pela maneira como elas acabaram por se realizar. A perplexidade se soma à vergonha e ao trauma de se ver traída por alguém em quem confiava; os efeitos na mente infantil são devastadores, e a eles se somam muitas vezes vestígios corporais, da irritabilidade ou ferimentos nos genitais à gravidez.

A situação é frequentemente complicada pelo medo de contar o que ocorreu, ou, pior ainda, pela incredulidade com que o relato é recebido. Mães se recusam a acreditar que o homem que amam possa ter cometido "aquilo", ou são coniventes – alguém duvida que a mulher de Fritzl sabia (ou pelo menos suspeitava) o que estava acontecendo naquele porão? –; autoridades (como a responsável pela Delegacia da Mulher de Catanduva) não dão seguimento à investigação; e o silêncio contribui para agravar a confusão e a dor.

Frente à incompreensão dos adultos, a criança vítima de abuso sexual aciona mecanismos de defesa violentíssimos, que acabam por aumentar ainda mais o seu sofrimento: identificação com o agressor, entrada numa posição masoquista, cisão da parte da sua mente que abriga as lembranças do fato, e outros mais. Pode se tornar abúlica, ou muito agressiva, perder a capacidade de sonhar, ou reviver a cena em pesadelos, ser tomada por sentimentos de perseguição, pela culpa de ter "induzido" o ato, ou pela imagem obsedante do agressor.

Este, porém, pouco se importa com tais consequências: como sua personalidade é de tipo narcisista, a desumanização do outro não lhe provoca emoção alguma. Contudo, por trás da fachada triunfante nota-se que esse narcisismo é muito frágil: recobre precariamente um grande vazio, e uma angústia atroz quanto à própria identidade. Compreende-se que o perverso – e particularmente o pedófilo ou incestuoso – busque na sexualidade um lenitivo para a incerteza sobre quem é e sobre o que pode ("a pedofilia é a perversão dos fracos e impotentes", diz Freud), e um meio de desviar sobre um ser indefeso o ódio e a hostilidade contra seus objetos internos. O entendimento sobre como funciona a personalidade do agressor, porém, não diminui a gravidade dos atos que pratica, nem a dor imensa que inflige à sua vítima.

O tema do abuso sexual é complexo, e é evidente que estas breves observações não o podem esgotar. A informação adequada é essencial para quem lida com os desastres que ele provoca; por isso, gostaria de concluir este artigo recomendando a juízes, médicos, promotores, assistentes sociais, psicólogos – e também aos familiares das vítimas – a leitura de quatro livros publicados pela Casa do Psicólogo, nos quais me baseei para o redigir: *Cena incestuosa*, de Renata Cromberg; *Perversão*, de Flávio Carvalho Ferraz; *Psicopatia*, de Sidnei Kiyoshi Shine, e *Narcisismo e vínculos*, de Lucía Barbero Fuks, este uma coletânea na qual figuram vários trabalhos sobre o assunto.

Lembremos o dito de Freud: *primum non nocere* – antes de mais nada, não prejudicar quem está ferido!

Sobre pesquisadores e andorinhas

"Se o Senhor se candidatasse a uma bolsa de pesquisa, com toda a certeza não a conseguiria: publicou apenas um trabalho, que não era em inglês, não apareceu em revista indexada, nem foi avaliado por pares; nele descreve experimentos com seres humanos não submetidos a nenhum comitê de ética (entre outros, extrair costelas sem o consentimento informado do 'sujeito'); ao verificar que os 'objetos' não se comportavam como previsto por suas hipóteses, afoga todos num formidável dilúvio..."

Esta piada me veio à mente ao ler, no caderno "Mais!" de 15 de abril de 2007, o artigo de Marcelo Leite, "O fim da era Einstein". Diz o jornalista, em síntese, que o modo de produzir ciência mudou drasticamente dos anos cinquenta para cá: no lugar do intelectual trabalhando mais ou menos isoladamente, surgiram os "grupos de pesquisa", em artigos assinados por "dezenas ou até centenas de autores". Pergunta: o fenômeno é comum a todos os campos? E com ele, produz-se melhor ou pior ciência?

Um estudo americano focalizando 20 milhões de artigos publicados desde 1955 revela que nas ciências experimentais

---

Publicado originalmente pelo jornal *Folha de São Paulo*, no Caderno "Mais!", em 29 de abril de 2007.

esta é a regra; nas sociais, o artigo de autor único, que antes predominava, hoje responde por metade da produção (48,5% em 2000). "Só artes e humanidades resistem, com mais de 90% dos trabalhos solo", afirma o jornalista. Quanto à qualidade, artigos coletivos tendem a ser mais citados por outros pesquisadores que os de autoria individual, o que sugeriria que seu interesse para o campo é maior (a isso se chama "medida do impacto" que um trabalho tem na área a que se refere). Conclusão: "já não se fazem mais Einsteins como antigamente" – ou seja, uma andorinha só não faz verão. O pesquisador isolado, genial ou não, está em vias de entrar para o museu.

Que pensar destes dados? Em primeiro lugar, que supõem uma unidade de método entre as várias ciências que simplesmente não existe. *Método* aqui significa tanto procedimentos de seleção e coleta dos elementos que figuram numa pesquisa quanto o modo de os analisar, e também a forma de comunicar os resultados desta análise. Ora, os vários tipos de ciências – para simplificar, as matemáticas, as naturais, as sociais e as da psique – não operam com os mesmos métodos, pela boa e simples razão de que seus objetos diferem profundamente uns dos outros. É impossível trabalhar experimentalmente com idealidades matemáticas, como logaritmos ou funções exponenciais, com populações na casa dos milhões, como num estudo sociológico sobre as eleições num dado país, ou com um documento histórico como a Carta Magna que os barões ingleses obrigaram João Sem Terra a assinar em 1215.

Entre as inúmeras diferenças pertinentes nesse aspecto, quero deter-me em uma cujas consequências tanto epistemológicas quanto acadêmicas são de vulto: o fato de que, nas ciências naturais, a singularidade da amostra não tem importância alguma – a taxa de colesterol ou o fator Rh são idênticos em todas as gotas de sangue de um indivíduo, a composição da

Sobre pesquisadores e andorinhas

rocha "x" é idêntica em todos os pedaços dela –, enquanto para diversas ciências sociais (Antropologia, História, Musicologia, Teoria Literária, etc.), assim como para quase todas as correntes da Psicologia, tal singularidade é precisamente aquilo que *define* o objeto. É evidente que isso não impede generalizações – uma sonata é uma sonata, quer tenha sido escrita por Scarlatti ou por Chopin, as culturas matrilineares têm características comuns, e assim por diante – mas isso não impede que exista interesse em estudar o estilo de tal compositor, ou os rituais religiosos de uma tribo específica.

Este fato incontornável faz com que o objeto singular não seja apenas uma "amostra", mas possua um traço a que chamarei "exemplaridade". Dissecá-lo em sua individualidade traz conhecimento sobre ele, é claro, mas também sobre o gênero a que pertence, porque nela estão inextricavelmente conjugados traços *únicos* e traços *comuns* ao gênero.

O "Homem dos Ratos" é um indivíduo único e irreplicável, e o estudo de Freud utiliza fatos de sua biografia para esclarecer por que a obsessão deste homem se refere a ratos, e não a moscas ou a aranhas. Mas o que se aprende investigando a fundo a mente de Ernst Lanzer concerne *também* à neurose obsessiva, ao erotismo anal, às defesas que caracterizam esta perturbação (nível do gênero). Mais ainda: um fato psíquico como a onipotência do pensamento, colocado em evidência por este estudo aprofundado de um único paciente, encontra-se presente em manifestações coletivas como a superstição ou a magia, que à primeira vista parecem muito distantes tanto das neuroses (obsessivas ou não) quanto dos fantasmas que assombravam o advogado austríaco.

Devido a tais características, este tipo de objeto é perfeitamente abordável por um único pesquisador, que pode passar anos estudando-o a fundo, e publicar seus achados numa obra individual. Dito de outro modo, estudos em ciências humanas podem ter como base um domínio muito estreito de fatos – o que não os impede de sugerir conclusões válidas para outros semelhantes.

Outro fator a ser lembrado é que, se em qualquer disciplina descobertas pontuais podem ser realizadas por pesquisadores trabalhando em conjunto, a história das ciências mostra que as ideias seminais e as grandes sínteses costumam surgir na cabeça de uma única pessoa. Os motivos disso têm a ver com a psicologia da descoberta e da invenção, o que extrapola os limites deste artigo. A verdade é que o impacto de um trabalho nada – repito, *nada* – tem a ver com o fato de ter sido gestado por um ou por vários pesquisadores, mas depende unicamente do seu conteúdo.

Muitas obras fundamentais para as ciências humanas foram escritas por um único autor. O leitor concordará que a "Dialética de malandragem", de Antonio Candido, ou *Ao vencedor as batatas*, de Roberto Schwarz, têm absoluta relevância para os estudos de literatura brasileira, da mesma forma que *Casa grande e senzala* ou *Raízes do Brasil* para entender a sociedade que criamos.

Aliás, o pesquisador "isolado" trabalha mesmo isolado? Certamente, não: gerar conhecimento é um empreendimento coletivo, e mesmo quem não faz parte de grupo algum está sempre dialogando com seus pares, estudando o que escrevem, pensando a partir do que produzem. Isso não invalida o que disse há pouco: é fato que os avanços decisivos no saber tendem a ser fruto dos labores de gente que passou anos debatendo-se com um problema e meditando sobre o modo de o resolver – os "Einsteins" de Marcelo Leite. Pense-se no *Curso de Linguística*

Geral, de Saussure, em *As estruturas elementares do parentesco*, de Lévy-Strauss, no *Capital*, na *Interpretação dos Sonhos*, de Freud, na *Origem das Espécies*, de Darwin – e a lista poderia continuar até os mais recentes estudos historiográficos, psicanalíticos ou etnológicos.

Artigos *vs.* livros: uma falsa oposição

A relação acima sugere que, em ciências humanas, as obras marcantes são frequentemente livros que sintetizam anos de trabalho paciente. Por que, então, a adoração fetichista pelo "artigo em revista indexada"? Não que a avaliação dos pares não seja importante – ela o é, sem sombra de dúvida –, mas não precisa ser realizada *antes* da divulgação de um texto. Muitos dos melhores trabalhos em ciências humanas não foram publicados em revistas, e sim diretamente em forma de livro ou de capítulo de livro. Isso em nada diminui o seu valor – nem o aumenta, aliás: simplesmente, é um critério irrelevante, já que a avaliação dos pares também se expressa citando o texto, recomendando-o em resenhas, adotando-o nos seus cursos, debatendo com o autor nos periódicos científicos ou em congressos, e de mil outras formas. O que não presta acaba sendo relegado ao que Marx chamava, sarcasticamente, "a crítica roedora das ratazanas"; a seleção natural dos bons trabalhos culmina com sua transformação em *clássicos*, que embora datados tornam-se referência obrigatória. Ou alguém acha que é possível ser sociólogo sem ter lido Max Weber (morto em 1920), economista sem conhecido Keynes, psicanalista sem ter estudado Melanie Klein ou Lacan, cujos trabalhos foram publicados décadas atrás?

Um ponto frequentemente invocado nas avaliações dos órgãos de fomento – e quase sempre de forma negativa – também merece ser lembrado aqui: o tempo necessário para fazer uma pesquisa de fôlego em ciências humanas. Os cientistas experimentais se espantam com o fato de que um doutorado nestas áreas leve quatro ou cinco anos para ser escrito, enquanto na sua a redação de um texto equivalente costuma ser muito mais rápida. Mas isso tem motivos bastante simples.

Em primeiro lugar, o essencial da pesquisa em ciências naturais não se dá no texto, mas no laboratório, e portanto aquele pode ser sucinto sem prejudicar a compreensão. Já nas ciências humanas temos que construir o objeto diante dos olhos do leitor: situar o problema, montá-lo com cuidado, discutir as possíveis objeções à nossa hipótese, dar conta de leituras anteriores, etc.

Em seguida, pela própria natureza do tema típico de uma tese em ciências humanas, o *contexto* no qual ele faz sentido e do qual é recortado precisa ser apresentado com algum detalhe, para que possa ser apreciada a coerência e a validade dos argumentos que fundamentam a posição defendida. Tudo isso leva tempo, e exige um processo de reflexão mais lento e mais tortuoso que no artigo padrão de ciências naturais, no qual uma breve referência à teoria dominante sobre tal fenômeno é suficiente para que o leitor saiba do que se está falando. Daí os textos necessitarem de duas ou três centenas de páginas, e vários anos de gestação.

Uma última observação. É comum ouvirmos pesquisadores em ciências humanas se queixarem de incompreensão por parte de seus colegas das *hard sciences*, que não consideram as áreas humanísticas como "científicas". Mas o que *nós* fazemos para refutar semelhante alegação, que obviamente não tem fundamento algum? De nada adiantam lamentos, nem a atitude de cachorro infeliz porque não recebe afagos do dono.

O que é preciso fazer, em minha opinião, é ir à luta: debater no terreno epistemológico, demonstrar que cada disciplina tem sua consistência, seus métodos, suas próprias formas de validar e invalidar hipóteses – e que é do desconhecimento destes fatos, e não da natureza do que fazemos, que provém a atitude complacente que tanto nos irrita. Sem firmeza no combate ao monismo e à superficialidade epistemológica, não conseguiremos o respeito necessário – nem dos grupos de pesquisa, nem dos herdeiros de Einstein.

O fetiche da quantidade

A cada tanto tempo, volta-se a discutir como deve ser avaliado o trabalho dos professores. O grande número de pessoas envolvidas nos diversos níveis de ensino, assim como o de artigos e livros que materializam resultados de pesquisa, tem determinado uma preferência por medidas quantitativas. Se estas podem trazer informações úteis como dado parcial, por exemplo para comparar resultados de escolas em vestibulares ou o desempenho médio de alunos em determinada matéria, sua aplicação como único critério de "produtividade" na pós--graduação vem gerando – a meu ver, pelo menos – distorções bastante sérias.

Não é meu intuito recusar em princípio a avaliação externa, que considero útil e necessária. Gostaria apenas de lembrar que a criação de conhecimento não pode ser medida somente pelo número de trabalhos escritos pelos pesquisadores, como é a tendência atual no Brasil. Tampouco me parece correta a fetichização da forma "artigo em revista" em detrimento de textos de maior fôlego, para cuja elaboração às vezes são necessários anos de trabalho paciente. A mesma concepção tem conduzido ao encurtamento dos prazos para a defesa de dissertações e teses na área de humanas, com o que se torna difícil que

---

Publicado originalmente pelo jornal *Folha de S. Paulo*, no Caderno "Mais!", em 9 de maio de 2010.

exibam a qualidade de muitas das realizadas com mais vagar, e que (também) por isso se tornaram referência nos campos respectivos.

O equívoco deste conjunto de posturas tornou-se mais uma vez sensível para mim ao ler dois livros que narram grandes aventuras do intelecto: *O último teorema de Fermat*, de Simon Singh (Record), e *O homem que amava a China*, de Simon Winchester (Companhia das Letras). O leitor talvez objete que não se podem comparar as realizações de que tratam com o trabalho de pesquisadores iniciantes; lembro, porém, que os autores delas também começaram modestamente, e que, se lhes tivessem sido impostas as condições que critico, provavelmente não teriam podido desenvolver as capacidades que lhes permitiram chegar até onde chegaram.

O monte Everest da matemática

O teorema de Fermat desafiou os matemáticos por mais de três séculos, até ser demonstrado, em 1994, pelo escocês Andrew Wiles. O livro de Singh narra a história do problema, cujo fascínio consiste em ser compreensível para qualquer ginasiano, e ao mesmo tempo ter uma solução extremamente complexa. Em resumo, trata-se de uma variante do teorema de Pitágoras: "em todo triângulo retângulo, a soma do quadrado dos catetos é igual ao quadrado da hipotenusa", ou, em linguagem matemática, $a^2 = b^2 + c^2$.

Lendo sobre esta expressão na *Aritmética* de Diofante, o francês Pierre de Fermat (1601-1665) – cuja especialidade era a teoria dos números, e que junto com Pascal determinou as leis da probabilidade – teve a curiosidade de saber se a relação valia para outras potências: $x^3 = y^3 + z^3$, $x^4 = y^4 + z^4$, e assim por diante. Não conseguindo encontrar nenhum trio de números que satisfizesse as condições da equação, formulou o teorema que acabou levando seu nome – "Não existem soluções inteiras para ela, se o valor de n for maior que 2" – e anotou na página do livro: "encontrei uma demonstração maravilhosa para esta proposição, mas esta margem é estreita demais para que eu a possa escrever aqui."

Após a morte de Fermat, seu filho publicou uma edição da obra grega com as observações do pai. Como o problema parecia simples, os matemáticos lançaram-se à tarefa de o resolver – e descobriram que era muitíssimo complicada. Singh conta como inúmeros deles fracassaram ao longo dos trezentos anos seguintes; os avanços foram lentíssimos, um conseguindo provar que o teorema era válido para a potência 3, outro (cem anos depois) para 5, etc. O enigma resistia a todas as tentativas de demonstração, e acabou sendo conhecido como "o monte Everest da matemática". É quase certo que Fermat se equivocou ao pensar que dispunha da prova, que exige conceitos e técnicas muito mais complexos que os disponíveis na sua época.

Quem a descobriu foi Andrew Wiles, e a história de como o fez é um forte argumento a favor da posição que defendo. O professor de Princeton precisou de sete anos de cálculos, e teve de criar pontes entre ramos inteiramente diferentes da disciplina, numa epopeia intelectual que Singh descreve com grande habilidade e clareza.

Não é o caso de descrever aqui os passos que o levaram à vitória; quero ressaltar somente que, não tendo de apresentar projetos nem relatórios, publicando pouquíssimo durante sete anos, e se retirando do "circuito interminável de reuniões cientificas", Wiles pôde concentrar-se com exclusividade no que estava fazendo. Por exemplo, passou um ano inteiro revisando tudo o que já se tentara desde o século XVIII, e outro tanto para dominar certas ferramentas matemáticas com as quais tinha pouca familiaridade, mas indispensáveis para a estratégia que decidiu seguir.

Questionado por Singh sobre seu método de trabalho, Wiles respondeu: "É necessário ter concentração total. Depois, você para. Então parece ocorrer uma espécie de relaxamento, durante o qual, aparentemente, o inconsciente assume o controle. É aí que surgem as ideias novas" (p. 216). Este processo é bem conhecido, e costumo recomendá-lo a meus orientandos: absorver o máximo de informações, e deixá-las "flutuar" até que apareça algum padrão, ou uma ligação entre coisas que aparentemente nada têm a ver uma com a outra. Uma variante da livre-associação, em suma.

Ora, se está correndo contra o relógio, como o estudante pode se permitir isso? A chance de ter o "estalo de Vieira" é reduzida, e o mais provável é que se conforme com as ideias já estabelecidas, o que obviamente diminui o potencial de inovação do seu trabalho.

Uma tarefa hercúlea

Outro exemplo de que o tempo de gestação de uma obra precisa ser respeitado é o de Joseph Needham (1901-1995), cuja vida extraordinária ficamos conhecendo em *O homem que amava a China*. Bioquímico de formação, apaixonou-se por uma estudante chinesa que viera a Cambridge para se aperfeiçoar; ela lhe ensinou a língua, e, à medida que se aprofundava no estudo da cultura chinesa, Needham foi se tomando de admiração pelas suas realizações científicas e tecnológicas.

O fetiche da quantidade

Em 1943, o Ministério do Exterior britânico o enviou como diplomata à China, então parcialmente ocupada pelos japoneses. Sua missão era ajudar os acadêmicos a manter o ânimo e a prosseguir em suas pesquisas. Para saber do que precisavam, viajou muito pelo país e entrou em contato com inúmeros cientistas; em seguida, mandava-lhes publicações científicas, reagentes, instrumentos e o que mais pudesse obter.

Neste périplo, Needham se deu conta de que – longe de terem se mantido à margem do desenvolvimento da civilização, como então se acreditava no Ocidente – os chineses tinham descoberto e inventado muito antes dos europeus uma enorme quantidade de coisas, tanto em áreas teóricas quanto no que se refere à vida prática (uma lista parcial cobre doze páginas do livro de Winchester).

Formulou então o que se tornou conhecido como "a pergunta de Needham": se aquele povo tinha demonstrado tamanha criatividade, por que não foi entre eles, e sim na Europa, que a ciência moderna se desenvolveu? A resposta envolvia provar que existiam condições para que isso pudesse ter acontecido, e depois elaborar hipóteses sobre por que não ocorreu. Daí a ideia de escrever um livro que mostrasse toda a inventividade dos chineses, tendo como base os textos recolhidos em suas viagens e as práticas que pudera observar.

Embora o projeto fosse ambicioso, a Cambridge University Press o aceitou, considerando que uma vez realizado abrilhantaria ainda mais a reputação da universidade. *Science and civilization in China* teria sete volumes, e Needham acreditava que poderia escrevê-lo "num prazo relativamente curto para uma obra acadêmica: dez anos" (p. 293). Na verdade, tomou quatro vezes mais tempo, e, quando o autor morreu, em 1995, já contava 15.000 páginas. Empreendimento hercúleo, como se vê, que transformou radicalmente a percepção ocidental quanto ao papel da China na história da civilização.

O volume de trabalho envolvido era imenso: de saída, ler e classificar milhares de documentos sobre os mais variados assuntos; em seguida, organizar tudo de modo claro e persuasivo, e por fim apresentar algumas respostas à "pergunta de Needham". Várias pessoas o auxiliaram no percurso (em particular, sua amante chinesa), mas a concepção de base, e boa parte do texto final, se devem exclusivamente a ele.

Needham não publicou uma única linha de bioquímica durante os últimos trinta anos de sua carreira. Tampouco tinha formação acadêmica em história das ideias – mas isso não o impediu de, com talento e disciplina, redigir uma das obras mais importantes do século XX. Se tivesse sido atrapalhado por exigências burocráticas, se tivesse de orientar pós-graduandos, se a editora o pressionasse com prazos ou não o deixasse trabalhar em seu ritmo (o primeiro volume levou seis anos para ficar pronto), teria talvez escrito mais um livro interessante, mas não o monumento que nos legou.

O que estes exemplos nos ensinam é que um trabalho intelectual de grande alcance só pode ser feito em condições adequadas – e uma delas é a *confiança* dos que decidem (e manejam os cordões da bolsa) em quem se propõe a realizá-lo. Tal confiança envolve não suspeitar que tempo longo significa preguiça, admitir que pensar também é trabalho, que a verificação de uma ideia-chave ou de uma referência central pode levar meses – e que nada disso tem importância frente ao resultado final.

Em tempo: um dos motivos encontrados por Needham para o estancamento da criatividade chinesa a partir de 1500 d.C. foi justamente a aversão de uma estrutura burocrática acomodada na certeza de sua própria sapiência a tudo que discrepasse dos padrões impostos. Enquanto isso, na Europa (e depois na América do Norte) a inovação era valorizada, e o talento individual recompensado. Nas palavras de um sinólogo citado no fim do livro de Winchester, o resultado da atitude dos mandarins foi que "o incentivo se atrofiou, e a mediocridade tornou-se a norma".

Seria uma pena que, em nome da produtividade medida em termos somente quantitativos, caíssemos no mesmo erro.

Da poltrona à mesa de trabalho: a construção do caso clínico

A questão da escrita envolve diversos planos, e concentra uma proporção bastante grande da "angústia flutuante" de um analista. Não é difícil entender o porquê: escrever é sempre dirigir-se a alguém, e, se por vezes este "alguém" pode ser apenas imaginado ou evocado, no mais das vezes o escrito destina-se a um público de verdade, seja sob a forma de leitores, seja sob a dos ouvintes de uma comunicação ou conferência. E isto implica que o público vai *julgar* o escritor, isto é, aprová-lo ou discordar dele, aplaudi-lo ou criticá-lo. Escrever é portanto expor-se, e parece haver um consenso difuso de que esta é uma atividade perigosa, na qual o autor pode se dar mal. Todo tipo de argumento é então invocado para evitar esta prova, da falta de tempo à falta do que dizer, como bem sabem os que fazem ou fizeram parte dos comitês editoriais nas nossas publicações.

Entre estes argumentos, um dos mais frequentes é a necessidade ética de proteger a privacidade do paciente. Falar de momentos ou aspectos de um processo analítico – o que é o ponto de partida de muitas interrogações que acabam resultando

---

Publicado originalmente como "Narrar a clínica", pela *Revista Percurso*, nº 25, 2000, na seção "Debates".

num trabalho destinado à publicação – seria uma invasão desta privacidade, só possível com o consentimento da pessoa. Colocado desta forma, não há o que discutir, até porque existem leis e regulamentos a respeito; mas esta me parece uma visão pobre, puramente jurídica, em que o analisando aparece como um cliente ao qual o analista presta serviços protegidos pela deontologia profissional.

Ora, o problema é bem mais complexo. A análise é análise de uma pessoa singular, e da transferência que esta pessoa estabelece com seu analista. A história deste trabalho, construída ao longo de inúmeras sessões, é igualmente singular. Mas o objeto do escrito analítico *não* é a pessoa singular, nem o trabalho único e específico realizado com ela, embora tanto uma como outra sejam condições necessárias para que aquele objeto possa se constituir. Condições necessárias, porém não suficientes: a elas é preciso acrescentar que os processos psíquicos que constituem tal objeto não são jamais exclusivos daquela pessoa nem daquela dupla. O que torna interessante um acontecimento qualquer da clínica é a sua semelhança ou a sua diferença com outros do mesmo gênero, ou seja, aquilo que ele tem em comum ou de diverso em relação a uma determinada classe de processos ou eventos, que podem ter sido já descritos e compreendidos ou serem inéditos na literatura.

Entre um fenômeno da clínica e o objeto de um escrito analítico ocorre uma *transposição*, que converte o primeiro no segundo: um acontecimento dá origem a uma questão ou a uma elaboração conceitual. E isto por um motivo simples: cem anos depois do escândalo produzido pelas descobertas de Freud, a mera descrição de um momento do trabalho analítico já não apresenta qualquer interesse. Ela precisa ser acompanhada de algum comentário, de alguma interrogação, de algo que nos faça ver naquele fato um ângulo inusitado. É esta inclusão do fato

Da poltrona à mesa de trabalho: a construção do caso clínico

em um outro contexto – o da reflexão do analista – que começa a transformá-lo em algo diferente do que era no momento em que aconteceu – embora o acontecido esteja, sem dúvida, na raiz do objeto que está sendo criado na mesa de trabalho.

Exemplos não faltam na própria obra de Freud: da história singular do Homem dos Ratos, ou do Homem dos Lobos, o que ele retém são elementos que dão margem à formulação de questões das mais variadas naturezas. Os fatos narrados são simplesmente *ocasiões* – excepcionalmente boas do ponto de vista da construção e da exposição do pensamento analítico – para que as ditas questões possam surgir como pertinentes. Para isto, saber em qual regimento servia o Homem dos Ratos, ou onde ficava a granja dos pais do Homem dos Lobos, não tem qualquer interesse (embora sejam justamente dados deste tipo os que posteriormente permitiriam identificar quem eram aquelas pessoas). O que interessa a Freud, e aos seus leitores, é outra coisa: os mecanismos obsessivos, a relação entre a cena primitiva e as consequências que dela derivam, e assim por diante[1].

É preciso distinguir, num trabalho clínico, entre o interesse terapêutico e o interesse que podemos chamar "teórico" ou "científico". O uso da palavra "trabalho" para nos referirmos tanto ao que fazemos com nossos pacientes quanto àquilo que apresentamos aos nossos colegas tem algumas vantagens (entre as quais de sugerir que os processos psíquicos em ação no analista-clínico e no analista-autor são da mesma natureza), mas também pode induzir a equívocos. Um deles é supor que o paciente de quem falamos no escrito clínico é o mesmo a quem dirigimos as nossas intervenções, como se o primeiro não fosse

---

[1] Ver a este respeito R. Mezan, *Escrever a clínica*, São Paulo, Casa do Psicólogo, 1998, p. 166-167.

um produto *misto*: misto do paciente real e de nós mesmos, naquilo que conhecemos dele (e que certamente é *menos* do que ele é em sua vida total), e também naquilo que ele se tornou ao ser integrado à vida psíquica do analista – nas quatro posições a que se refere Freud no início de *Psicologia das massas*: objeto, aliado, modelo ou adversário.

O "paciente" de quem falamos no escrito clínico é portanto um personagem, e, como todo personagem, calcado sobre alguém efetivamente existente. Há por certo uma analogia entre este personagem e o indivíduo que veio nos consultar, mas esta analogia se dá no plano dos processos psíquicos (fantasias, defesas, tipo de transferência, maneiras de reagir ao trauma ou ao *insight*, estrutura psíquica concretizada a partir de tais ou quais experiências infantis ou proporções entre as pulsões fundamentais, etc., etc.) e *não* no plano das características que o tornariam reconhecível.

É exatamente isto, aliás, que torna o escrito clínico interessante para um leitor que, no mais das vezes, nem conhece o analista-escritor, quanto mais o paciente que o ilustra. O que este leitor busca no texto? Certamente não um *roman-à-clef*, como sugere Freud no prefácio do *Caso Dora* (numa leitura divertidamente conspiratória do "interesse importuno que uma grande cidade parece ter em meu trabalho científico"[2]). Ele procura elementos que o esclareçam sobre sua própria prática, em qualquer de suas variadas dimensões, e não necessariamente a mais banal ("veja só, meu paciente se parece com este sob tal ou qual aspecto..."). Ler trabalhos clínicos não traz nenhum prazer voyeurista, para cuja satisfação existem hoje veículos muito mais

---

[2] Cf. S. Freud, *Fragmento da análise de uma histeria* (Caso Dora), Prefácio, SA VI, p. 88; BN I, p. 934.

apropriados (ao contrário do que era o caso no tempo de Freud, no qual quem procurasse tais satisfações precisava se contentar com nus artísticos, ou com cartões postais cuja "ousadia" só pode nos fazer sorrir).

O cerne da questão está, portanto, naquilo que fazemos com a matéria-prima que serve para desencadear a reflexão e eventualmente a escrita. E neste ponto convém lembrar que o trabalho analítico *tête à tête* é tão "propriedade" do analisando quanto do analista, pois faz parte da vida e da evolução de ambos. O paciente se expõe a nós de um modo que faz lembrar aquele pelo qual nos expomos quando escrevemos sobre ele. Existe, por sinal, pelo menos um caso em que a caça virou caçador: é o romance *A consciência de Zeno*, de Italo Svevo, no qual o escritor recria literariamente sua análise com Edoardo Weiss, o discípulo triestino de Freud e um dos introdutores da Psicanálise na Itália. Outro exemplo do mesmo gênero são os relatos dos pacientes de Freud, como os redigidos por Joseph Wortis, Abraham Kardiner, Smiley Blanton, a poetisa americana Hilda Doolittle, etc. O Freud que aparece em cada um destes relatos é um pouco diferente do dos outros, certamente porque com cada paciente ele era um pouco diferente, mas também porque cada um deles o "viu" segundo sua própria transferência. Estas várias imagens de Freud se recortam e se sobrepõem; o próprio Sigmund está para elas como um geometral está para as linhas de fuga que, idealmente, para ele convergem[3].

Tudo isto dito, porém, resta o fato de que o "ponto de fuga" não é aqui abstrato, mas uma pessoa que está ou esteve sob

---

[3] Ver a este respeito Paul Roazen, *How Freud worked: First-hand accounts of patients*, Northvale, Jason Aronson, 1995. Trad. francesa: *Dernières séances freudiennes*, Paris, Seuil, 2005.

nossos cuidados. A prudência recomenda não escrever (visando à publicação) sobre um paciente cuja análise ainda está em andamento, pela simples razão de que o interesse mais acentuado e mais reflexivo sobre este determinado caso costuma influir negativamente sobre a evolução do tratamento. Esta é uma razão que me parece mais importante do que a da simples proteção do sigilo, porque a ética do analista não é apenas (embora seja *também*) a do Código Civil: ela se expressa na abstinência de qualquer atuação, inclusive a de dar curso à sua "vontade de saber" às expensas de quem a ele se confiou[4]. Quanto ao paciente que já não vem nos ver, cabe seguir a velha máxima de Freud: evitar quaisquer informações que possam contribuir para identificá-lo, e concentrar o interesse sobre aquilo que ele nos ensinou ou nos fez pensar acerca das questões e conceitos propriamente psicanalíticos. Ou seja: sobre o humano, demasiado humano...

---

[4] Cf. R, Mezan, "O psicanalista como sujeito moral", in *A sombra de Don Juan e outros ensaios*, São Paulo, Casa do Psicólogo, 2006.

Por que existem escolas de Psicanálise?

O problema teórico, clínico e político representado pela existência de diversas escolas de Psicanálise vem me ocupando há pelo menos vinte anos, e constitui um dos principais eixos de investigação no meu trabalho acadêmico. Assim, alegra-me que ele tenha sido colocado pela equipe de *Percurso*, e procurarei expor, do modo mais sucinto possível, o que penso a respeito.

A existência dessas tendências dentro da Psicanálise se deve a múltiplos fatores, que convém discriminar. O primeiro deles é a ampliação do seu escopo clínico, que, a partir dos anos vinte do século passado, começou a ser utilizada no tratamento de pacientes para cujas dificuldades os modelos metapsicológicos elaborados por Freud se mostravam insuficientes. Não é um dos menores méritos da herança freudiana que ela tenha se mostrado flexível o suficiente para abrigar novas teorizações, que, no essencial, preservaram as características básicas do que ele havia criado. Três delas merecem destaque: primeiro, as noções de inconsciente, de conflito entre instâncias psíquicas, e de defesas e impulsos combinando-se para formar quadros clínicos razoavelmente diferenciados; segundo, um tratamento baseado na compreensão da transferência, dos seus motivos e

---

Publicado originalmente como "Longe da ortodoxia e do ecletismo", pela *Revista Percurso*, n. 33, em 2004, na seção "Debates".

padrões; terceiro, o princípio ético da não interferência na vida real do paciente.

Cada um destes eixos foi sendo ampliado e adaptado pela necessidade de lidar com casos mais e mais graves, que apresentavam insuficiências na formação das instâncias psíquicas, ansiedades devastadoras, e grandes dificuldades para constituir objetos internos e relações pessoais baseadas naquela coerência mínima da vida psíquica que Freud considerava indispensável para que uma análise pudesse ser eficaz.

Desta forma, constituíram-se a partir de diferentes matrizes clínicas estilos de trabalho cuja modelização resultou em diferentes metapsicologias. Este processo forneceu uma base clínica diversa para cada escola; daí a conceber o conjunto da vida psíquica sob a ótica da matriz que predominara na formação do seu modo específico de escutar, pensar e interpretar, o passo foi dado facilmente.

O segundo motivo para a formação das escolas foi a dispersão geográfica, que se acentuou com a hecatombe nazista, e a partir dos anos quarenta deslocou para a Inglaterra, para a França e para os Estados Unidos o centro de gravidade da Psicanálise. Em contato com as correntes locais do pensamento psiquiátrico e psicológico, bem como com o calor dos debates ideológicos e filosóficos próprios dos ambientes aos quais a Psicanálise precisou se aclimatar, os estilos de trabalho nascidos da clínica com pacientes graves foram ganhando a consistência de verdadeiras teorias. Com o passar do tempo, e com os embates políticos no interior do movimento analítico – terceiro fator a considerar para compreender a gênese das escolas, sobretudo a kleiniana e a lacaniana –, o que de início eram *tendências* e *estilos* se consolidaram em modos de analisar incomunicáveis entre si, com o cortejo de dogmas e anátemas recíprocos que conhecemos

Por que existem escolas de Psicanálise?

– dos quais o mais terrível era e continua sendo o "isto não é Psicanálise!" Assim se formou o contexto das ortodoxias ao qual se refere o texto proposto para nosso debate.

Por que, então, a Psicanálise não se fragmentou definitivamente? Em parte, ela correu este risco por volta de 1960, quando os lacanianos eram tidos por demônios pela IPA[1] (e vice-versa), e, no interior da própria IPA, kleinianos e psicólogos do ego se desprezavam reciprocamente. Contudo, este "destino funesto" não se concretizou: o mais importante dos fatores que para isso contribuíram foi a percepção, por parte de algumas das melhores cabeças do movimento freudiano, de que nenhum dos modelos tidos por absolutos podia dar conta da complexidade da vida psíquica, cobrir toda as suas nuances, ou explicar todos os seus transtornos. Na França e na Inglaterra, Donald Winnicott, André Green, Joyce McDougall, Piera Aulagnier e outros começaram a romper as barreiras graníticas que separavam as escolas, propondo-se a circular entre elas e a constituir um pensamento próprio. A morte (Klein) ou a decrepitude (Lacan) dos líderes destas escolas também facilitou este trânsito.

O resultado de todos estes processos foi o reconhecimento de que em cada escola havia elementos valiosos, de que se poderia discordar dos "adversários", mas que estes não eram estúpidos nem incoerentes. Além disso, o contínuo desfilar de novas formas de organização psicopatológica pelos divãs exigia a flexibilização e o aprofundamento dos modelos herdados: assim surgiram os bionianos, os neokleinianos, os "freudianos franceses", os discípulos de Kohut, etc.

---

[1] *International Psychoanalytic Association*, ou Associação Internacional de Psicanálise, fundada por Freud e Ferenczi em 1909.

Intervenções

Ecletismo? Não: caixa de ferramentas

Não penso que o risco de "ecletismo", tão temido pelos ortodoxos de todas as devoções, seja real. De um psicanalista, espera-se alguma seriedade no que faz, e uma reflexão criteriosa sobre o que vê e escuta no seu trabalho cotidiano. É impossível não perceber que tal paciente pode ser mais bem compreendido utilizando determinado modelo teórico, enquanto tal outro permanece perfeitamente enigmático se a ele se aplicar o mesmo modelo. E isto porque os diferentes tipos psicopatológicos se organizam em torno de diferentes soluções defensivas para os conflitos fundamentais da existência humana, soluções estas que constituem, precisamente, a matriz clínica a partir da qual cada escola se estruturou.

Decerto, a formação teórica, a análise pessoal e as supervisões a que se submete cada analista o sensibilizam para um ou outro dos grandes ramos em que se divide a Psicanálise atual. Há afinidades pessoais, questões de transferência, estilos próprios de pensar e de compreender a experiência clínica: estes fatores, a meu ver, acabam por permitir a cada profissional inclinar-se para esta ou para aquela tradição analítica, que servirá de bússola ou de porto seguro em sua navegação pelos mares da clínica.

Quer se vincule mais, ou menos, a um destes grandes troncos, ele acabará por construir um leque próprio, uma caixa de ferramentas adaptadas à sua mão – recomendação, aliás, de Freud em pessoa – para decodificar e teorizar o que ouve em seu trabalho diário. Sua visão geral do funcionamento psíquico e dos transtornos que ele pode apresentar será, obviamente, baseada no que tiver vivido e aprendido em sua formação; mas, passados os primeiros anos de angústia e de confusão, o analista irá certamente se sentindo mais confortável em sua poltrona.

Isso significa que poderá utilizar com mais confiança o que aprendeu, a fim de fazer de cada análise uma ocasião de compreender algo mais desta maravilhosa engrenagem que é o "aparelho psíquico", seu e dos seus pacientes. Nessa tarefa, sua liberdade de pensar será bastante facilitada se ele se permitir ir buscar, no pensamento e na experiência dos que o precederam, instrumentos que tornem possível a sua tarefa de reflexão, e mais precisas as suas modalidades de intervenção.

Se assim fizer, nosso analista estará apenas seguindo o conselho de Goethe que Freud tanto prezava: "Aquilo que herdaste dos teus pais / Trabalha para o tornar verdadeiramente teu."

Parte III
PENSANDO A ATUALIDADE

Quem tem medo do divã?

A *Interpretação dos sonhos* está para a Psicanálise como a *Divina commedia* está para a literatura italiana: é seu monumento inaugural, ao mesmo tempo primeiro mapa de um campo até então não desbravado, e modelo para todos os que posteriormente o vieram a cultivar. Em sua obra-prima, Freud se lança a uma das aventuras mais ousadas e solitárias e já empreendidas por um ser humano – a exploração do seu próprio inconsciente, graças à "estrada real" proporcionada pelos sonhos.

Mesmo em traduções, pode-se perceber o sopro de gênio que atravessa o livro. Como um guia alpino, Freud conduz seu leitor pelas encostas e desfiladeiros da psique. Ao primeiro capítulo, que passa em revista a literatura então existente sobre o assunto, segue-se a descrição de um sonho do próprio autor (o da "injeção em Irma"). Ele é analisado minuciosamente, segundo o método de associar livremente a partir de cada elemento onírico, e leva à conclusão de que o sonho corresponde à realização disfarçada de um desejo reprimido. Os quatro capítulos seguintes examinam o material de que são feitos os sonhos – lembranças infantis e recentes, estímulos físicos, desejos de todos os tipos – e os mecanismos pelos quais esse material

---

Este capítulo baseia-se em quatro pequenos textos: "Ela não morreu" (*Revista Veja*, nº 1596, de 5 de maio de 1999), "O mal-estar na modernidade" (*Revista Veja*, nº 1681, de 26 de dezembro de 2000), "Quem está no comando?" (*Revista Veja*, nº 1886, de 5 de janeiro de 2006) e "A Psicanálise no divã" (*Revista E*, publicada pelo SESC, n. 12, de junho de 2006).

(o "conteúdo latente") se transforma nas imagens que vemos (o "conteúdo manifesto"). Por fim, Freud apresenta um modelo da mente de cujas propriedades é possível deduzir como ela funciona, e portanto como e por que é capaz de fabricar sonhos, devaneios, fantasias – e neuroses.

Por que, além de sonhos de pacientes seus, Freud resolveu incluir no livro exemplos pessoais? Pela simples razão de que assim podia dispor de muitíssimas associações para cada sonho, o que lhe permitia escolher os fragmentos mais esclarecedores para a teoria que desejava expor. Nessa operação, acabou revelando vários detalhes de sua personalidade. Aos olhos do leitor atento, aparece a figura de um homem ambicioso, apaixonado por seus amigos e por suas ideias, culto, sagaz e dotado de grande talento literário. Aliás, o único prêmio que recebeu em sua longa carreira foi o Goethe, por sua contribuição à literatura alemã.

Mas Freud não queria fazer literatura, e sim ciência. Os exemplos tirados da sua vida psíquica são confrontados com o que lhe revela a experiência clínica, a fim de estabelecer uma teoria geral da psique. O sonho se presta bem a tal objetivo, por ser um acontecimento psíquico corriqueiro, e porque na sua formação atuam os mesmos processos observados em outros processos mentais, tanto normais quanto patológicos.

A tese central da Psicanálise é que todos nós abrigamos no inconsciente impulsos, desejos e fantasias que buscam se expressar ou se realizar. Neste caminho, deparam-se com as defesas, que são mecanismos internos encarregados de filtrar os impulsos e, segundo o caso, permitir que acedam à consciência ou mantê-los afastados dela.

A primeira extensão desta ideia a situações que fazem parte da vida desperta foi o estudo dos atos falhos: derrubar o copo de água, esquecer a chave de casa ou um nome que

Quem tem medo do divã?

conhecemos bem, mandar um *e-mail* para uma pessoa a quem jamais deveríamos tê-lo enviado – todas essas ações desastradas, que nos deixam perplexos ou constrangidos, sugerem que existe em nós uma tendência contrária à sua realização adequada, que acabou por triunfar sobre o que pensávamos ser nosso intuito. Do ponto de vista da consciência ou do ego, ocorre um lapso, mas do ponto de vista da defesa inconsciente, ou do impulso igualmente inconsciente que se opunha ao que julgávamos querer, pode-se dizer que se trata de um ato bem-sucedido[1].

Desde o começo de sua atividade como "médico dos nervos", Freud se deu conta de que o que seus pacientes lhe contavam não diferia muito do que há séculos escritores e dramaturgos descreviam em suas obras. A época da sua formação como cientista (segundo terço do século XIX) coincide com o surgimento do romance realista e da novela psicológica, que apresentam com riqueza de detalhes o que se passa na vida dos personagens: situações de amor, ódio, cólera, inveja, ambição, desprendimento, crueldade... O mesmo pode se dizer das peças de Shakespeare e dos trágicos gregos, que lhe forneceram exemplos dos mais variados comportamentos e atitudes.

O material garimpado na literatura servia a Freud para explicar os conceitos psicanalíticos por meio de elementos mais familiares aos seus leitores que os segredos íntimos revelados no divã: o enredo e as peripécias dos personagens ilustravam claramente noções como as de inconsciente, defesa, culpa, etc. Ao mesmo tempo, ele se dá conta de que os mecanismos que operam no sonho, no ato falho, no humor e na formação das neuroses também atuam na criação artística: dito de modo rápido, o que o autor imagina coloca em cena algo das suas

---

[1] Devo essa ideia a uma colega francesa, Catherine Breton, que costumava dizer: "*il n'y a pas d'acte manqué – il n'y a que des actes réussis.*"

fantasias inconscientes, naturalmente transposto de modo a se tornar irreconhecível, e elaborado segundo as regras da arte em questão. A este processo, Freud denominou "sublimação", e por meio dele procurou elucidar igualmente o prazer que o espectador ou leitor experimenta no contato com a obra de arte.

As ideias freudianas, porém, não foram aceitas com facilidade: ao contrário, encontraram vigorosa oposição. A Psicanálise foi considerada "perigosa", e, curiosamente, isso era motivo de orgulho para os que a praticavam no seu início. Ao avistarem a Estátua da Liberdade do navio que os levava aos Estados Unidos, Freud teria sussurrado ao ouvido de Jung: "eles não sabem que lhes trazemos a peste." Essa história foi contada por Jacques Lacan, que a teria escutado do próprio suíço. Mesmo que a tomemos *cum grano salis*, já que não existe qualquer outra referência a ela, a frase faz sentido no contexto da época: naqueles anos heroicos, a correspondência entre o fundador e seus discípulos formiga de expressões como "infectar", "disseminar" e "inocular" os conceitos da nova disciplina nos psiquiatras e no público em geral, como se ela fosse um vírus capaz de abalar as colunas da sociedade. São metáforas, por certo, mas que deixam entrever o potencial subversivo da nova doutrina.

A direita conservadora também considerava a Psicanálise como "imoral", chegando os nazistas a bani-la sob o argumento de que era mais uma das artimanhas judaicas para envenenar a civilização ariana. A Igreja a condenou por sua análise da religião; os comunistas, por trazer a marca de um suposto "individualismo burguês" – razão pela qual foi proscrita da União Soviética, e depois da Segunda Guerra Mundial de todos os países que adotavam o "socialismo real".

O que, nas ideias de Freud, escandalizava tanto? Em primeiro lugar, a tese da sexualidade infantil, e, em segundo, a importância concedida aos fatores sexuais na determinação de processos mentais aparentemente muito afastados deles, como a sublimação. Hoje em dia, terminado o século XX – que já foi chamado "o século de Freud" –, a existência do inconsciente ou do complexo de Édipo, assim como a admissão do peso exercido pelas fantasias eróticas na vida de todos nós, já não parecem chocar ninguém.

O alcance das mudanças sociais responsáveis por este fato pode ser aquilatado pelo sumiço de um personagem outrora muito conhecido: a cegonha. As crianças já não são iludidas com a história de que ela traz os bebês no bico; ao contrário, tornou-se prática comum satisfazer (naturalmente na medida da sua compreensão) a curiosidade delas quanto aos fatos da vida sexual[2].

Condições sociais e tipos de neurose

Mas elas vão muito além deste detalhe pitoresco. Freud atribuía os sofrimentos psíquicos dos seus contemporâneos essencialmente à insatisfação dos impulsos primordiais (sexualidade e agressividade), imposta pela sociedade em grau muito superior ao que seria necessário. A autoridade na sociedade dita patriarcal se manifestava pela repressão; a moral sexual exigia aos indivíduos pesadas renúncias, fazendo com que se sentissem culpados por seus desejos e fantasias. Isso os levava a recalcá-los, ou seja, a dar o primeiro passo no caminho que conduz à neurose. Repressão social e recalque sexual combinavam-se, dizia ele, para produzir uma grande dose de infelicidade, o que

---

[2] É interessante comparar o declínio da cegonha com a popularidade de Papai Noel, que continua tão vigorosa quanto décadas atrás. Para uma análise da figura do bom velhinho, ver o estudo que Claude Lévi-Strauss lhe dedicou: *O suplício de Papai Noel*, São Paulo, Cosac-Naify, 2008.

Intervenções

o levava a advogar uma vida sexual mais livre, e de modo geral uma maior aceitação da individualidade de cada um, com o que a sociedade como um todo só poderia se beneficiar.

Freud não defendia a supressão de qualquer controle social, o que seria absurdo, e também levava em conta fatores individuais como parte das condições que favoreciam a eclosão de neuroses; mas sem dúvida seu diagnóstico era que a sociedade estava frustrando demasiadamente os seus membros, e que as consequências disto não seriam nada positivas[3].

Desde que publicou estas opiniões, porém, costumes e formas de controle social se alteraram muito, ao menos nos países ocidentais. Mesmo em sociedades periféricas como a brasileira, a modernização trouxe comportamentos e atitudes impensáveis há apenas algumas décadas. Basta comparar o Brasil de Getúlio Vargas e o da atualidade: do grau médio de instrução à mobilidade social e à expectativa de vida, passando pela urbanização e por tudo o que a economia industrial introduziu no nosso modo de viver, avançamos bastante no rumo da despatriarcalização. Ainda falta muito para atingirmos um grau aceitável de qualidade de vida, mas é inegável que as mudanças foram profundas, e ao que tudo indica vieram para ficar.

No entanto, o "mal-estar na cultura" não desapareceu: apenas assumiu novas formas. Em primeiro lugar, a repressão não foi eliminada – ainda que possa se revestir de roupagens mais sutis –; em segundo, surgiram novas fontes de inquietação. Se a sociedade antiga era em muitos aspectos mais rígida, a atual é por vezes desnorteante na sua fragmentação e na rapidez das mudanças; se aquela opunha ao avanço do indivíduo obstáculos sedimentados na tradição, a de hoje já não oferece valores nem

---

[3] Cf. "O nervosismo moderno e a moral sexual civilizada" (1908), SA IX, BN II, e o clássico "O mal-estar na cultura" (1930), SA IX, BN III.

rumos claramente identificáveis. Existe uma maior tolerância no tocante à sexualidade – o corpo é cuidado no esporte e exibido sem tantos pruridos, a homossexualidade já não é perseguida como delito, as oportunidades para relacionamentos sexuais antes ou fora do casamento se multiplicaram. Mas a violência urbana, o consumo de drogas e outras pragas sociais se alastraram num grau que Freud jamais poderia ter previsto.

O afrouxamento da autoridade patriarcal não cedeu lugar à fraterna união dos iguais, porém a um clima de desorientação e de insegurança cujos sinais estão por toda parte. A globalização da economia traz sua contribuição para este panorama, com o desemprego estrutural e a aceleração no fluxo de mercadorias e de ideias característica desta fase do capitalismo; mas não se pode dizer que ela seja a única, nem a principal causa da inquietação contemporânea. Segundo a posição social e a situação geográfica de cada pessoa – pois a este respeito não é indiferente se ela vive numa sociedade avançada ou periférica, e, mesmo nesta, se pertence às classes dominantes ou ao contingente dos explorados – o mal-estar se manifesta através de fenômenos como estresse, depressão, episódios psicossomáticos, adição a drogas, ou mesmo delinquência. Talvez se possa dizer que a angústia seja o ponto para o qual convergem essas diversas condições: sem dúvida, ela é conatural ao ser humano, mas certamente fomentada e potencializada pelas condições socioeconômicas da atualidade.

A angústia se expressa de muitas maneiras, uma das quais é a sensação de desamparo e de desorientação frente às exigências da vida. É comum vivenciarmos uma dolorosa sensação de impotência, advinda da perda de parâmetros e da fragmentação da experiência cotidiana em segmentos que não se comunicam nem formam um todo coerente.

Intervenções

As manifestações mais comuns do mal-estar contemporâneo se situam no espectro que vai da mania à depressão. Na extremidade do segmento depressivo, encontramos as depressões graves de fundo neurológico; mais para o centro, formas mais brandas – tédio, desesperança, desilusão; do lado maníaco, temos expressões variadas de negação e defesa contra os sentimentos de tristeza e frustração, dos quais falarei mais abaixo.

Seja numa vertente, seja na outra, as doenças do presente têm uma clara ligação com a maneira pela qual atualmente se organiza a subjetividade. Isto vale para qualquer época: se quando a sexualidade era o alvo preferencial da repressão o *mal du siècle* era por excelência a histeria, hoje o panorama social favorece a eclosão de padecimentos mais difusos, frequentemente sem sintomas claramente identificáveis, e ligados à sensação de que "a vida não dá certo". Muitas depressões, diz a Psicanálise, se originam na perda real ou imaginada dos objetos de amor, bem como em sensações de baixa autoestima, de descrença nas próprias possibilidades, de incapacidade para usufruir dos recursos psíquicos de que cada um dispõe.

A natureza da experiência contemporânea ajuda a entender por que elas são tão frequentes: o indivíduo tende a sentir-se confuso diante da velocidade com que o seu mundo se modifica, o que torna nebulosa a sua própria inserção nele e faz evaporarem-se todas as certezas. A vivência da perda associa-se à proliferação de apelos ao consumo e ao sucesso, às imagens inatingíveis de corpos belos, jovens e magros, de indivíduos felizes porque usufruem em abundância e sem demora daquilo que almejam – do carro do ano ao brinquedo da moda, do molho de tomate à roupa de grife. Pressionado pelas exigências de desempenho em todas as áreas da vida, o sujeito se vê às voltas com suas limitações e com a impossibilidade de corresponder aos modelos identificatórios com que lhe acena a mídia, de onde a difusa sensação de impotência e o recurso a tentativas muitas vezes desesperadas para "ser como se deve".

Alienação *vs.* autonomia

A extensão destes fenômenos merece que nos detenhamos um pouco mais sobre eles. Um dos seus aspectos mais salientes é a infantilização das pessoas, que a meu ver nada mais é do que a forma atual de uma velha conhecida dos que se interessam pela vida em sociedade: a alienação.

Esta consiste no desconhecimento das causas que motivam comportamentos, atitudes e crenças, o qual, por sua vez, provém da ignorância acerca dos mecanismos que fazem funcionar a sociedade e mantêm a sua coesão. Entre estes mecanismos, conta-se a produção contínua de imagens sobre a própria sociedade e sobre seus membros, visando a ocultar sob uma fachada lisa e sem manchas as engrenagens econômicas da exploração de uns pelos outros, e criar a ilusão de que todos os cidadãos partilham dos mesmos interesses, com isso promovendo a coesão sem a qual o corpo social se desmantelaria: é o território da ideologia.

Isto se faz, entre outros meios, pelos valores que a sociedade apresenta aos seus membros como desejáveis e legítimos. Um deles, o de *autonomia*, faz parte das concepções políticas e éticas que herdamos do Iluminismo: os filósofos do século XVIII o conceberam como parte essencial da dignidade humana, e o vincularam ao exercício da razão nos assuntos pessoais e cívicos. Na esfera pública, o conceito de autonomia fundamenta a limitação do poder do Estado e da religião sobre o indivíduo; na esfera pessoal, refere-se à capacidade de cada pessoa para pensar por conta própria e decidir como deve viver. Seu correlato é a *responsabilidade* pelo que fazemos, nas diversas dimensões em que se exerce nossa ação – jurídica, política, ética, etc.

No plano das ideias, esta visão triunfou – como sabemos, não sem lutas, retrocessos e contestações. Na prática, porém, o exercício da autonomia esbarra em dois tipos de obstáculos: um se origina nas nossas paixões, nos impulsos alheios à razão que nos codeterminam; o segundo provém da ideologia, cujos conteúdos induzem a adesão maciça das pessoas às normas vigentes e aos comportamentos esperados.

O que o filósofo Herbert Marcuse denominou "dessublimação repressiva" vem substituindo com visíveis vantagens outros meios de controle, em especial a repressão dos descontentes por meios abertamente truculentos (pense-se nas ditaduras, nos campos de concentração, na violência contra os movimentos sindicais e sociais, etc.)[4]. Prevalece hoje uma versão *aggiornata* do velho lema romano – *panem et circenses*, pão e circo. Nas sociedades pós-industriais, garantiu-se o pão, mas o circo parece estar falhando em sua função – e talvez a frequência de depressões, drogadições e suicídios nos países avançados seja um indício disso. Nas sociedades periféricas como a nossa, a promessa de entrar no circo serve para ocultar a falta de pão (para as classes hipocritamente ditas "desfavorecidas"); a crença de que o espetáculo trará satisfação a todos, pela qualidade e variedade das atrações, tem por alvo assegurar a conivência das camadas dominantes (no Brasil, hipocritamente denominadas "classe média").

É assim que, neste início do século XXI, a liberdade individual – a conquista mais preciosa das revoluções inglesa

---

[4] Cf. Renato Mezan, "Existe um erotismo contemporâneo?", in R. Volich *et alii* (orgs.), *Psicossoma IV*, São Paulo, Casa do Psicólogo, 2008.

e francesa – vem a ser entendida como direito de consumir e de buscar o prazer a qualquer custo. Pouco importa o sentido das nossas experiências: é a sua *intensidade* que deveríamos avaliar, transformando cada ato e cada instante numa fonte de excitação, fazendo de nossas vidas um constante borbulhar de sensações sem continuidade[5]. É isto que os meios de comunicação alardeiam como caminho para a felicidade: basta ver os anúncios na televisão, com seus sorrisos e gestos alucinados, para nos darmos conta de que a promessa de gozo imediato se converteu num dos mais eficientes mecanismos de controle de que dispõe a sociedade contemporânea.

E isto se reflete diretamente na percepção que temos de nós mesmos, do nosso bem-estar psíquico e dos sofrimentos que a vida nos traz. A própria impossibilidade de viver com tamanha efervescência todos os momentos do dia, a enorme distância entre o que nos é dito sobre como devemos ser e o que de fato somos, é com certeza uma das fontes do mal-estar contemporâneo.

Sobrevivência do narcisismo infantil

A Psicanálise tem algo a dizer sobre esta situação, tanto no plano coletivo quanto no individual. Como vimos atrás, ela considera que o que somos resulta de uma complexa interação entre os impulsos sexuais e agressivos e as defesas que, desde a infância, construímos para os conter, com o que se torna possível canalizar a energia deles para alimentar fantasias, pensamentos

---

[5] O site Yahoo, para só ficar neste exemplo, nos convida a enviar um comentário sobre sua ferramenta de busca na *internet*, a fim de que o provedor possa recolher subsídios em vista de tornar mais *exciting* nossa *search experience*. O ridículo não tem limites...

e ações. Sabemos que esta não é uma tarefa fácil: no modo de funcionamento psíquico que caracteriza a infância, predomina a busca imediata de gratificação para os impulsos. A imposição dos famosos "limites" se dá de início mediante uma autoridade exterior, a dos pais e educadores; aos poucos, eles vão se interiorizando – por meio da instância denominada superego – até que, após muitas lutas e frustrações, seja atingido um grau razoável de autocontrole.

Na época de Freud, como vimos, o adoecimento psíquico era sobretudo consequência da severidade do superego: a coação excessiva dos impulsos sexuais provocava, em suma, a eclosão das neuroses. Em certos casos, isso ainda é verdade, mas na maioria das vezes verifica-se a situação oposta: é por *falta* – e não por excesso – de distância entre os impulsos e os atos que sobrevém o adoecimento. O indivíduo contemporâneo é complacente em demasia com seus desejos; quer *tudo* e *agora*, não se conforma com a necessidade de renunciar (em parte, ao menos) à sua satisfação, em nome do respeito às necessidades e desejos do outro. "Eu primeiro, eu depois e eu também": eis a face maníaca, correlata às manifestações de índole depressiva evocadas há pouco[6].

Vemos a cada momento crianças tendo chiliques ao lhes ser negado o último *gadget* eletrônico, gente furando filas ou cortando os outros no trânsito, indiferença frente à miséria ou a desgraça alheia, e assim por diante. Na relação com nós mesmos, a intolerância à frustração se traduz pela recusa em refletir sobre o que realmente motiva nossas atitudes, e pela atribuição aos

---

[6] A dimensão maníaca reside, a meu ver, no emprego maciço de defesas desta natureza – particularmente a negação, a cisão e a projeção – nas atitudes que estou comentando.

outros – pais, cônjuges, a inflação, o governo... – a culpa pelos fracassos e impasses da nossa existência.

A Psicanálise discerne nisso tudo a sobrevivência do narcisismo infantil, e já se chegou a caracterizar nossa época como uma sociedade narcisista. Ocorre que é sobre ele que atua o discurso ideológico, fazendo cintilar à nossa frente os objetos mais inúteis e nos convencendo de que os possuir é essencial à nossa felicidade. Mas aqui *possuir* não é mais manter e cuidar daquilo que nos proporciona prazer: os objetos tornaram-se descartáveis, nossa relação com eles é de avidez oral – sugá-los até que se esvaziem e depois atirá-los fora, às vezes até antes que se quebrem: veja-se a obrigatoriedade de trocar de celular a cada seis meses, ou a recusa de vestir o que se usou na temporada anterior.

Pessoas assim constituídas tendem a ver no *outro* mais um objeto a ser sugado e descartado, e não um ser humano com suas necessidades, qualidades e defeitos. Como nos admirarmos de que as relações pessoais sejam marcadas pela exigência de submissão de todos aos *meus* desejos e idiossincrasias? Tanta superficialidade e intolerância, tamanha dose de autoritarismo infantil, só pode conduzir à frustração e à ruptura dos vínculos, sejam eles de profissão, de amizade ou de amor. E chegam então aos consultórios os casamentos destroçados, os adolescentes sem rumo, os maridos insatisfeitos, as esposas queixando-se de que *ele* não *me* entende...

Viciadas no desincumbir-se de qualquer responsabilidade, as pessoas esperam do psicanalista que lhes ofereça "algo" (conselhos ou medicamentos, tanto faz) capaz de lhes proporcionar alívio rápido e sem esforço, como se os problemas da alma fossem um espinho que se tira do pé. Recebem com surpresa a recusa dele em compactuar com esta visão; chocam-se com a ideia de que, seja qual for a origem distante dos sintomas, eles se converteram numa segunda natureza, e que somente um mergulho muitas vezes doloroso na própria subjetividade permitirá suprimi-los, ou pelo menos os tornar menos geradores de sofrimento.

A experiência analítica

Não estou aqui fazendo o elogio da autoflagelação: afirmo apenas que qualquer trabalho terapêutico envolve a necessidade de que a pessoa se responsabilize pelo que faz consigo própria e com os que a circundam, que perceba como, à sua revelia, colabora para criar em volta de si o inferno de que se queixa. Neste sentido, a Psicanálise visa a uma desalienação do indivíduo, a uma libertação das amarras inconscientes que o sujeitam a traumas passados e a outros fatores que ela estudou com detalhe. Mas isso não se faz sugestionando o paciente, nem o convertendo a valores que o analista julga melhores; é pela descoberta gradativa (e sempre parcial) dos seus próprios desejos, fantasias e ideais, pela inclusão deles na corrente da consciência, para que possam eventualmente ser assumidos ou rejeitados, que procede a experiência analítica.

A Psicanálise é, neste ponto, herdeira do Iluminismo: ela tem como valor ético a autonomia possível – entendida como emancipação dos entraves inconscientes que bloqueiam nosso desenvolvimento e inibem nossas capacidades.

E este caminho só pode ser individual. Não há receita que valha para todos, porque cada pessoa se constitui, no quadro geral da sociedade, de maneira única e específica. A atenção à singularidade coloca a Psicanálise na contramão dos processos de massificação e alienação onipresentes na cultura atual, e nisto vejo um dos principais motivos pelos quais tantos a criticam:

Quem tem medo do divã?

ela inquieta, porque não admite que a culpa seja sempre dos outros[7], porque propõe um caminho de autoconhecimento que depende do interesse e do investimento na própria pessoa, e não de procedimentos que excluam a responsabilidade pessoal – pílulas da felicidade, exercícios supostamente de autoajuda, adesão a princípios religiosos, etc. Ela não endeusa a consciência *per se*: sabe que somos movidos a paixões, que o ego não é senhor em sua própria casa, e que muito do que somos e fazemos – o essencial, talvez – nos escapa. É por esta razão que uma análise é demorada: sua duração depende das dificuldades que cada pessoa encontrará na viagem para dentro de si mesma.

A quem me pergunta quanto tempo irá durar o tratamento, costumo responder com a história de Diógenes, o filósofo que, para demonstrar seu desprezo pela hipocrisia da civilização, escolheu viver num barril, nas cercanias de Atenas. Conta-se que certa vez um viandante lhe perguntou quanto tempo era necessário para chegar à cidade. O filósofo permaneceu em silêncio; o viajante repetiu a pergunta uma, duas, três vezes, e, desistindo, retomou a estrada. Um minuto depois, Diógenes lhe brada: "Meia hora!" O homem, surpreso, volta-se para trás: "Por que não me disseste isto da primeira vez que te perguntei?" E Diógenes: "Porque não sei com que velocidade tu caminhas."

A experiência psicanalítica se ancora num dispositivo cuja simplicidade contrasta com os poderosos efeitos que é capaz de desencadear: o convite a falar de si mesmo para uma outra pessoa, que se propõe a acolher o que lhe for comunicado sem julgamentos morais, induz a um mergulho nos desvãos da alma.

---

[7] Obviamente, existem casos em que o sujeito é objeto de violência por parte de outros, mas não é a isso que estou me referindo. Para uma discussão dessas outras situações, ver o artigo "Homens ocos, funesto desespero", neste mesmo volume.

Ao fazer isso, a pessoa vem a incluir no raio da sua consciência alguns dos fatores que a determinam, e é isso que dá conta das mudanças em seu modo de ser. Não é Freud quem "explica", nem de resto o analista: é o próprio analisando quem se descobre, escutando-se, deixando-se levar pelo seu discurso, elaborando seus *insights*, e também o que o analista pode lhe comunicar por meio das interpretações.

Não é raro que nas entrevistas preliminares o candidato ao divã expresse o temor de ficar "dependente" da análise, como se pode ficar dependente do álcool ou da cocaína. Mas na verdade o que assusta é outra coisa: paradoxalmente, a perspectiva de ter que abandonar os padrões de dependência inculcados na infância, as servidões que resultam do recalque, das defesas mutilantes e do medo de sentir angústia. Em outros termos, o que ameaça é a liberdade que nasce do autoconhecimento – aparentemente desejada por quem procura uma análise.

A viagem psicanalítica ao fundo de si mesmo não é fácil, nem indolor. Ela está na contramão do narcisismo infantil, promovido sem pudor pela sociedade atual como solução para as dificuldades do viver. O espelho que ela estende ao paciente, como o da madrasta de Branca de Neve, lhe dirá que não é "a mais bela", e esta descoberta provocará desconforto, às vezes terror, certamente angústia. A Psicanálise pode ser tudo, menos complacente com nosso profundo desejo de iludirmos a nós mesmos – e a chamada "resistência" é precisamente a prova de quão arraigada é esta tendência. Ela propõe a conquista da autonomia possível – e nisto é herdeira do Iluminismo; autonomia, contudo, fundada na admissão daquilo que para cada qual é o mais íntimo e secreto – e nisto é herdeira do Romantismo.

Como nos admirar de que tal proposta seja pouco compatível com a superficialidade, a pressa e o pouco caso com o *sentido* que perpassam nossa vida atual? Disso não se conclui que seja irrelevante; ao contrário, é seu gume crítico (tanto em relação à cultura de massas quanto à "massificação" da experiência de si) que nela perturba. Não queremos ser incomodados, mas o fato é que a cegueira faz sofrer. A Psicanálise apela a uma razão ampliada, que inclua em si o que a sociedade contemporânea mais teme: o conflito e modos de lidar com ele que não o expulsem de onde ele se enraíza – em nós mesmos.

Psicanálise e ciência

No início deste artigo, lembrei que a Psicanálise já foi considerada perigosa para a moral e os bons costumes. Disso ela dificilmente seria acusada hoje: é mais comum vê-la tachada de "irrelevante" e "ultrapassada". Tais críticas provêm em geral da Psiquiatria e da Psicologia dita cognitiva, e têm como alvo a suposta ineficácia do tratamento analítico quando confrontado à terapia com psicofármacos ou a métodos mais diretivos. Trombeteada com monótona frequência, essa afirmação costuma ser acompanhada por outra, igualmente enfática: "Freud está morto." Mas por que anunciar isso tantas vezes, e com tamanha veemência?

É inevitável a suspeita de que essas declarações acerca da decadência da disciplina freudiana sirvam de fachada a outra coisa: a meu ver, elas ocultam o receio diante do que sugeri acima – a percepção de que ela tem algo de inquietante. É claro que este "algo" não pode ser sua suposta ineficácia, ou a igualmente suposta arbitrariedade do seu método de interpretação: se fosse verdadeiro, isso não suscitaria medo, mas apenas desprezo.

Uma das formas mais comuns de racionalizar a falta de vontade para examinar como funcionam a teoria e a terapia inauguradas por Freud é invocar o seu caráter pouco "científico".

Ora, desde a *Interpretação dos sonhos* o mestre de Viena procura mapear o território do inconsciente de modo objetivo e, tanto quanto possível, demonstrativo. Para ele, a Psicanálise devia ser uma ciência, isto é, um corpo de conhecimentos gerado pela delimitação de um território próprio e por métodos de investigação rigorosos e adequados à natureza deste território. O que fosse assim descoberto deveria poder ser utilizado por outros pesquisadores, que corrigiriam hipóteses equivocadas, formulariam outras, e ampliariam com suas contribuições o que seus predecessores tivessem estabelecido.

Um século depois, teria a aposta sido perdida? A resposta a esta pergunta depende do que se entende por *ciência*. A concepção predominante nos países anglo-saxões se fundamenta numa ideia restritiva do que é objetividade, reduzindo-a ao que pode ser provado mediante experimentos reprodutíveis por outros cientistas. Por outro lado, é certo que os progressos da medicina produziram meios relativamente eficazes para intervir em quadros como a esquizofrenia ou a depressão. Assim, de modelo e ideal de compreensão dos fenômenos psíquicos (como foi nos Estados Unidos durante o segundo terço do século XX), a Psicanálise se viu rebaixada à condição de um monstruoso equívoco.

Ora, as coisas são um pouco mais complexas. A Psicanálise não se assemelha à Física ou à Biologia, mas este não é o único tipo de ciência que existe. O fato de que não corresponda ao cânone das *hard sciences* não significa que seja um amontoado de absurdos: tem seus pressupostos, seus métodos de investigação, suas regras para formular, confirmar ou invalidar hipóteses, exatamente como outras disciplinas do campo a que pertence – as chamadas ciências humanas[8].

---

[8] Sobre esta questão, cf. Renato Mezan, "Que tipo de ciência é a Psicanálise?", in João Frazie Pereira *et alii*, *Pensamento Cruel*, Casa do Psicológo, 2009.

Convém distinguir entre a teoria e a prática psicanalítica. Esta, como vimos, consiste em propiciar uma experiência transformadora, que, pela natureza mesma das coisas, é antes uma *experiência* que um *experimento* no qual fosse possível manipular certas variáveis para verificar a propriedade de uma hipótese. A primeira, em que pese a caricatura feita por certos adversários, constitui *de facto* um corpo de conhecimentos, inaugurado por Freud, mas que está longe de se reduzir ao que ele descobriu – basta entrar numa livraria ou numa biblioteca para se certificar de que seus sucessores são legião.

Além de ser uma teoria da psique particularmente engenhosa e flexível, e de ter dado forma ao que se conhece como "método clínico", a Psicanálise é um fato cultural da maior importância. Desde sua criação, suas teses vêm contribuindo para estabelecer novos padrões de relação entre as pessoas, para moldar a imagem que o homem ocidental faz de si mesmo, e impregnando o imaginário ocidental: sem ela, o cinema, a literatura e de modo geral a ficção do século XX não teriam o aspecto que têm. Como instrumento de investigação e de crítica da cultura em que nasceu, ainda hoje se mostra fértil e inventiva, desvendando as dimensões inconscientes da criação artística e das práticas sociais.

Não: a Psicanálise não se converteu na senhora patética e um tanto delirante a respeito dos seus supostos atrativos que seus oponentes veem nela. Ao contrário, apresenta-se como aquilo que Freud desejava que ela fosse: um modo de conhecimento e de autoconhecimento, com seus limites, mas também com uma vitalidade que desmente os sombrios prognósticos acerca do seu iminente passamento.

Palavras a um jovem psicanalista

"Doutor, o problema é sério: acho que tenho dupla personalidade."
"Ah, é? Então sente aqui, e nós quatro vamos conversar."

Caro colega,

Antes de mais nada, parabéns pela sua decisão de se tornar psicanalista! Apesar das críticas que nossa profissão vem recebendo praticamente desde que surgiu, ela continua a ser tão fascinante para quem a pratica (e tão proveitosa para os que de fato de engajam numa análise) quanto na época em que Freud reunia na sala de espera de seu consultório a "Sociedade Psicológica das Quartas-Feiras". E, para comprovar essa afirmação, convido-o a explorar comigo algumas implicações da piada acima – ou seja, a interpretá-la. Não é isso que fazemos todos os dias?

Em primeiro lugar, ela mostra que o terapeuta e seu paciente são feitos da mesma matéria – psique e corpo. Talvez

---

Publicado originalmente em *Psicologia no cotidiano*, em maio de 2008. Disponível em http://www.psicologianocotidiano.com.br/colunistas/colunista_descri.php?id=3.

isso seja uma obviedade; porém, como você certamente irá descobrir, o que salta aos olhos (aos ouvidos?) treinados de um analista pode ser absolutamente opaco para quem levou anos construindo um sintoma, e portanto o defende (e se defende) com todas as astúcias de que a neurose é capaz.

"Dupla personalidade": tomemos essa expressão não como uma categoria psicopatológica, mas sugerindo que cada um de nós é mais do que um – porque é dotado de um inconsciente, cujos impulsos, medos, fantasias e desejos nos determinam tão mais decisivamente quanto menos os levamos em conta. E isso vale para você, jovem colega, tanto como para mim e para quem o vier procurar: já dizia Carlos Drummond de Andrade que "das peles que visto, muitas há que não vi."

Sua análise pessoal, possivelmente ainda em curso, o terá alertado para alguns dos conteúdos e formas de funcionamento que lhe são peculiares. No que interessa para o trabalho ao qual você pretende se dedicar, é deles que virão os obstáculos contratransferenciais próprios à sua pessoa – mas também instrumentos para a sua escuta, se puder resistir à tentação de tomar o que eles lhe sugerirem como provas indubitáveis da clarividência com que você foi agraciado.

Profissão curiosa esta, na qual estamos constantemente na corda bamba. Sem alguma audácia, é impossível ir além do conteúdo manifesto (seja do que nos diz o paciente, seja do que surge em nossas próprias associações) – mas essa audácia tem de ser temperada com paciência e humildade, para que não nos deixemos iludir por nossos próprios sintomas e defesas, e possamos assumir uma atitude de acolhimento ao que nos chegar do divã.

Mas continuemos a examinar nosso mote. "Sente aqui": pode se tratar de uma entrevista inicial, mas também de um paciente que prefere não se deitar – o que nos traz ao problema do enquadramento, ou *setting*. Talvez sua insegurança de principiante o faça acreditar nos que identificam o *processo* analítico com as suas *condições*, afirmando, por exemplo, que "só é psicanálise" a terapia que ocorre tantas vezes por semana e com o paciente estendido na horizontal.

Não tome a sério esta balela! É evidente que encontros frequentes facilitam o estabelecimento da transferência e o surgimento de material para a análise, e que a posição deitada favorece o relaxamento dos controles egoicos e, portanto, a livre-associação. Mas assim como não se deve confundir a moldura com o retrato, o processo analítico não é a mesma coisa que o marco no qual se dá. Há pessoas que vêm quatro vezes por semana e apenas esquentam o divã, enquanto outras fazem uma bela análise com uma sessão semanal.

Pierre Fédida dizia que é o analista o guardião da situação analítica, e muitos anos de experiência me levam a lhe dar razão. É a sua atitude, caro colega, sua disponibilidade, sua atenção flutuante, seu conhecimento de si mesmo e da teoria psicanalítica, sua capacidade de tolerar a incerteza e a dúvida – é isso, e não o fato de seu paciente estar sentado ou deitado, que irão possibilitar a ele a viagem para dentro de si mesmo na qual consiste uma análise.

Outra coisa que nossa piada pode nos ensinar é a importância da *parábola* como forma da interpretação. Não se trata de uma regra estrita – na psicanálise, excetuando três ou quatro fundamentos inamovíveis, nada é estrito –, mas de uma constatação: muitos pacientes tendem a pensar que são os únicos a padecer de sofrimentos como os seus, o que lhes produz muita angústia. Um repertório de analogias – que você construirá lendo ficção, indo ao cinema, tirando exemplos da sua própria vida, das

Intervenções

suas experiências amorosas, da relação com seus filhos, e assim por diante – é, a meu ver, uma ferramenta preciosa para construir interpretações que façam eco e sentido para *aquele* paciente. Mas cuidado – não a use como meio de sugestão: deixe que o paciente absorva o que ouviu, e o interprete à *sua* maneira. Pois para a Psicanálise vale o lema que tornou famoso o serviço no Hotel Ritz: "o cliente tem sempre razão".

Poderíamos continuar essa conversa por mais algumas páginas, mas, como reza a frase consagrada, "nosso tempo terminou." Desejo a você sucesso no seu trabalho, e prazer no exercício da profissão que escolheu. Ela pode parecer *démodée*, já foi chamada de "elitista" e de coisas piores – mas só quem a conhece por dentro sabe quão sofisticada é a máquina de pensar construída por Freud e por algumas das mentes mais brilhantes do século XX.

E – *last but not least* – tenha sempre em mente que a Psicanálise não é a panaceia universal. Ela apenas pode mudar alguma coisa em alguém – mas essa "alguma coisa" faz parte do essencial.

Cordialmente,

Renato Mezan

A Psicanálise no Brasil

Quem observa hoje a paisagem da Psicanálise no Brasil, vigorosa e fértil, talvez se surpreenda ao saber que as sementes dessa planta exótica demoraram a germinar: por quase oito décadas, a cultura se reduziu a alguns pomares, e somente nos últimos vinte e cinco ou trinta anos ela ganhou impulso, desenvolvendo-se até a condição atual. Vale, portanto, recapitular os principais momentos desse processo, a fim de avaliar onde estamos, e arriscar algumas ideias sobre para onde vamos.

A história da Psicanálise em nosso país pode ser dividida em três etapas. A primeira se estende de 1899, quando Juliano Moreira faz na Bahia uma exposição sobre os novos métodos de Freud, até a chegada a São Paulo, em 1937, da dra. Adelheid Koch. A segunda vai até o final da década de setenta, quando se inicia a terceira fase, na qual, segundo penso, nos encontramos ainda hoje.

Durante as primeiras décadas do século XX, as ideias de Freud se tornam conhecidas pelos médicos e por uma parcela do público mais culto – no *Manifesto antropofágico*, por exemplo, Oswald de Andrade utiliza algumas delas. Mas não se distinguem de outras novidades europeias, percebidas por uns como úteis à modernização do Brasil, e por outros como perigosas ameaças ao

---

Publicado originalmente como "A classe média no divã", pelo jornal *Folha de São Paulo*, no Caderno "Mais!", em 7 de maio de 2006.

espírito nacional: no caso, é em torno da importância da sexualidade na vida psíquica e no desencadeamento das neuroses que se travam as discussões mais acirradas.

Foi o dr. Durval Marcondes o principal agente da passagem à fase seguinte. Marcondes percebeu a importância de organizar os interessados na "jovem ciência" e integrá-los ao movimento psicanalítico internacional. Para isso, inicia uma correspondência regular com Freud, funda com alguns outros a Sociedade Brasileira de Psicanálise de São Paulo (1927), publica o primeiro número de uma revista especializada, e empenha-se em trazer para o Brasil um analista didata, para que ele e seus companheiros pudessem ter acesso pessoal à experiência do divã. Após muitas idas e vindas, este projeto realizou-se em 1937, quando a dra. Koch começa a analisar os pioneiros paulistas. Este fato marca o fim da era dos diletantes e o início da implantação efetiva da Psicanálise no Brasil.

Após a guerra, no Rio de Janeiro e em Porto Alegre formam-se outras sociedades; alguns jovens psiquiatras viajam para Londres e Buenos Aires para seguir cursos de formação *stricto sensu*, enquanto aqui se fixam analistas europeus. De 1950 até fins da década de setenta, as instituições se fortalecem, e aos poucos se amplia o número de psicanalistas, que, ao final do período, somavam duas ou três centenas em todo o Brasil. Fortemente influenciados pelo pensamento de Melanie Klein, esses analistas se dedicam sobretudo ao trabalho clínico "intramuros". Também divulgam as ideias psicanalíticas pelos meios existentes – do rádio às incipientes revistas femininas – e produzem, em quantidade pequena mas constante, artigos científicos e textos para congressos.

À diferença do que ocorreu na Argentina, aqui não se desenvolveu um pensamento psicanalítico original; as teorias kleinianas, e mais adiante o trabalho de Wilfred Bion, apresentado por ele mesmo e por seu "embaixador" Frank Philips, pareciam suficientes aos analistas brasileiros como fundamento teórico e como ferramenta clínica[1]. Operosos, discretos, muitos deles excelentes clínicos, mas sem maiores ambições teóricas, os analistas do segundo período asseguraram o enraizamento da Psicanálise entre as especialidades terapêuticas e a continuidade do que Durval Marcondes iniciara.

Testemunho desse horizonte nada ambicioso são as traduções de Freud para o português, da Editora Delta e posteriormente a da Imago, concluída em 1978. Importantes por colocar Freud ao alcance de profissionais e de estudantes, sua falta de rigor espelha o desinteresse pelas questões mais abstratas, e um certo viés empirista – inspirado nos britânicos, mas temperado à brasileira – para o qual a teoria, uma vez aprendida, não precisa ser muito questionada, e não deve atrapalhar o contato direto com o paciente.

A situação da Psicanálise mudou radicalmente a partir do fim da década de setenta, por uma conjugação de fatores de diferentes ordens. Em primeiro lugar, a industrialização do Brasil criou uma classe média urbana "desparametrada" (no dizer de Sérvulo Figueira), porque confrontada a novos valores e padrões de comportamento. Esta classe média forma a clientela das psicoterapias, entre as quais, naquele momento, a Psicanálise não era preponderante: as terapias de grupo e corporais gozavam de maior popularidade. O fato novo, porém, foi o surgimento de

---

[1] Sobre a obra de Frank Philips, cf. Célia Fix Korbivcher, Eliana Longmann e Vera Bresser Pereira (orgs.), *Psicanálise do desconhecido*, São Paulo, Editora 34, 1997. Uma resenha deste livro, originalmente publicada no Jornal de Resenhas da *Folha de S. Paulo*, pode ser encontrada em R. Mezan, "Notas de leitura", in *Interfaces da Psicanálise*, São Paulo, Companhia das Letras, 2002, p. 535-538.

uma demanda crescente por tratamento psicológico, à qual os analistas tiveram (também) de responder.

Na mesma época, do lado da oferta, dois processos de início independentes vieram a convergir. O primeiro foi a irrupção do lacanismo, trazido por brasileiros que haviam estudado em Paris e na Universidade de Louvain, na Bélgica: em São Paulo, Rio de Janeiro e Pernambuco surgiram por volta de 1975 e 1976 os primeiros grupos desta tendência. O segundo foi a chegada de muitos analistas argentinos, fugindo da barbárie que tomara de assalto o seu país. Estes profissionais se instalaram nos grandes centros, mas também em Vitória, Salvador, Curitiba e outras capitais, dando início a um movimento de capilarização que iria a médio prazo mudar por completo a face da Psicanálise no Brasil.

Nem os lacanianos nem a maioria dos argentinos aderiram às instituições já existentes, vistas pelos dois grupos como cientificamente estagnadas e politicamente reacionárias. As novas organizações (entre outras, o curso de Psicanálise do Instituto Sedes Sapientiae, em São Paulo) ampliaram enormemente as oportunidades de formação, atraindo muitos psicólogos que nelas viam um meio de se tornar analistas de modo mais estimulante e inteligente que nas Sociedades tradicionais. Estas reagiram, é claro, ao desafio: primeiro tentando sufocar ou desautorizar as novas iniciativas – "isso não é Psicanálise!" –; depois, com mais sabedoria, reformulando suas regras internas no sentido de uma maior democratização, e abrindo-se às novas correntes de pensamento que haviam surgido no campo freudiano, como Winnicott, a psicologia do *self* de Kohut, a Psicanálise francesa etc.

Assim entramos no período contemporâneo, da década de oitenta para cá. A Psicanálise se expande com uma vitalidade que não dá mostras de esmorecer – e insisto nessa visão, em que pesem avaliações mais pessimistas feitas ora por adversários dela, ora por *compagnons de route*.

O que me leva a pensar assim? Primeiramente, um sinal inequívoco de boa saúde: o número significativo de publicações, muitas oriundas de teses escritas por profissionais experientes, outras abrigadas em revistas de bom nível científico, ou resultantes de exposições em colóquios, congressos e jornadas que acontecem praticamente a cada semana pelo país afora.

As publicações são um bom termômetro, tanto pelo conteúdo quanto porque, para que existam, é necessário um conjunto de fatores reais – eventos não se realizam sem participantes, livros não se vendem sem um público leitor, nem revistas sem assinantes – que, por sua vez, comprovam a existência de *massa crítica* e de *interlocução* entre os componentes dela. Trata-se de algo equivalente à rede da qual falava Antonio Candido no clássico *Formação da Literatura Brasileira*: um conjunto de referências no qual se possam incluir os que vão chegando, indispensável para a formação de um sistema (literário ou de outra natureza). Hoje, podemos dizer que tal sistema já existe na Psicanálise brasileira. Por outro lado, a enorme variedade dos temas abordados nas publicações, e a originalidade das melhores dentre elas, indicam que nada ficamos a dever ao que se faz em outros países.

Quanto à inserção dos analistas na sociedade e na cultura, ela vem se intensificando: colegas trabalham em hospitais e instituições de saúde, convênios começam a reembolsar tratamentos, na Universidade – em especial na pós-graduação – o lugar da disciplina freudiana está assegurado. Mais sutilmente, a penetração do *ethos* analítico no meio local é atestada pela frequente solicitação – pela imprensa escrita, falada e eletrônica – da opinião de analistas a propósito de acontecimentos e processos sociais, desde crimes que chocam a população até a avaliação de mudanças no comportamento e nas relações interpessoais.

Mas nem tudo são rosas. As investidas da concorrência – psiquiatria organicista e terapias de índole comportamental – são às vezes agressivas, desqualificando a Psicanálise como obsoleta, pouco eficaz e inconsistente do ponto de vista teórico. Isso força os analistas a rever seus conceitos, a criticar posições tidas por intocáveis, a afiar melhor seus instrumentos de trabalho – o que, a meu ver, é salutar. Também há exemplos de colaboração entre analistas e psiquiatras no tratamento de certos pacientes, cada qual operando em sua faixa própria.

Nada há de extraordinário em que a evolução da sociedade coloque novos problemas a quem lida com os sofrimentos que a vida impõe às pessoas. O importante é que, sem renegar o passado e suas conquistas, possamos abrir mão do que se revelar inoperante e desenvolver métodos, conceitos e parcerias que nos possibilitem enfrentar as questões atuais – drogadições, novas formas assumidas por antigas patologias (como a chamada síndrome do pânico), males que se tornaram mais comuns (anorexia, depressões), modalidades inéditas de relacionamento amoroso, novas atitudes perante a sexualidade ou os valores.

O que herdamos dos analistas que nos precederam vem servindo, acredito, como referência, em vez de se ter tornado objeto de reverência. Mas tampouco é preciso ceder nos pontos essenciais do pensamento analítico: a eficácia silenciosa (e às vezes ruidosa) do inconsciente, o peso das amarras que nós mesmos construímos para infernizar nossa vida e a dos outros, a função liberadora do conhecimento de si, a força criadora do desejo e da fantasia. Talvez não sejam ideias muito consentâneas com esses tempos em que se querem soluções rápidas e indolores para os problemas da existência, mas isso não lhes retira a verdade: ao contrário, torna-as ainda mais indispensáveis para não nos deixarmos iludir pelas miragens da pós-modernidade.

Atualidade de Freud

"O que há de novo em Psicanálise?", perguntaram certa vez a André Green. "Freud", disparou o psicanalista francês. A resposta pode surpreender: afinal, o mestre de Viena morreu há setenta anos, e não consta que escritos seus tenham sido psicografados desde então.

Por que Freud pode ser considerado um dos homens mais importantes do século XX? E mais – o que faz dele um interlocutor para as inquietações do presente? Em primeiro lugar, a potência explicativa do seu pensamento, capaz de elucidar uma vasta gama de processos mentais. Em segundo, ter criado um sistema conceitual simultaneamente rigoroso e aberto a acréscimos, modificações e mesmo refutações parciais, que no entanto não alteram o seu equilíbrio geral – antes o reforçam. Em terceiro, a invenção de um dispositivo clínico que possibilita alterações substanciais na economia psíquica do paciente, passível de ser adaptado a situações diversas daquela para a qual foi concebido (por exemplo, ao tratamento de crianças, casais e grupos), e aplicado a patologias que se acreditava serem refratárias à ação psicoterapêutica. Por fim, a sutileza do método interpretativo, que permite sua utilização em terrenos exteriores à clínica *stricto sensu*.

Texto inédito

Intervenções

A *boutade* de André Green soa particularmente verdadeira na cena brasileira da atualidade: publicam-se a cada ano dezenas de obras de e sobre Psicanálise, escritas por autores brasileiros ou traduzidas do que vem sendo produzido no Exterior – e os livros que comentarei a seguir dão uma pequena amostra da vitalidade do legado freudiano, tanto em si mesmo quanto como base para os desenvolvimentos realizados por seus sucessores.

Erudição bem temperada

Em *Pé da página para Freud* (Best-Seller), o psicanalista e historiador inglês Darien Leader toma como mote outra frase de efeito – a de Alfred Whitehead, para quem a filosofia européia pode ser considerada como "uma série de notas de rodapé à obra de Platão". Caberia dizer o mesmo em relação a Freud e à Psicanálise?

Tais afirmações não devem ser tomadas ao pé da letra – há muito nas duas disciplinas que excede os escritos dos fundadores – mas em sentido metafórico: ambos criaram um campo de conhecimento (a filosofia sistemática, a Psicanálise), um método (a dialética, a interpretação do inconsciente) e uma doutrina (o platonismo, o freudismo) capazes de possibilitar desenvolvimentos muito mais amplos do que podiam prever.

De Aristóteles em diante, os filósofos estão para Platão como Melanie Klein, Lacan ou Winnicott para Freud: debatendo com eles, retomando suas questões e propondo novas, criticando certos aspectos do que pensaram os pioneiros, porém essencialmente dentro do território que delimitaram e começaram a desbravar, os que vieram depois criaram conceitos (no caso dos analistas, também práticas) ao mesmo tempo filosóficos e não platônicos, psicanalíticos e não freudianos. Foi isso que tornou possível à Filosofia e à Psicanálise terem uma história. Esta apresenta duas faces: uma factual – quem escreveu ou pensou o quê, em qual ambiente sociocultural, para quem, com quais finalidades – e outra propriamente conceitual – quais noções e hipóteses foram aceitas por todos os que cultivaram o campo, quais foram rejeitadas por alguns, por quais motivos, quais podem ser consideradas como ampliação ou aprofundamento das que já existiam, quais são realmente novas, e assim por diante.

Leader se dedica a este segundo gênero de estudos. Seu livro traz informações interessantíssimas sobre o ambiente em que Freud se formou e pensou, a saber a ciência alemã do século XIX. Aborda também – a propósito de questões como a sexualidade feminina, os complexos de Édipo e de castração, as noções de elaboração, fantasia e superego – as implicações do modo como ele as tratou, e as contribuições de analistas pós-freudianos de diversos países. O resultado dessas investigações é um "mapa da mina", vinculando Freud aos seus predecessores – pois ele os teve, não como psicanalista, mas enquanto pensador e cientista – e aos que vieram depois dele.

A título de exemplo, vejam-se os capítulos sobre as fantasias de espancamento e sobre a série de termos ligados à interiorização de que nos servimos com tanta frequência – introjeção, objeto interno, mundo interno, etc. No primeiro, Leader disseca o artigo de 1919, "Uma criança está sendo espancada". Em seguida, vai aos Seminários que Lacan proferiu nos anos 50, mostrando como a reflexão sobre este texto contribui para plasmar a noção de simbólico. E, para ilustrar a potência explicativa deste conceito, volta às fantasias de espancamento – porém desta vez no texto apresentado por Anna Freud para se tornar membro da Sociedade Psicanalítica de Viena, intitulado "Fantasias de espancamento e devaneios diurnos".

Intervenções

Leader não perde tempo em fofocas sobre o incesto interpretativo então em curso na Berggasse 19 (um dos pacientes que falavam dessas fantasias era a própria Anna, então em análise com seu ilustre pai). Sua leitura revela de que modo um conceito pós-freudiano (o de simbólico) pode contribuir para a compreensão de um problema psicanalítico geral (o das perversões) e para a elucidação de um caso singular – as "histórias bonitas" da paciente a que Fräulen Freud se refere no seu trabalho (na realidade, ela mesma) entre as quais figurava com destaque a de assistir a um adulto batendo numa criança.

O capítulo sobre o mundo interior é um modelo de erudição bem temperada. Embora pareça óbvia a descrição da mente como algo "oco", no qual estão alojadas representações – semelhante à câmara escura que tanto interessou os filósofos do século XVII –, tal ideia envolve problemas complicados, cuja origem, nos informa Leader, se encontra na imagem do conhecimento como análogo à visão. De passagem, aprendemos que o termo "introjeção" provém da psicologia filosófica do século XIX, de onde Ferenczi o transpôs para a Psicanálise.

Leader recupera a história do conceito na nossa disciplina, em particular na obra de Melanie Klein e nos acerbos debates que ela suscitou nos anos quarenta. A meu ver, o interesse deste capítulo está em mostrar de que modo um conceito-chave (no caso, o de mundo interno) emerge como que "ao lado" da obra de Freud, produz efeitos tanto no plano teórico como no clínico, e se torna moeda corrente no discurso dos analistas. Ou seja, embora não tenha sido formulado pelo fundador, só pode ser construído a partir do sistema que ele construiu – mais uma prova da fecundidade do pensamento freudiano.

Avatares do fetichismo

O livro de Vladimir Safatle, *Fetichismo: colonizar o outro* (Civilização Brasileira), faz parte da coleção *Para ler Freud*. O simples fato de tal série existir comprova que Green tem razão: se o pensamento freudiano tivesse apenas interesse histórico, ninguém se preocuparia em apresentá-lo a uma nova geração de leitores.

Safatle escreveu uma pequena obra-prima. Por um lado, rastreia o conceito de fetichismo ao longo dos escritos freudianos. A princípio, ele designava uma perversão específica, porém o mecanismo que o engendra – a desautorização ou desmentido (*Verleugnung*) – vai aos poucos se revelando crucial em certas modalidades de constituição do sujeito. De fato, o desmentido é um dos efeitos da cisão no ego, que conduz à presença simultânea na psique de elementos contraditórios, porém sem que a contradição seja resolvida: ela é antes "suspensa". Por exemplo, quanto à diferença sexual, o sujeito convive com duas crenças opostas – sabe que a mulher não tem pênis, mas inventa um substituto para ele, justamente o fetiche.

Esta análise de um conceito central na metapsicologia é precedida e seguida por um estudo da história extrapsicanalítica da noção de fetichismo. Criado no século XVIII como forma de constituir um "outro da modernidade" (em especial os "selvagens" da América e da África) e de carimbá-lo como primitivo e infantil – portanto oposto à era "adulta" do pensamento, que os iluministas acreditavam ter inaugurado –, o fetichismo vai ser transportado por Alfred Binet para o campo da psicopatologia, no qual designa um modo arcaico de satisfação sexual.

Nas mãos de Marx e Freud, porém, o conceito ganha uma função crítica: eles o usam não para vergastar o "outro" do Ocidente, mas para desvendar mecanismos e processos inerentes ao *nosso* modo de vida – o fetichismo da mercadoria como momento da valorização do capital, a clivagem como mecanismo de constituição do sujeito, que tenderia a se tornar predominante nos dias de hoje.

E é justamente em mostrar de que forma essas diferentes dimensões do fetichismo se comunicam e se esclarecem reciprocamente que consiste a originalidade desse pequeno, mas precioso livro.

Na prática, a teoria é a mesma

O leitor que quiser verificar de que modo os conceitos psicanalíticos operam no plano clínico pode se dirigir ao nosso terceiro livro: *Freud explica a dois*, de Alberto Goldin (Rocco). Para mostrar como pensa um psicanalista, o autor parte de "monólogos" ficcionais, mas que poderiam muito bem ter sido enunciados no divã. Cada um focaliza um problema – o ciúme, o medo da castração, o desejo de trair, a angústia da perda, as dificuldades da relação sexual, etc. Goldin se debruça sobre esses discursos: por que a pessoa se sente daquela maneira específica? E como é feita a mente humana, tal que alguém possa se sentir e pensar assim sobre si próprio?

Num estilo claro e permeado de excelentes metáforas, ele demonstra que para compreender a singularidade de cada um dos seus personagens, é preciso recorrer a noções de alcance geral, cuja trama constitui a teoria psicanalítica. É este vaivém entre o imediato da sessão e o plano da teoria que possibilita a interpretação dos processos que vão ocorrendo no tratamento, com o que se produzem *insights* e mudanças de porte na economia emocional. Digo "de porte" porque não costumam ser pequenas, mas também é verdade que certos aspectos da vida psíquica podem se mostrar refratários a qualquer alteração. "Elaborar seus desejos, reconhecê-los e poder conviver com eles de modo menos conflituoso – isso é o que se pode esperar de uma terapia psicanalítica", resume Goldin.

"Só isso?" poderá se espantar o leitor. Mas estaria enganado: não é pouca coisa. "Entre dizer e fazer, há um mar a vencer", diz um provérbio italiano – o mar do sofrimento que impomos a nós mesmos. Freud inventou uma maneira de nele navegar com alguma segurança – e por essa razão sua herança continua a ser estudada com tanto afinco.

O poder no cotidiano

> *"A verdade é que o homem não é uma criatura terna e necessitada de afeto, mas um ser entre cujas disposições deve-se contar uma boa dose de agressividade. Por isso, o próximo não representa para ele somente um colaborador e um objeto sexual, mas também uma ocasião para satisfazer a sua agressividade, para explorar sua capacidade de trabalho sem a retribuir, para se aproveitar sexualmente dele sem seu consentimento, apoderar-se dos seus bens, martirizá-lo e matá-lo."*[1]

A observação de Freud em *O mal-estar na cultura* – sua versão do que os teóricos da política chamam de "estado de natureza", no qual impera a guerra de todos contra todos – explica por que surgiu o poder. Ele não deve ser confundido com a força, por meio da qual o ser humano pode fazer contra seu semelhante todas aquelas ações violentas: quando um troglodita esmagava a cabeça do inimigo, ou quando arrastava para sua caverna a fêmea cobiçada, não havia aí poder algum – apenas brutalidade.

Foi justamente para se defender da agressão dos demais que os homens inventaram o poder, e o atribuíram a uma instância encarregada de zelar pela segurança de todos. Tal instância pode ser um chefe, um rei, uma assembleia de

---

Publicado originalmente pela Revista Poder, n. 2, em fevereiro de 2008.
[1] S. Freud, "O mal-estar na cultura", SA IX, p 240; BN III, p. 3046.

anciãos ou de parlamentares: o essencial é que tenha a capacidade de impor limites à violência dos indivíduos, se necessário punindo os que transgredirem as normas por ela editadas. E, para que estas sejam acatadas pelos governados, é preciso que estes se convençam de que obedecer à lei (e àqueles a quem incumbe fazê-la cumprir) é preferível ao caos em que viveriam se cada qual tivesse de se proteger sozinho da violência dos demais.

É portanto o *medo* que cimenta as sociedades e institui o poder[2]. Este só existe no interior de uma relação, que pode ser de várias naturezas: política (Estado-cidadãos), social (entre indivíduos que se reúnem para um objetivo comum), pedagógica (professor-aluno), terapêutica (médico-doente), interpessoal (casal, família, vizinhos). A única relação humana na qual não o encontramos é a amizade, que só existe entre iguais. Já a potestas pressupõe uma hierarquia – há os que a detêm, e os que obedecem – e uma potência de coerção – se não obedecerem, haverá sanções. E ela será tanto mais eficaz quanto menos precisar exercer sua capacidade de obrigar pela força: o poder ideal é aquele que não necessita ser exibido, pois os que a ele estão subordinados o respeitam tanto que é sem se dar conta que cumprem suas determinações.

Isto dito, cabem duas observações. A primeira é que poderosos podem servir-se do mandato para perseguir seus fins pessoais em vez de garantir os coletivos: um ditador pode prender injustamente um cidadão, ou um empresário roubar seus sócios. Para diminuir o risco de abuso, os pensadores da política insistem na necessidade de impor limites ao arbítrio dos governantes, por meio de leis e de outros controles (como

---

[2] Para uma análise da função do medo na constituição da sociedade política, cf. Gérard Lebrun, *O que é Poder*, São Paulo, Brasiliense, 1981 (coleção "Primeiros Passos").

eleições periódicas). Ou seja, os que delegaram o poder devem ter meios de o retirar de seus depositários, e de puni-los pelo mau uso que fizerem dele.

Deste modo, é mais uma vez o medo – agora das consequências do abuso – que mantém na linha os poderosos do momento. O medo, e seu próprio interesse: pois vaidade, desejo de ser aplaudido por uma boa administração ou de vencer na comparação com outros líderes, satisfação narcísica por ser capaz de não se aproveitar do cargo, também são motivações capazes de fazer pender a alma (e o comportamento) para o lado do bem.

A segunda observação é que a possibilidade de resistir ao abuso confere a quem não está investido de poder um fortíssimo instrumento de dissuasão. Assim, numa relação afetiva – que só por ingenuidade imaginaríamos não estar atravessada por um jogo de forças – a perspectiva de ser abandonado pelo parceiro, caso não lhe retribuamos seu amor de modo a que se sinta suficientemente querido, faz com que ambos se cuidem de ofender ou atiçar o companheiro além da conta. O cliente que confia num profissional (e assim lhe atribui poder, por exemplo para tratar dos seus assuntos ou de seus objetos) pode romper o contrato caso se sinta mal atendido. Em outras palavras, a contrapartida do poder é um equilíbrio de direitos e de deveres que, mesmo no interior de uma relação assimétrica, precisa ser satisfatório para a parte mais fraca.

Para concluir: nos tempos que correm, é prudente exercer com moderação o poder que nos é conferido, e isso em qualquer situação. A sutileza na manipulação é a regra – na publicidade, na moda, nas campanhas eleitorais (até para síndico de um prédio!) ou de saúde pública. Para obter adesão, precisa-se persuadir o "alvo" de que é do seu interesse comportar-se do modo "recomendado" (e não "prescrito", note-se a diferença).

Que isso envolva muitas vezes uma dose considerável de alienação por parte desse "alvo" é uma outra questão; mas, como disse certa vez Abraham Lincoln, não se pode enganar todo mundo o tempo todo. Melhor usar o poder de que dispomos – e todos, até uma criança, possuem algum sobre os seus próximos – de maneira a preservá-lo, e não a o ver retirado de nós. E isso só terá chances de acontecer se nos lembrarmos de que, assim como a glória, ele é coisa frágil – e passageira.

"Homens ocos, funesto desespero": a Psicanálise diante da violência

A coletânea organizada pelos colegas da Sociedade Brasileira de Psicanálise de São Paulo, *Leituras psicanalíticas da violência*[1], reúne dez ensaios sobre este fenômeno, que não data de hoje, mas vem assumindo proporções cada vez mais inquietantes. Aliando análises precisas e estilo no geral claro e direto, os vários artigos estabelecem como que um diálogo entre si: questões levantadas por um encontram eco nas formulações de outros, ampliando o espaço de reflexão e conduzindo o leitor, por sua vez, a pensar sobre o assunto. O fato de serem todos escritos por psicanalistas garante ao conjunto uma certa unidade; mas as ênfases variam segundo as sensibilidades e referências de cada autor.

Um dos elementos comuns é a percepção de que a violência exige uma abordagem interdisciplinar – o que é dito com todas as letras por Plínio Montagna – mas que, no interior desta interdisciplinaridade, é necessário e útil manter o foco na abordagem psicanalítica (algo particularmente enfatizado por Leopold Nozek). Cria-se assim uma perspectiva que poderíamos

---

Publicado originalmente pela *Revista Ide*, n° 41, em 2005.

[1] Magda Guimarães Khouri, Jassanan Amoroso D. Pastore, Inês Zulema Sucar, Raquel Plut Ajzemberg e Reinaldo Morano Filho (orgs.), *Leituras Psicanalíticas da Violência*, São Paulo, SBPSP/Casa do Psicólogo, 2004.

resumir da seguinte maneira: as características psíquicas do ser humano são relativamente constantes, mas, nas condições da sociedade atual, elas assumem formas específicas, e portanto os atos e comportamentos violentos ganham formas igualmente específicas (por exemplo o terror). Por outro lado, sendo uma constante na história da Humanidade, a violência apresenta aspectos invariantes, de modo que uma tragédia grega pode ser tão aguda na descrição e na análise do ódio quanto um texto de Freud, e um poema de T. S. Elliot sobre o vazio emocional dos "homens ocos", escrito na década de 1920, tão pungente quanto um filme dirigido há poucos anos por Peter Greenaway (textos de Leopold Nozek e Luis Carlos Junqueira Filho).

Aliás, cabe perguntar se a violência é hoje mais intensa ou frequente do que em outras épocas, ou se somos nós que, em virtude de algum progresso no processo civilizatório, nos tornamos mais sensíveis a ela e mais enfáticos na sua condenação. As análises contidas no livro parecem apontar para a segunda resposta: crueldades na guerra, ou a escravidão, que hoje nos revoltam e envergonham, eram aceitáveis há não muito tempo. Em contrapartida, passam a ser exemplos de violência comportamentos que outrora não eram incluídos em seu âmbito:

> "considerando as características do imaginário social contemporâneo, narcísico por excelência, no qual predomina o ideal de autonomia e o individualismo é a meta, a ideia de submeter o outro à nossa vontade parece ser uma violência inominável, tomando como pressuposto o conceito de sofrimento como padecimento e submissão ao outro"

afirma, por exemplo, Isabel Kahn Marin.

Da mesma forma, surge o conceito de violência contra si mesmo, como no caso do suicídio – que entre os romanos era enaltecido como prova de coragem, e que ainda hoje, na cultura japonesa, é tido como meio de recuperar a dignidade frente a uma situação de vergonha (*seppuku* ou *harakiri*); ou ainda a autoflagelação, que na Idade Média era prova de arrependimento pelo pecado e meio de demonstrar humildade perante Deus (cilício, chibatadas infligidas a si próprio, como nas procissões da Semana Santa), e cuja forma contemporânea é a autopunição por meio de sintomas dos mais variados tipos.

Facetas da violência

A violência, concordam os autores, se diz no plural: há violência *individual* (contra si mesmo ou contra outros) e *coletiva* (guerras, massacres, regimes totalitários, escravização de povos vencidos ou mais fracos); há violência *física* (espancamentos, torturas, crimes brutais), *psíquica* (território por excelência da clínica psicanalítica), *cultural* (repressão exercida pelos dominantes sobre os dominados, como a proibição de usar seu idioma ou praticar sua religião); violência *aberta* ou *implícita*; violência *ocasional* ou *permanente*, neste caso vigorando um "estado de violência", que não deixa de ter consequências sobre os atores sociais enredados em tal condição:

> "numa sociedade em que a violência está banalizada, ou não é identificada como sintoma de patologia social, corre-se o risco de a transformar num valor social válido, a ser incorporado. Isso pode gerar condições para que a violência física e moral se transforme num elemento de afirmação do jovem."

lembra José Otávio Fagundes, citando um texto de David Levisky.

Contudo, existe algo comum a todos os aspectos do fenômeno: no *Prefácio*, Deodato Azambuja identifica a invasão e a ruptura da esfera íntima (corporal ou mental) como constantes nos atos violentos, e outros autores, como José Otávio Fagundes, Plínio Montagna, Luís Tenório de Oliveira Lima e Isabel Kahn Marin, acentuam o uso da força e da agressividade com o fito de machucar, causar dano ou destruir a si mesmo ou os outros, nas várias formas em que isto é possível. Todos concordam com a ideia básica formulada por Freud: a violência resulta da constituição pulsional do ser humano, da qual faz parte a pulsão de morte; partes desta, ao não se fundir com as pulsões de vida, dão origem à agressividade, que pode por sua vez ser empregada contra si mesmo ou contra outros.

A esta visão do fundador da Psicanálise – recuperada e ampliada por Jean Bergeret, em seu conceito de *violência fundamental* (citado por vários dos contribuidores) – soma-se a perspectiva da teoria das relações de objeto, baseada em Melanie Klein e desenvolvida sobretudo por autores ingleses: a violência frequentemente é resposta a feridas narcísicas, a situações vividas como abandono ou desamparo, e a angústias psicóticas não elaboradas. Estas, na falta de meios adequados para as conter e processar, originam atuações nas quais o impulso encontra expressão imediata na ação, sem passar – ou passando apenas de raspão – pelo momento crucial da simbolização. Ignacio Gerber lembra a violência "fria" ou psicopática, tema tratado igualmente por Plínio Montagna, Raquel Elizabeth Pires e Leopold Nozek, entre outros.

Mas a impulsividade não se caracteriza necessariamente como violenta; se há comportamentos irracionais e cegos que

"Homens ocos, funesto desespero": a Psicanálise diante da violência

causam dano a outrem, para que o alvo deste comportamento o perceba como violento parece necessário que exista a *intenção* – consciente ou inconsciente – de ferir ou aniquilar. Em resumo, sugere Plínio Montagna ao citar o caso de uma criança sádica atendida por Anne Alvarez, é necessário estudar cada caso, sem se deixar levar *a priori* por teorias gerais. Já Luís Tenório de Oliveira Lima lembra que, em certos casos, a violência surge "no oco gerado pela dessexualização", como ocorre quando uma identificação engendra a submissão masoquista do ego a um objeto despótico alçado à condição de seu ideal.

Um dos méritos deste livro é resgatar, para além da clássica carta de Freud a Einstein sobre "O porquê da guerra", trabalhos de analistas que se preocuparam com distintas facetas do problema. Assim, no artigo de Plínio Montagna somos apresentados ao conceito de *"group mind"* formulado por Edward Glover. Este autor vai além do que Freud sugere em *Psicologia das massas e análise do ego*, ao caracterizar o que para ele era apenas regressão a estágios infantis sob a influência do grupo como emergência de aspectos psicóticos, tanto nos indivíduos que o compõem quanto na própria mentalidade de grupo: tema que será, por sua vez, retomado por Herbert Rosenfeld, Donald Meltzer e Wilfred Bion.

Da mesma forma, o simpático e um hoje tanto esquecido Richard Money-Kyrle, ou o psicanalista italiano Franco Fornari, têm suas ideias examinadas, e – talvez para surpresa do leitor menos familiarizado com a rica história da nossa disciplina – revelam-se muito instigantes em suas formulações. Fornari, para dar um exemplo, interpreta o avanço das tecnologias bélicas como satisfazendo fantasias cada vez mais arcaicas: as armas brancas (punhal, lança, espada, flecha) ainda se situam sob a égide do fálico; as armas de fogo evocam fantasias de cunho anal; já as bombas atômicas (e outros meios de destruição em massa, como as armas químicas empregadas pelos alemães na Primeira Guerra Mundial e pelos americanos no Vietnã) dão expressão a imagens psicóticas de fragmentação e aniquilamento. A pitoresca leitura de Fornari deixa um travo amargo na boca do leitor: se se torna possível a efetuação de fantasias cada vez mais arcaicas, será mesmo verdade que ao longo dos séculos o processo civilizatório avançou?

Desagregação dos referenciais culturais

O fato é que as duas coisas são verdadeiras: há avanço *e* regressão. As excelentes análises da sociedade contemporânea que encontramos, entre outros, nos artigos de José Otávio Fagundes, Isabel Kahn Marin, Leopold Nozek e Raquel Elizabeth Pires concordam num ponto preciso: nos âmbitos econômico, social e ideológico, as condições atuais favorecem a eclosão de angústias mais e mais intensas, ao mesmo tempo em que dificultam a elaboração das mesmas ao destruir sistematicamente os meios simbólicos que gerações anteriores haviam construído para as conter e processar.

Pois o medo, como mostra Jean Delumeau em seu livro *La peur en Occident*[2], assombrou por séculos a mente europeia, na exata proporção em que as pessoas se viam indefesas diante de calamidades naturais e sociais (fome, doenças, peste, guerra), e se consideravam essencialmente pecadoras: a danação eterna, a morte sem absolvição, o espectro da fúria da Natureza (secas, avalanches, tempestades) ou dos outros homens (dos salteadores de estrada aos invasores hunos, vândalos, mongóis ou turcos) foram durante muito tempo fontes de terror para os habitantes da Europa. Com o progresso material e os avanços da

---

[2] Paris, Arthème Fayard, Collection "Pluriel", 1978.

ciência a partir do século XVII – a Modernidade – estes medos diminuem, também porque se torna possível um grau maior de controle sobre aquilo que os provocava: o século XIX é o século do otimismo, da crença na vitória da Razão e no poder dos homens para prever – e portanto, em certa medida, evitar – aquilo que em eras mais obscuras era motivo de ansiedade ou de pavor.

Ora, a sociedade atual comporta uma série de traços que minam tanto os referenciais estáveis da coletividade quanto a capacidade dos indivíduos de prever razoavelmente seu futuro, engendrando inseguranças que podem dar origem à violência. Entre as passagens que descrevem esta situação, seleciono uma de Leopold Nozek:

> "Há uma ruptura mais acentuada e rápida entre as formas do viver social e as representações que este viver há de requerer. Não se conta mais com as formas tradicionais de cerimônias, rituais de passagem, costumes socais, formas de relação [...]. Voltamos à reflexão de Émile Durkheim sobre a anomia [...]. Os indivíduos passam a mover-se num mundo carente de referências, sem o aconchego dado por um repertório de representações comuns aos que convivem [...]. Geram-se, assim, graus de violência crônica."

Os artigos de Isabel Kahn Marin e de Raquel Elizabeth Pires focalizam mais de perto o problema da *evitação da dor mental*, mostrando como o efeito das condições descritas por Nozek é agravado pela ideologia do "não se deve sofrer". Se na perspectiva religiosa tradicional o sofrimento tem sentido – punição ou elevação espiritual: tanto faz, ambas dão *significado* à provação –, na era atual acreditamos no "direito a não sofrer" e no seu corolário, a "obrigação de evitar sofrimento a outrem". É evidente que estas ideias têm um valor ético, ligado à noção de direitos humanos, e que este valor não está em questão: é uma conquista da civilização, caucionada por centenas de milhões de pessoas assassinadas em guerras, torturadas em prisões, escravizadas, violadas e massacradas ao longo dos séculos em que a insensibilidade à violência era a regra.

Ocorre que o "direito a não sofrer" passa a valer para todo e qualquer sofrimento, inclusive os ligados ao mero fato de existir: a perda ou a frustração se tornam intoleráveis, a não realização imediata do desejo insuportável, inconcebível o caminho por dentro de si mesmo necessário para atravessar e superar uma dor. Escreve Raquel Elisabeth Pires:

> "[...] as dores inerentes ao próprio viver são experimentadas como invasões provenientes do mundo exterior, e, por isso, precisam ser eliminadas o mais rapidamente possível e a qualquer preço, por meio de fórmulas prontas que prescindam da atividade psíquica."

O resultado é o pânico diante do negativo, e a credulidade frente a tudo o que prometa alívio *cito, tuto et jucunde*, como dizia Freud (rápido, completo e com alegria).

Na educação dos jovens, como mostra Isabel Kahn Marin, tal atitude produz efeitos catastróficos: o medo de pais e professores de "causar sofrimento" às crianças conduz a uma permissividade sem limites; pensando estimular a "autenticidade" e a "expressão de si", o que fazem estes adultos é na verdade gerar nos jovens uma angústia por vezes intolerável. Criam-se assim personalidades incapazes de aceitar limites, e que, portanto – paradoxalmente –, os exigirão do entorno, através de comportamentos que parecem implorar admoestação ou castigo: na verdade, estes jovens querem provas de que alguém se importa com eles, que está disposto a conter sua angústia e a ajudá-los a superá-la, mesmo que usando de alguma firmeza e de alguma autoridade.

O vértice psicanalítico

Ao se debruçar sobre as modalidades da violência, a Psicanálise ressalta assim as dimensões inconscientes, mas sem deixar de lado os fatores ambientais que influem sobre a disposição mental. Sua esfera própria é, obviamente, a do "acontecer psíquico"; contudo, vem se tornando constante a sensibilidade para o que, no *socius*, favorece ou inibe as tendências agressivas que todos compartilhamos. Esta sensibilidade torna possível incorporar à reflexão psicanalítica sobre o tema ideias de filósofos como Theodor Adorno ou Max Horkheimer, de sociólogos como Émile Durkheim, de antropólogos como James Frazer e Bronislaw Malinowski, de psicólogos acadêmicos cujas investigações demonstram o grau de crueldade do qual são capazes pessoas "normais" (por exemplo, o célebre experimento de Stanley Milgram com os choques elétricos). A mesma sensibilidade permite utilizar produções da ficção literária (*Medeia, O coração das trevas*), da poesia (Carlos Drummond de Andrade, T. S. Elliot) ou do cinema (*O cozinheiro, o ladrão, sua mulher e seu amante, Apocalipse now*), não só para ilustrar as teses psicanalíticas, mas ainda para extrair, do que nos dizem criadores e artistas, elementos para fazer avançar a própria pesquisa psicanalítica.

Intervenções

Diante da violência, então, o que podem sugerir os psicanalistas? Por si mesma, nossa disciplina não tem poder para eliminar nem as fontes dela nem seus efeitos mais deletérios, que ocorrem em planos muito distintos da nossa esfera de ação. Mas podemos ajudar, e muito, na *compreensão* dos fatores que engendram violência: tanto na esfera social, ao analisar os mecanismos e processos que aumentam a insegurança, despertam angústias inomináveis e favorecem a impunidade para comportamentos violentos, quanto na esfera das relações pessoais, ao apontar modos de interagir que estimulam reações violentas ou simplesmente veiculam, sem a necessária contenção, os impulsos e fantasias derivadas da nossa agressividade natural. O próprio comportamento violento pode ser uma forma – equivocada, mas por vezes a única de que dispõe o sujeito – de tentar escapar à pressão excessiva da sociedade:

> "[...] é preciso resgatar a ideia de que o indivíduo, anunciado como livre e autônomo pela modernidade, é cindido, imprevisível, evanescente, em crise e em busca; e é muitas vezes pelo sintoma que ele pode denunciar essa tentativa de escapar às forças opressoras das quais não consegue falar e com as quais não consegue ainda brigar",

assinala com razão Isabel Kahn Marin.

Neste sentido, os trabalhos de Otto Kernberg citados por vários dos autores trazem uma importante contribuição, ao diferenciar metapsicologicamente *agressividade* de *irritação*, *raiva* e *ódio* – este, segundo Kernberg, um estado afetivo mais complexo

"Homens ocos, funesto desespero": a Psicanálise diante da violência

e estável, com componentes caracteriais e conteúdos cognitivos mais elaborados[3].

Se a violência provém da pulsão ou da angústia, ou seja, de fatores que impelem a uma descarga direta daquilo que atormenta o sujeito, o caminho psicanalítico para minorá-la só pode ser um: o da elaboração de *mediações* entre o impulso e o ato. Estas mediações podem assumir a forma de defesas mais sofisticadas do que as vigentes na posição esquizoparanoide – pois a cisão, a projeção, a identificação projetiva ou as defesas maníacas convivem bem com a atuação, e mesmo, em certa medida, a favorecem. Mas o grande recurso da Psicanálise, que trabalha com a linguagem, é a construção de mediações simbólicas, ou *representações*, capazes de acolher e dar sentido às fantasias destrutivas e às pulsões agressivas que nos habitam.

Ao mesmo tempo, ela promove tolerância à própria dor mental e tolerância à inevitável não coincidência entre o que esperamos dos outros e o que eles podem nos oferecer. Tornar-se carteiro, em vez de soldado ou ditador – como no poema de Drummond lindamente glosado por Célia Bruschinelli –; criar espaços para o sonho, como (a partir de Bion) propõem outros autores; ou construir representações aptas a dizer e a conter o que de outro modo se expressaria como violência, como sugere Leopold Nozek: é por esta via que a Psicanálise pode contribuir, em sua esfera própria, para lidar com a violência que espreita dentro de todos nós.

---

[3] Cf. Otto Kernberg, *Agressão nos transtornos de personalidade e perversões*, Porto Alegre, Artes Médicas, 1995. Note-se que esta concepção do ódio discrepa um tanto da que propõe Freud, para quem ele é um fator primário na constituição psíquica. Tal discrepância se deve, a meu ver, à posição diferente do objeto na metapsicologia dos dois autores, e também à influência da visão kleiniana sobre a concepção de Kernberg. Mas esta é uma discussão complexa, que não cabe nos limites da presente resenha.

É o que vemos no texto de Paulo César Sandler, escrito em forma de um depoimento por livre-associação, no qual reminiscências do avô e do pai se mesclam a diálogos imaginários com Bion e a impressões de uma viagem de carro pela Europa: ali, como que em ato, as vivências desconcertantes são passadas pelo crivo de representações que, ao atuar como referenciais, dão *sentido* tanto ao que acontece quanto às reações daquele a quem aquilo acontece. Percepções e sentimentos se convertem assim na trama da *experiência* – e Sandler demonstra como tem razão o filósofo Theodor Adorno, que (citado por Plínio Montagna) assinala precisamente de que modo as condições sociais da nossa época fazem desaparecer a experiência como algo coerente e dotado de continuidade, substituindo-a por meras ações que se esgotam em si mesmas.

O conhecimento das condições que engendram a alienação é uma etapa necessária para que ela possa ser superada; mas a Psicanálise pode ir além disso, no seu âmbito próprio, o da experiência emocional. Sua novidade em relação a métodos anteriores para lidar com o sofrimento psíquico – e, portanto, com as condições que podem engendrar violência – fica patente se a compararmos ao que existia entre os gregos antigos. Escutemos Medeia, na peça homônima de Eurípides:

> "Nunca, porém, se descobriram meios de amenizar, com cantos e com música, o funesto desespero, e dele provêm a morte e os infortúnios terríveis que fazem ruir os lares."[4]

A Psicanálise não é (ainda?) realizada com cantos e com música. Mas ela cumpre, com aqueles a quem pode alcançar,

---
[4] Citado por Leopold Nozek, *Leituras...*, p. 125.

uma função semelhante: convida quem padece com o "funesto desespero" a criar, em companhia do analista, seu próprio canto – mediação, justamente, simbolização, expressão e sublimação do que de outro modo poderia se transformar em violência. E, no plano do discurso, do debate entre cidadãos a respeito de um flagelo que já não queremos considerar como inevitável, ela oferece – como observa José Otávio Fagundes – ideias e hipóteses sobre o que pode gerar violência, contribuindo assim para eventuais medidas de prevenção.

O que, convenhamos, não é pouco. Abrindo espaço para pensar, levando em conta que o psíquico é também feito com a matéria do social, o livro aqui comentado demonstra que os psicanalistas não querem ser, e não precisam ser, espectadores passivos do que os rodeia, "vozes dissecadas, quietas e inexpressas como o vento na relva seca", nos belos versos de T. S. Elliot citados por Leopold Nozek. A esperança de Freud ainda nos anima: "A voz da razão é suave, mas termina por se fazer ouvir."[5]

---

[5] Frase final de *O futuro de uma ilusão* (1930), SA IX, BN III.

O nazismo e a erotização da morte

No dia 30 de abril de 2005, completaram-se sessenta anos do suicídio de Hitler no *bunker* da Chancelaria. *A queda*, filme de Olivier Hirschbiegel atualmente em cartaz, retrata os últimos dias do *Führer*, e a coincidência de sua exibição com o sexagésimo aniversário do término da guerra nos incita a retomar uma questão ainda em aberto: como foi possível àquele homenzinho insignificante apoderar-se dos corações e mentes de uma nação inteira? E o que se pode aprender sobre o ser humano a partir do que aconteceu naquela época?

O espectador não pode deixar de se admirar com a influência que Hitler demonstra sobre seus subordinados. Vemos ali generais experientes, que lideraram a mais poderosa máquina de guerra jamais montada até então, e que como militares eram de competência ímpar; é espantoso vê-los tremendo diante de um louco varrido, que debruçado sobre um mapa divaga aos berros a respeito dos exércitos que deveriam vir em socorro da capital sitiada, e que só existem em sua imaginação.

Um deles pede licença para retirar sua família da ratoeira em que se havia convertido Berlim; diante da recusa de Hitler,

---

Publicado originalmente pelo jornal *Folha de São Paulo*, no Caderno "Mais!", em 29 de maio de 2005.

ele se senta à mesa do almoço, tira o pino de uma granada e se explode junto com sua mulher e filhos. A mulher de Goebbels executa a sangue frio os filhos do casal, depois, senta-se para jogar paciência e aguardar sua própria morte, pois a esta altura já está claro que o sonho (para o resto da Europa, o pesadelo) nazista acabará em questão de dias.

Muito já se escreveu sobre por que o povo alemão aceitou com tanto entusiasmo uma doutrina tão aberrante. Desde *A psicologia de massas do fascismo*, que Wilhelm Reich redigiu no início dos anos trinta, a pergunta recebeu as mais variadas respostas. A meu ver, é necessário distinguir entre as massas que seguiram o líder político, como teriam seguido outro qualquer, e os membros do próprio partido, em especial os das SA e das SS, encarregados de executar as *Hitlersbefehle* (ordens de Hitler), que no sistema jurídico do Terceiro Reich eram a lei suprema.

Quanto às massas, fatores de várias ordens se conjugaram para garantir o sucesso do nazismo: as medidas econômicas, que proporcionaram durante alguns anos estabilidade e pleno emprego; o discurso racial, que elevou a autoestima de milhões de Zé Ninguéns e os convenceu de que eram superiores ao resto da humanidade; e uma ferramenta fundamental no sistema hitlerista, estudada entre outros por Victor Klemperer em sua obra *A língua do Terceiro Império*, que aqui no Brasil foi objeto da bela dissertação de mestrado de Miriam Oelsner[1]: a propaganda intensa e extraordinariamente inteligente, martelada a cada instante pela imprensa e pelo rádio.

---

[1] *A linguagem como instrumento de dominação: Victor Klemperer e sua Lingua Tertii Imperii*, São Paulo, Departamento de Letras Germânicas, FFLCH/USP, 2002. A autora também traduziu e prefaciou da obra que comenta: *LTI - A Linguagem do Terceiro Reich*. Contraponto. Rio de Janeiro. 2009.

O nazismo e a erotização da morte

A isso devemos acrescentar a tendência natural de qualquer povo a aceitar como legítima a autoridade do Estado, ainda que este seja controlado por uma organização criminosa. Não se pode subestimar este fator: a imensa maioria das pessoas, em qualquer tempo e lugar, deseja viver em segurança, e faz parte desta segurança que exista um governo, que suas decisões sejam cumpridas, que – exceto em circunstâncias muito raras – a obediência civil seja a regra, e não a exceção. Nós, brasileiros, acatamos na década de oitenta vários planos econômicos mirabolantes, e vivemos durante vinte anos sob uma ditadura. A História está cheia de exemplos similares, e um dia será preciso investigar mais a fundo os mecanismos psíquicos que nos fazem aceitar o que La Boétie chamou, no século XVI, de "servidão voluntária". Ainda mais quando, como na Alemanha daquela época, a oposição é eliminada pelo terror e a população controlada por uma polícia secreta de diabólica eficiência.

Um dos motivos do sucesso de Hitler foi ter compreendido que massas desesperadas, como as que vagueavam pela Alemanha após a derrota na guerra de 1914, seriam presa fácil de alguém que soubesse mobilizar seus temores mais profundos, e ao mesmo tempo oferecer garantias de que eles não se realizariam, porque o Pai não permitiria. A retórica do ditador, secundada pelas demonstrações de que segui-lo significava se beneficiar de ordem e de segurança (desfiles a passo de ganso, coreografia milimetricamente estudada para produzir o maior efeito, bandeiras desfraldadas nas manifestações, como vemos no documentário *O triunfo da vontade*, de Leni Riefenstahl), cumpria exatamente essa função.

O caso é diferente quando se trata dos nazistas profissionais. Aqui temos uma convergência entre personalidades profundamente desequilibradas – em geral psicopatas e sádicos – e um sistema político que autoriza o exercício da violência contra o inimigo sem qualquer restrição: licença para saquear, violentar, torturar e assassinar em nome do *Führer*. No filme, isso fica claro na perseguição a civis que se recusam a combater os russos, na execução de integrantes das próprias SA por "traição", e sobretudo nas cenas em que Hitler afirma que, tendo perdido a guerra, o povo alemão merece ser castigado, e mesmo exterminado.

Pois a mola secreta do delírio nazista – nisso diferente de outros fascismos, e de outros sistemas autoritários – reside, a meu ver, na *erotização da morte*. Os SA prestavam um juramento de fidelidade pessoal a Hitler, e vemos no filme como este compromisso se torna a pilastra central do seu sistema de identificações. A submissão total à autoridade do Condutor (é isso que significa a palavra *"Führer"*), erigido em substituto de um pai onipotente, era compensada pelo sentimento de segurança daí derivado. A derrocada do Reich deixa perplexos estes homens; vemos passo a passo a desorganização emocional tomar conta deles, a ponto de preferirem se suicidar a viver num mundo sem Hitler. O medo de serem capturados pelos russos tem aqui um papel secundário; a mulher de Goebbels, em sua fidelidade canina ao ditador já vencido, incarna à perfeição este estado psíquico, em que a idealização do líder e a obediência cega aos desejos dele se tornam o principal fator a manter a coesão da personalidade.

A morte – dos outros e de si mesmo – é assim o centro em torno do qual gravita a ideologia nazista: o discurso sobre o sangue e a raça, que pareceria apelar às forças da vida, na verdade oculta um fascínio por ela, o qual, graças à organização impecável do aparelho de matar, produziu em poucos anos setenta milhões de cadáveres. Nunca é demais lembrar que o gás Zyklon B, usado nos campos de extermínio da Polônia, foi testado primeiramente na população de doentes mentais do Reich: cinquenta mil pessoas foram assim assassinadas dias

O nazismo e a erotização da morte

antes do início das hostilidades. E quando as derrotas militares tornaram impossível continuar a matança de judeus, ciganos, doentes, comunistas, prisioneiros de guerra, homossexuais, civis que resistiam nos territórios ocupados, partisanos capturados – qualquer ser humano que em seu delírio de perseguição eles julgassem capaz de os ameaçar –, os nazistas se voltaram contra seu próprio povo, aquele mesmo a cujo serviço diziam estar. Nem a cadela de Hitler escapa à sanha assassina de seu dono. E esta convive com uma afabilidade extrema no trato com a secretária, assim como, em *A escolha de Sofia*, vemos o comandante de Auschwitz sair do campo e vir tomar seu chá numa bucólica residência, onde o aguardam crianças sorridentes.

Hirschbiegel foi criticado por mostrar uma face humana no ditador; mas esta crítica não se justifica. Mesmo um psicopata assassino pode em certas ocasiões demonstrar ternura, ou simples decência; isso só comprova o que Hannah Arendt chamou, em seu livro sobre o processo Eichmann, de "a banalidade do mal."[2] Pois, ao lado de criminosos enfurecidos, entre os nazistas também se contavam pacatos burocratas, para quem "ordens eram ordens", não importando o seu conteúdo[3]. Havia

---

[2] Hannah Arendt, *Eichmann em Jerusalém: um relato sobre a banalidade do mal*, São Paulo, Companhia das Letras, 2001. Nota de 2009: Sete semanas após a invasão da Normandia pelos Aliados, alguns altos oficiais que não concordavam com o genocídio praticado pelas SS contra populações inteiras – em especial (mas não apenas) contra os judeus – tentaram matar Hitler. O general Erwin Rommel, um dos participantes do complô, teria dito: "Fiz a guerra com decência, mas estes canalhas mancharam meu uniforme". Mas o motivo principal para o atentado não era a compaixão: os militares percebiam que a Alemanha iria perder a guerra, e que quanto antes se negociasse uma rendição menos duras seriam as condições impostas pelos vencedores. O filme de Bryan Singer, *Operação Valquíria*, conta essa história – mas o fato de serem tão poucos os que decidiram pôr um fim ao delírio nazista apenas confirma o que disse acima.

[3] Nota de 2011: O filme *Solução Final*, de Robert Young (2007), mostra – a partir de documentos oficiais israelenses, que registram todo o

igualmente carreiristas e oportunistas, gente que teria se aproveitado das circunstâncias qualquer que fosse o regime.

O que os unia a todos, penso, era o fascínio pela morte, que pode assumir feições variadas; a guerra proporcionou a estes homens inúmeras oportunidades de verem realizadas suas fantasias inconscientes, ainda que à custa da destruição de um continente. Todos os filmes sobre o nazismo mostram a tranquilidade com que um membro das SA saca sua pistola e a descarrega a sangue-frio em alguém indefeso: em *O pianista*, por exemplo, isso ocorre várias vezes no gueto de Varsóvia. Em *A queda*, vemos mais uma vez a mesma cena: a aparente calma com que o nazista atira oculta e revela simultaneamente um intenso prazer, sobre cuja natureza sádica não é preciso insistir. Ao general que lhe pede para poupar o povo alemão de um massacre inútil, Hitler responde que, tendo perdido a guerra e a confiança dele, Hitler, os alemães já não merecem viver. A ideia de que a vida é um *privilégio*, que alguns merecem e outros não, resume em uma frase a ideologia hitlerista.

Se insisto nas referências visuais, é porque julgo importante que as novas gerações tenham presente o que foi o horror nazista, e nada melhor que o impacto da imagem para produzir um efeito educativo. Este horror foi enterrado nos escombros da Chancelaria, mas, nas últimas eleições para o Parlamento da Saxônia, os neonazistas obtiveram cerca de 10% das cadeiras. Que isso nos sirva de alerta: o impulso que se exteriorizou no hitlerismo, infelizmente para nós humanos, é parte integrante de nossa psique. É preciso escutar a advertência de Wilhelm Reich: o fascista espreita dentro de nós, pronto a odiar e massacrar "aquilo que não é espelho" de si mesmo. Ele deve ser combatido

---

interrogatório de Eichmann – o funcionamento de uma mente organizada dessa maneira.

O nazismo e a erotização da morte

com o conhecimento das forças sombrias que nos habitam, conhecimento que nos permite ver que o outro não é sempre um adversário a ser neutralizado e eventualmente assassinado.

O nazismo não podia suportar a diferença (em seu discurso, confundida com a mestiçagem racial); a erotização da morte serviu como veículo dos impulsos agressivos e como escudo para se defender das ameaças vislumbradas em toda e qualquer alteridade – política, ideológica, étnica, qualquer uma. Mas o fracasso desta defesa fica patente na cena em que os cadáveres de Hitler e de Eva Braun são incinerados: na morte, para além do bem e do mal, somos todos iguais.

Perigos da obediência

Teria o mês de setembro alguma afinidade secreta com a violência? Frente ao número de matanças que ocorreram ou começaram nele, poderíamos brincar com a ideia: em 2001, os atentados de Nova York; em 1939, o início a Segunda Guerra Mundial; em 1970, o massacre dos palestinos na Jordânia pelas tropas do rei Hussein (o "Setembro Negro"); em 1792, grassa o Terror em Paris, que deu origem aos termos *septembriser* e *septembrisade*, significando "massacre de opositores" – e haveria outras a lembrar.

Neste setembro de 2009, um filme – *A Onda* – e um livro – *LTI: A linguagem do Terceiro Reich* – nos convidam a refletir sobre a facilidade e a rapidez com que a violência se alastra, fazendo com que pessoas comuns se convertam em sádicos ferozes.

O primeiro transpõe para a Alemanha atual um fato que teve lugar em 1967, na cidade de Palo Alto. Querendo mostrar a seus alunos como o fascismo se apoderara das massas nos anos trinta, o professor William Ron Jones põe em prática um "experimento pedagógico": durante uma semana, organiza com eles o núcleo de um movimento ao qual dão o nome de "Terceira Onda". Sem lhes contar que ele só existe na escola, vai treinando-os com

---

Publicado originalmente pelo jornal *Folha de S. Paulo*, no "Caderno Mais!", em 10 de outubro de 2009.

as técnicas consagradas pelo totalitarismo: exercícios de ordem unida, uniformes, adoção de um símbolo e de uma saudação etc.

Os efeitos dessas coisas aparentemente inocentes não tardam a surgir: como num passe de mágica, o grupo adquire extraordinária coesão, que dá a cada integrante a sensação de ser parte de algo "grande", ou pelo menos maior que sua própria insignificância. Aparecem também aspectos menos simpáticos: intolerância contra os que se recusam a participar, desprezo, ódio, e logo agressões contra supostos opositores (os alunos de outra classe, que estão estudando o anarquismo, passam a ser vistos como anarquistas, e portanto inimigos). Escolhido como chefe pela garotada, o professor se identifica com o papel; rapidamente, o experimento foge ao controle – dele e dos próprios integrantes – e termina em tragédia: na vida real, um rapaz perde a mão tentando fabricar uma bomba caseira, o que custou a Jones sua licença para lecionar – e no filme... bem, não vou lhes contar o desfecho.

Em *Psicologia das Massas e Análise do Ego,* Freud desvendou os mecanismos psicológicos que nas "massas artificiais" criam a disciplina e o devotamento ao líder: instituindo-o no lugar do superego, os indivíduos que delas participam passam a obedecê-lo mais ou menos cegamente, e, imaginando-se igualmente amados por ele, identificam-se uns com os outros, pois de certo modo são todos filhos do grande Pai. Neste processo, abdicam da capacidade de pensar por si mesmos; compartilhando a crença na doutrina proposta pelo chefe, que geralmente divide o mundo em bons (os adeptos da "causa") e maus (todos os demais), transformam-na em instrumento de uma dominação capaz de os arrastar a atos que, se não fizessem parte do grupo, jamais teriam coragem de praticar.

Perigos da obediência

Muito bem dirigido e interpretado, o filme *A Onda* mostra como a euforia de ser membro de algo supostamente tão "poderoso", e o desejo de agradar ao líder, vão dando margem a ações cada vez mais próximas da delinquência. Tudo se justifica em nome da "causa", que no caso é nenhuma: a organização não tem conteúdo, a não ser ela mesma, e uma vaga solidariedade entre seus membros, que se incentivam e protegem mutuamente.

À medida que transcorre a semana, no íntimo dos adolescentes dão-se modificações de vulto. Por um lado, transferem seu entusiasmo juvenil para o movimento, que desperta neles qualidades até então adormecidas: mostram-se criativos, capazes de levar a cabo projetos que exigem organização e trabalho conjunto (por exemplo, a montagem de uma peça de teatro). Por outro, a vibração dessa intensa energia como que dissolve os freios sociais e morais, e libera forças destrutivas das quais não tinham consciência: ameaçam colegas, intimidam crianças, um rapaz esbofeteia a namorada que se recusa a participar do grupo, outro adquire um revólver, um terceiro tenta afogar um adversário no polo aquático...

Nas primeiras décadas do século XX, e em escala muitíssimo maior, os mesmos fenômenos ocorreram em várias sociedades europeias. Os mais graves tiveram lugar na Alemanha, cujo *Führer* arrastou o mundo a uma guerra que deixou dezenas de milhões de mortos e refugiados. Muito se escreveu sobre por que os alemães aceitaram seguir um demagogo enlouquecido, e por doze anos aplaudiram suas iniciativas e seus discursos delirantes, que Victor Klemperer – o autor da *LTI* – compara aos "desvarios de um criado bêbado". Entre os motivos que os levaram a isso, o analisado por ele se destaca como dos mais importantes: a manipulação da linguagem.

Intervenções

A *LTI* – sigla de *Lingua Tertii Imperii*, ou do Terceiro Reich – é uma das mais originais contribuições à compreensão do fenômeno totalitário. Examinando cartazes, livros, jornais, revistas, conversas ouvidas e discursos de dignitários do regime, Klemperer (primo do regente Otto) mostra como uma ideologia absurda e cruel se entranhou "na carne e no sangue das massas". Impostas pela repetição e pelo controle absoluto dos meios de comunicação, as frases e expressões nazistas foram "aceitas mecânica e inconscientemente" pelo povo alemão, passando a moldar sua autoimagem e a justificar a barbárie, pelo método simples e eficaz de a fazer parecer natural.

Não é possível, neste espaço, mais do que uma breve referência aos recursos de que se valeram Goebbels e sua corja para obter tão fantástico resultado. Numa prosa límpida, que a tradutora Miriam Oelsner restitui com fluidez e precisão, o autor vai desmontando os ardis que inventaram. Seu livro (recentemente resenhado nesta *Folha* por Hélio Schwartsman) revela como a criação de novas palavras, o uso desmesurado de abreviações e de superlativos, a mescla de tecnicismo "moderno" e apelo ao "orgânico", o emprego de estrangeirismos bem-soantes mas intimidadores, a ênfase declamatória, o exagero, a mentira, a calúnia – e ao mesmo tempo a pobreza monótona de um discurso calculado para abolir toda nuance e toda reflexão –, como tudo isso se combina para produzir *alienação*: até as vítimas do regime empregam, sem se dar conta, termos e expressões da "língua dos vencedores"!

Um exemplo basta para nos darmos conta da eficácia sinistra daqueles métodos: o símbolo das SS. De início, essas letras eram apenas as iniciais de *Schutz Staffel*, grupos de proteção (a Hitler). A estilização em forma de dois raios dentados, imitando o aviso de alta tensão nas caixas de eletricidade, evoca as ideias de energia fulminante e de rapidez, e sua duplicação sugere o efeito redobrado que lhes empresta a união. Transformado em palavra nova, o som *"ess-ess"* faz esquecer sua origem; soma-se a outras que acentuam o "estar sempre em movimento" que o hitlerismo esperava do bom alemão, seja para desmascarar os inimigos da raça pura, seja para realizar as metas do Reich de Mil Anos – como *Blitz* (relâmpago), presente em *Blitzkrieg*, e outras discutidas no livro.

No filme, temos vários exemplos do poder ao mesmo tempo mobilizador e mistificador da linguagem. Um deles é a explicação dada pelo professor para o exercício de marchar no lugar: "melhorar a circulação". O bater dos pés em uníssono cria um efeito de homogeneidade: a energia posta na pisada se espraia por entre os alunos, fazendo-os sentir-se parte de um só corpo, e capazes de grandes feitos. O ritmo se acelera, uma expressão beatífica aparece no rosto de alguns, os olhos brilham – alguma coisa está de fato circulando, uma exaltação crescente – e, sem se darem conta, rendem-se à manipulação de que estão sendo objeto (em *O triunfo da vontade*, Leni Riefenstahl utiliza a aceleração das respostas dos recrutas à pergunta "de onde você vem?" para sugerir que o movimento hitlerista está se expandindo irresistivelmente).

O que ambos – filme e livro – revelam sobre a capacidade do ser humano para obedecer sem questionar é confirmado por diversos experimentos científicos. Para concluir essas observações, mencionemos o mais famoso deles. Em 1961, por ocasião do processo Eichmann, Hannah Arendt falava da "banalidade do mal": o carrasco nazista não era um monstro, mas um homenzinho insosso como tantos que existem em toda parte. O psicólogo Stanley Milgram decidiu por à prova a ideia de que, sob certas condições, qualquer pessoa pode agir como Eichmann: na Universidade de Yale, convocou voluntários para o que ficou conhecido como *Milgram's Experiment* (*google it*, caro leitor, e veja por si mesmo os detalhes do teste).

Em resumo, pedia aos "instrutores" que acionassem um aparelho de dar choques a cada vez que os "sujeitos" errassem na repetição de certas palavras. A voltagem iria num crescendo, atingindo rapidamente patamares que, era-lhes dito, poderiam causar danos irreversíveis ao cérebro. A máquina, é claro, estava desligada; do outro lado da parede, o ator que representava a pessoa sendo testada permanecia incólume, apenas gritando como se estivesse de fato sendo eletrocutado. O objetivo do experimento não era avaliar a memória dele, mas até onde seriam capazes de ir os "instrutores".

Para surpresa de Milgram, *dois terços deles* superaram o limiar além do qual o choque levaria a prejuízos irreparáveis. Ao chegar ao nível perigoso, muitos se mostravam aflitos, mas cediam aos pedidos do psicólogo para prosseguir; mesmo cientes das consequências para o outro, a garantia de que nada lhes aconteceria bastava para continuarem a apertar os botões.

O artigo em que Milgram discute sua experiência – cujo título tomo emprestado para estas notas – tornou-se um clássico da Psicologia. Ela foi reproduzida em outros lugares, com outros sujeitos, por outros cientistas – sempre com resultados próximos aos da primeira vez. A conclusão do psicólogo americano merece ser citada:

> [...] a obediência consiste em que a pessoa passa a se ver como instrumento para realizar os desejos de outra, e, portanto, não mais se considera responsável por seus atos. Uma vez ocorrida essa mudança essencial de ponto de vista, seguem-se todas as consequências da obediência.

Perigos da obediência

Outros experimentos, como o *Stanford Prison Experiment*, de 1971, confirmam os achados de Milgram, e a meu ver também a análise de Freud sobre a submissão ao líder. Nestes tempos em que, sob os mais variados pretextos, volta-se a solicitar nossa adesão a ideais de rebanho, impõe-se meditar sobre o que em nós se curva tão facilmente à vontade de outrem. A "servidão voluntária" de que falava La Boétie nos idos de mil e quinhentos espreita nas nossas entranhas, tornando-nos mais vulneráveis do que gostaríamos de admitir à sedução do carisma, às manipulações da publicidade e ao controle sutil, mas eficaz, exercido por todo tipo de instâncias.

Já o sabia Wilhelm Reich, cujo alerta é hoje tão atual quanto em 1930: "o fascista está em nós."

King Kong:
o arcaico no ultramoderno

Uma das estreias do final de 2005 foi a nova versão de *King Kong*, realizada por Peter Jackson após o sucesso da trilogia *O Senhor dos Anéis*. Em entrevista à *Folha de São Paulo*, o diretor conta que o original o fascina desde a infância, a ponto de, aos doze anos, tentar filmar a história por sua própria conta – sem muito êxito, ao que parece, já que agora retoma o projeto. À parte o detalhe pitoresco, o tema deve interessar a mais gente, ou a Universal não investiria na produção algumas dezenas de milhões de dólares. O que há, afinal, de tão atraente no conto do gorila gigante?

Inventando um gênero

Pode ser útil distinguir aqui a fábula e os recursos com os quais nos é contada. O cinema jamais havia apresentado algo como a versão original de *King Kong*, realizada por Merian Cooper e Ernest Schoedsack – eles próprios, como o personagem Carl Denham, documentaristas da vida selvagem. Se existisse na época o Oscar de efeitos especiais, certamente o teriam recebido, pois

---

Publicado originalmente como "A fúria humana de King-Kong", pelo jornal *Folha de São Paulo*, no Caderno "Mais!", em 18 de dezembro de 2005.

Intervenções

seu filme contém inúmeras invenções engenhosas: a animação *stop-motion*, em que cada imagem é fotografada separadamente, e que até então nunca havia sido usada em combinação com atores reais; o emprego de miniaturas contra as quais o gorila e os sáurios parecem enormes; e outras mais.

Na verdade, *King Kong* inaugura o gênero "filmes de monstro", e em sua progênie podemos incluir desde os marcianos de *A guerra dos mundos* até os répteis de *Parque dos dinossauros*. Os movimentos e expressões faciais de Kong, essenciais para dar credibilidade ao manequim, foram minuciosamente desenvolvidos pelo ator Andy Serkis, cujo trabalho, aliás, foi reaproveitado por Jackson. O roteiro prende a atenção do início ao fim – apesar de algumas falhas lógicas e de continuidade, apontadas de modo divertido no site *http://indie.imdb.com*: a civilização "superior" que construiu a muralha colocou nela um portão imenso, que o bicho não tem dificuldade alguma em transpor; ao escalar o Empire State Building, Kong usa as duas mãos, enquanto o espectador se pergunta com o que será que ele está segurando a moça...

Por outro lado, a ideologia dos anos trinta choca um pouco nossa sensibilidade atual: como em *Tintin no Congo*, nos filmes de Tarzan com Johnny Weissmüller ou nos quadrinhos do Fantasma, a dominação da raça branca sobre o resto da humanidade não é jamais questionada. Os americanos partem para Sumatra com o objetivo de filmar o monstro, levando bombas de gás para o imobilizar caso se mostre indócil; ao surgir a oportunidade, não hesitam em capturá-lo, nem em exibi-lo acorrentado como a "oitava maravilha do mundo". O papel confiado a Fay Wray é de uma mulher indefesa e um tanto estúpida, frente aos viris heróis que a salvarão das garras do gorila; mesmo assim, a "garota dourada" vale seis nativas de pele escura, segundo a proposta feita pelo chefe da tribo ao cineasta!

King Kong: o arcaico no ultramoderno

Seria anacrônico criticar o sexismo, o racismo e a mentalidade colonial que vigoravam na época, já que com certeza nossos netos se chocarão com atitudes que hoje nos parecem naturais, e que estão retratadas nos *nossos* filmes. Mas vale a pergunta: por que refazer, nos dias atuais, uma história com tais ingredientes?

Significações latentes

Talvez a resposta esteja nos elementos que a compõem, e que claramente transcendem o momento em que foi contada pela primeira vez. Um deles é o combate entre o homem civilizado e os monstros jurássicos, que simbolizam a Natureza no que ela tem de mais violento e selvagem. O projeto moderno – desde Bacon e Descartes – é dominar as forças naturais e colocá-las a serviço do homem. Se ele obteve os triunfos que conhecemos, também é verdade que a Natureza está longe de ter sido totalmente submetida: provam-no *tsunamis*, furacões e outros cataclismas, que de quando em quando quebram nossa arrogância e nos lembram com o quê estamos lidando.

King Kong é aprisionado e exibido como troféu em Nova York, mas rompe suas cadeias e provoca uma destruição calamitosa, até ser trucidado no topo do que naquele momento era a construção mais alta do mundo: a civilização que orgulhosamente queria se sobrepor à barbárie se revela assim tão brutal quanto esta. A mesma tecnologia que faz voar os aviões cria os projéteis que crivam o corpo do gorila: dialética do Iluminismo, dirão Adorno e Horkheimer poucos anos depois – a razão levada ao seu extremo se mostra tingida pela mesma irracionalidade da qual e contra a qual brotou.

Mais do que isso, o gorila é um antropoide, portanto um ancestral ou primo distante do ser humano. O nome Ann

Darrow alude ao então ainda célebre processo movido pelo estado do Tennessee contra o professor John Scopes, acusado de corromper as mentes juvenis ensinado-lhes Darwin. O advogado de Scopes, famoso por defender causas e réus abominados pelos conservadores da época, chamava-se Clarence Darrow, e certamente não é casual que alguém com o mesmo sobrenome fosse exposto à sanha do macaco – como se nos dissessem: "bem feito... acha que descendemos deles? Pois veja, então!"

O cineasta Denham diz que o filme que pretende rodar será uma versão moderna de *A Bela e a Fera*, e, ao ver o corpo de Kong estirado no chão, reforça a referência: "não foram os aviões... foi a Bela quem matou a Fera." A menção explícita nos dá uma pista para os significados inconscientes que a história pode conter – pois, como sabemos desde que Bruno Bettelheim publicou *A psicanálise dos contos de fada*, estes põem em cena fantasias que todos abrigamos em nossa infância, e que continuam a agir em nós após virarmos adultos.

Mas não tenho certeza de que, apesar do que diz Denham, o gorila seja uma variante da Fera. Com efeito, esse conto fala de um príncipe enfeitiçado como punição por seu egoísmo. O amor da Bela o resgata do castigo, o que não acontece em *King Kong*: pelo símio a quem a entregaram, Ann Darrow não sente ternura alguma, apenas terror. Do gorila, tampouco pode se dizer que a *ama*: trata-a com doçura e a salva de vários perigos, mas porque a considera sua – não sua dama, mas sua presa.

Será correto afirmar, a partir do que mostra o filme, que Kong *deseja* a moça, abrindo assim a via para uma interpretação do macaco como representante da sexualidade arcaica? Não é raro que animais, por serem movidos pelo instinto, venham a incarnar em contos e mitos o que nos humanos existe de mais primitivo. Embora cultuado pelos nativos (o que, aliás, sugere

King Kong: o arcaico no ultramoderno

que estes também estejam próximos da animalidade), Kong é instinto puro, reagindo segundo o padrão emocional que se poderia esperar: fúria diante da frustração, excitação frente à fêmea que lhe é oferecida, etc. Numa das cenas suprimidas para a reapresentação do filme em 1938, portanto já na vigência do código Hays[1], ele rasgava as roupas da moça desmaiada em sua palma, numa inequívoca alusão ao que, nela, o excita.

Se há um conto infantil ao qual o filme remete, seria antes *Barba Azul*, cujo tema é exatamente a sexualidade em sua vertente mais ameaçadora e destrutiva. Assim como o castelão, Kong já recebeu outras virgens, e as... as o quê? Seria cabível imaginar uma relação sexual entre um ser de quinze metros de altura e uma jovem humana? Mas essa questão está fora de lugar. Pouco importa se o gorila gigante poderia materialmente dormir com Ann; ele representa a libido masculina cega e brutal, inclusive no aspecto dos ciúmes – é ao ver "sua" fêmea junto ao imediato Driscoll, no teatro onde o apresentam como a maior atração do mundo, que se enfurece e quebra as correntes que o imobilizam. Evidencia-se assim a sensualidade atribuída pela ideologia racista aos "selvagens", que se caracteriza pela intensidade desbragada, sempre a um passo de romper os limites impostos pelo superego: quantos negros foram linchados naqueles tempos porque se suspeitava de seu interesse por moças como Ann Darrow?

Diferentemente dos dinossauros com quem luta em sua selva jurássica, e que representam os impulsos destrutivos por assim dizer em estado puro, Kong incarna um erotismo arcaico, ideia reforçada pela sua associação com os nativos seminus e por sua localização numa ilha tropical. Sexualidade incontrolável,

---

[1] Nota de 2011: Conjunto de restrições autoimpostas por Hollywood quanto ao sexo e à violência dos filmes, que vigorou dos anos trinta até meados dos sessenta.

inseparável da agressividade e do gozo no domínio, que necessita constantemente de novos objetos porque os consome todos: o conteúdo inconsciente soma-se à construção ideológica para criar um personagem muito semelhante ao do Barba Azul. Como ele, Kong deverá ser eliminado, salvando-se a jovem que caíra em suas garras – e, junto com ela, a moralidade convencional.

Se o gorila representa nossos instintos animais, ou quem sabe a figura aterrorizante do pai primordial, cujo assassinato marca para Freud o início da civilização, a insensibilidade e a truculência dos personagens "civilizados" reafirmam uma verdade incômoda: sob a fina camada da cultura adquirida em uns poucos milênios, subsiste em nós a virulência das paixões primitivas. Mesmo projetadas num primata pré-histórico, elas não deixam de ser ameaçadoras – e, por isso mesmo, fascinantes em sua crueza originária.

Não é pelos efeitos especiais, hoje facilmente superáveis pela tecnologia digital, que o filme de Cooper e Schoedsack continuará a ser visto e revisto. A história nos captura porque encena um roteiro arquetípico gravado em nosso inconsciente – e, tomados de terror e de piedade, como desde que se inventaram as epopeias e as tragédias são tomados espectadores, ouvintes e leitores – percebemos que é de nós que se está falando: do *homo sapiens*, o mais feroz dos animais.

Adão e sua costela: busca da felicidade e crise atual no casamento

A Bíblia narra duas vezes a origem do homem e da mulher. No primeiro capítulo do Gênesis, aquele em que Deus cria o mundo em seis dias e no sétimo descansa, diz o versículo 27: "e criou Deus o homem à sua imagem e semelhança; à imagem de Deus o criou; macho e fêmea os criou" (*betzélem Elohim bará otó, zakhár ve-nekeivá bará otám*). Já no capítulo dois, o do Jardim do Éden, lemos nos versículos 18-23:

> E disse o Senhor Deus: não é bom que o homem esteja só; far-lhe-ei uma ajudante que esteja perante ele [*ézer kenegdó*]. Então fez o Senhor Deus cair um sono pesado sobre Adão, e este adormeceu; e tomou uma de suas costelas, e fechou a carne no seu lugar. E da costela que o Senhor Deus tomou de Adão fez uma mulher, e a trouxe perante Adão. E disse Adão: desta vez é osso

---

Publicado originalmente como capítulo do livro organizado por Purificacion Barcia Gomes e Yeda Porchat, *Vínculos Amorosos Contemporâneos: Psicodinâmica Das Novas Estruturas Familiares*, lançado pela Editora Callis, em 2003. O autor agradece à dra. Purificacion as valiosas sugestões para o texto final deste trabalho.

Intervenções

dos meus ossos e carne da minha carne, e chamou-a mulher, pois do homem esta foi tomada [*étzem meatzmái uvassár mibsarí; lezót ikrá ishá, ki me-ish lukakhá-zót*].[1]

Por que iniciar uma reflexão sobre o casamento contemporâneo com citações de um livro tão antigo quanto a Bíblia? Porque, se consentirmos em o ler como uma metáfora – e, talmúdica ou psicanaliticamente, tentarmos uma interpretação – o mito bíblico espelha em suas duas versões a contradição básica da relação matrimonial. Com efeito, o primeiro versículo diz que o homem foi criado à imagem de Deus, e *simultaneamente* na forma masculina e feminina. O versículo seguinte insiste nisso, dizendo *vaivrá otám* ("e *os* criou"), ordenando que *pru urvú*, cresçam e se multipliquem, e dominem a terra – sempre no plural. "*Adam*" significa aqui a espécie humana, e nada sugere que um dos sexos deva prevalecer sobre o outro, já que ambos foram criados ao mesmo tempo, ambos são de algum modo *tzélem Elohim* (a imagem de Deus), e incumbe a ambos tanto proliferar quanto dominar o restante da Criação.

Já a segunda lenda faz de Adão um macho, e conta sua frustração ao não encontrar uma fêmea que o complemente.

---

[1] A razão mais aceita para a existência de duas versões desta narrativa é que cada uma pertence a uma fonte diferente, sendo a primeira o início do Documento P (de *priestly*, sacerdotal) e a segunda, mais ingênua e provavelmente mais antiga, provindo do Documento J (de *Javista*, já que o autor deste documento chama a divindade pelo tetragrama *YHWH*). Desde Wellhausen, no século XIX, os especialistas no assunto consideram que estas fontes foram acopladas e sobrepostas para produzir os quatro primeiros livros da Bíblia, de onde as repetições e discrepâncias entre narrativas do mesmo teor, bem como entre leis que regulam o mesmo assunto. A mão do editor estaria presente na denominação dada à divindade quando incorpora elementos do documento J: combina o *Elohim* do primeiro documento com o *YHWH* do segundo, resultando (na tradução usual) nos nomes Deus e Senhor Deus.

Adão e sua costela: busca da felicidade e crise atual no casamento

O Senhor Deus faz com que todos os animais compareçam diante de *"Adam"* (que aqui significa homem no sentido de gênero masculino), para que ele lhes atribua um nome; percebe-se nas entrelinhas que esta operação visa também a oferecer ao macho solitário a oportunidade de achar uma companheira, mas debalde... O Senhor Deus o adormece e procede à extração da costela, que esculpe no formato de uma *ishá* (mulher), como bem reconhece Adão ao despertar: "carne da minha carne, osso dos meus ossos, chamá-la-ei *ishá* porque foi tirada do *ish*" (homem no sentido de gênero masculino). Cabe assim a ele denominar este novo ser vivo, como fez com todos os outros – o que, a meu ver, legitima a precedência que terá sobre a fêmea – aliás, o Senhor Deus havia visto a necessidade de uma ajudante (*ézer*) que "estivesse perante ele".

Refletindo mais diretamente a sociedade patriarcal e originariamente nômade na qual esta lenda tomou forma, a posição do homem é inequivocamente superior à da mulher – foi criado primeiro, é para suprir uma necessidade *sua* que o Senhor Deus faz a ajudante, e seu próprio nome indica que ela é a contraparte feminina de Adão. Na continuação desta história, bem conhecida, mulher cai na cilada da serpente – que no texto hebraico não é designada por um termo feminino, mas masculino (*nakhásh*) – e com isto provoca a expulsão do casal do Éden. Como castigo, o Senhor Deus prescreve que a mulher parirá na dor e obedecerá a seu marido, o qual, por sua vez, deverá lavrar a terra e ganhar o pão com o suor de seu rosto. A desigualdade latente no início da história se explicita no seu final: ela é fruto da vontade do Senhor Deus, e, inscrita na natureza das coisas, corresponde a um destino inapelável[2].

---

[2] Os rabinos do Talmud, realistas como sempre, souberam mitigar esta diferença: concluíram que a mulher é mais forte (e mais teimosa) que o homem, já que foi feita de osso, enquanto ele foi feito apenas de terra.

Intervenções

Talvez seja mais sábio procedermos como o compilador bíblico, que acabou deixando lado a lado as duas lendas, sem procurar fundi-las numa só. Reciprocidade entre os sexos no primeiro, complementaridade e subordinação no segundo: é a partir desta oposição que gostaria de lhes apresentar algumas ideias, já que a meu ver é em torno dela que se estrutura a crise do casamento contemporâneo. Deixemos de lado, então, as sutilezas do texto sagrado, que nos forneceu um mote para pensar, e vamos ao vivo da questão.

A proposta do presente colóquio – discutir as formas de que se reveste o núcleo conjugal na atualidade – desdobra-se em dois grandes temas: há hoje tipos de vínculo que escapam ao molde do casamento tradicional (por exemplo entre parceiros do mesmo sexo), e a própria "forma-casamento" está passando por transformações de tal ordem, que se pode falar numa "crise" que perpassa as relações entre seus protagonistas, ou seja, marido e mulher.

O casamento como instituição

Comecemos por lembrar que o casamento não é apenas um assunto privado das duas pessoas que o contraem. Ele é antes de mais nada uma instituição social, quer seja ligada à religião – sacramento no cristianismo, contrato diante de toda a comunidade no judaísmo –, quer seja de natureza puramente jurídica, a partir do estabelecimento do matrimônio civil. E mesmo as formas "irregulares" do núcleo conjugal estão na atualidade se convertendo em instituições, sancionadas pela legislação – por exemplo, as uniões consensuais estáveis, os pares homoeróticos, as relações entre pessoas divorciadas ou separadas, etc. Decisões judiciais recentes permitem que um dos membros destas uniões herde do outro, que o casal homoerótico possa ter a guarda dos filhos tidos por um membro dele com outro parceiro, ou mesmo que possa adotar uma criança pelas vias legais. O privado se vê assim emoldurado e atravessado pelo público, de modo que uniões até há pouco ilegais ou paralegais assumem um ar de "coisa regular". A concessão aos filhos bastardos de direitos idênticos aos da progenitura legal vai na mesma direção.

Estes fatos são importantes, porque têm consequências no plano propriamente relacional. Os psicanalistas costumam acentuar a dimensão fantasmática e inconsciente que estrutura as relações conjugais. Têm razão ao enfatizar este aspecto, mas a presença do simbólico, sob a forma da instituição que organiza a relação, tampouco deve ser ignorada em seus efeitos intrapsíquicos. Estes aparecem em várias características das uniões atuais: este é o segundo ponto sobre o qual quero chamar a atenção.

Fala-se amiúde numa subjetividade pós-moderna, que estaria se constituindo nos últimos anos. Pessoalmente, não estou de acordo com esta tese, que me parece generalizar indevidamente alguns fenômenos bem localizados em certos segmentos da classe média. Creio que a ruptura fundamental não se situa nos anos noventa; ela nada tem a ver com a globalização, com a *internet* ou com a violência do capitalismo especulativo dos anos recentes. Talvez a própria categoria de "pós-moderno", excetuado o domínio estético no qual ela tem algum sentido, deva ser descartada como demasiado confusa. A meu ver, ainda estamos sob a égide da modernidade, que para todos os efeitos começou com o século XIX.

Entre os motivos que me levam a pensar assim, posso enumerar rapidamente os seguintes: a forma da vida econômica (ainda estamos no modo de produção capitalista), a forma da vida política (um Estado alicerçado nos princípios das revoluções francesa e americana, ou seja, direitos e deveres definidos em leis elaboradas por representantes legítimos da nação), a forma da vida privada (o indivíduo com sua interioridade definida em termos emocionais e afetivos), a forma da vida cultural (produção de bens simbólicos divulgados num mercado e para um público que nada mais tem em comum com a aristocracia nem com a Igreja do Antigo Regime). É evidente que, dentro deste marco geral, cada período apresenta características próprias, e o nosso não escapa à regra. A meu ver, o período "contemporâneo" inicia-se com o fim da Segunda Guerra Mundial e com a hegemonia dos Estados Unidos em todos os planos acima mencionados; e, se alguém objetar que durante a segunda metade do século XX a União Soviética desafiava com algum sucesso esta hegemonia, eu responderia que esta ameaça pode ter sido verdadeira no plano militar, mas jamais no do *way of life*, e só muito relativamente na esfera da cultura e das aspirações do indivíduo comum.

Na dinâmica da modernidade, opõem-se várias correntes, e uma das mais poderosas tem sido o crescente anseio pela felicidade individual, estreitamente associada à ideia de liberdade para cada um dirigir sua vida no sentido que melhor lhe parecer. Esta corrente é, claro, contrarrestada pela poderosa influência que as organizações em sentido lato exercem sobre as condições nas quais pode se exercer tal liberdade, em especial no que se refere à "sociedade administrada" descrita e criticada pela Escola de Frankfurt (e, em certa medida, pela Psicanálise em seus momentos mais progressistas)[3]. Quando o tema é o

---

[3] A este respeito, ver Renato Mezan, "Psicanálise e cultura, psicanálise na cultura", in *Interfaces da Psicanálise*, São Paulo, Companhia das Letras, 2002. "Sociedade administrada" é o termo pelo qual Marcuse, Adorno e Horkheimer caracterizaram a fase do capitalismo em que a repressão já não se dá tanto pela violência aberta (polícia, censura, etc.), mas pela manipulação dos desejos e das expectativas por parte de um aparelho anônimo, cuja "mão visível" é a publicidade, e cujo principal meio de

casamento, o fato essencial concerne, em minha opinião, a algo cuja importância dificilmente pode ser exagerada: a invenção da pílula anticoncepcional e a mudança nos costumes sexuais que ela tornou possível. Além disso, há um fenômeno que decorre da evolução social em sentido amplo: a contestação da autoridade e da hierarquia, cujos reflexos no plano conjugal são a nova distribuição dos papéis de gênero e as consequências profundas que ela acarreta no nível dos comportamentos, das representações e das identificações.

Vale a pena explicitar um pouco mais estas ideias. Sem querer remontar a Adão e Eva, foi no século XIX que se constituiu a subjetividade moderna, centrada na figura do indivíduo como detentor de uma interioridade feita de afetos e de emoções. A tradução disto no plano artístico e cultural chamou-se Romantismo, e faz parte do ideário romântico a ideia de que o casamento deve ser a expressão do amor que um esposo sente pelo outro. Mas esta faceta foi contrabalançada, durante todo o século XIX e até bem avançado o XX, pela ideia de uma hierarquia natural que sobrepunha o marido à mulher, hierarquia tida por *legítima*, como tantas outras em diferentes relações. Na vida econômica, vigorava indisputada a autoridade do patrão sobre seus empregados; no plano internacional, a ideia da dominação natural dos povos brancos sobre as raças mais escuras (lembram-se do hino *Rule Britannia*?); no plano político, a hegemonia de uma classe sobre as demais – tudo isso, se hoje nos parece anacrônico ou injusto, teve vigência durante décadas, apesar dos protestos que

---

controle é a promessa de gozo fácil para quem se amoldar ao sistema. Por "momentos mais progressistas da Psicanálise", estou entendendo o interesse dos analistas pela cena social e pelos conflitos que nela se dão, tanto os que repercutem diretamente sobre a organização da subjetividade e dos sintomas (evolução dos costumes, novos dilemas morais, etc.) quanto por aquilo a que Freud chamou o "mal-estar na cultura".

se elevaram em nome dos ideais de igualdade proclamados pela Revolução Francesa.

No plano familiar, a legitimidade do princípio hierárquico pode ter produzido relações mais felizes ou menos, mais hipócritas ou menos. O fato é que ela organizava o conjunto dos vínculos entre pais e filhos, entre esposos, entre parentes de um modo geral, até mesmo nas formas que podia assumir a contestação – veja-se a própria ideia de complexo de Édipo, a ideia de uma "revolta contra o pai", e outros temas que nos são familiares. Podemos dizer, portanto, que a corrente contrária aos interesses libertários prevaleceu *de facto* durante boa parte da modernidade, assim como em outras esferas da vida social (que se pense nas lutas que foram necessárias para assegurar direitos aos trabalhadores, ou para alargar a proporção dos que tinham direito ao voto nos diferentes Estados ocidentais).

A corrente "pró-indivíduo" tomou largo impulso no período posterior à Segunda Guerra Mundial, por uma série de razões bem conhecidas e que agora não vêm ao caso. No que se refere às diferenças de gênero, e em particular à instituição do casamento, as mudanças culminaram com a possibilidade de se ter relações sexuais sem temer a gravidez, e é por isto que situo na invenção da pílula o marco divisório fundamental. O comprimido permitiu à mulher uma nova experiência de si, do seu corpo e do seu prazer, que passa a ter vigência mesmo que, individualmente, ela não fizesse uso da liberdade que a pílula trazia. A simples *possibilidade* de exercer tal liberdade teve efeitos incomensuráveis na reorganização das relações conjugais, porque – juntamente com os outros fatores que mencionei – equiparou os dois membros do casal no que tange ao exercício da sexualidade e à eventual escolha de parceiros fora do matrimônio.

Adão e sua costela: busca da felicidade e crise atual no casamento

Qual é a "crise" do casamento? É a crise da autoridade do marido e pai, e das funções sobre as quais ela se assentava, essencialmente a de provedor único do sustento da família. É a crise do papel subalterno da mulher, confinada às tarefas caseiras e à educação dos filhos, destinada a proporcionar ao marido um ambiente doméstico de paz e felicidade, o "repouso do guerreiro", necessário para que ele pudesse enfrentar, fora de casa, a competição e os conflitos inerentes ao mundo do trabalho. É evidente que a mulher pagou caro por este arranjo, como mostra toda a Psicanálise desde que Freud se pôs a ouvir as histéricas; mas não é este o nosso tema de hoje.

Contudo, os efeitos das vastas transformações sociais a que estou me referindo não se limitam à esfera conjugal. O mais significativo deles talvez possa ser assim descrito: a experiência de si passou a ser essencialmente *fragmentária*, e – aí sim, traço distintivo do que vemos ocorrer nas duas últimas décadas – as soluções imaginárias que permitiam uma unificação igualmente imaginária destes fragmentos estão perdendo a eficácia. O motivo para esta fragmentação não me parece residir na velocidade alucinante dos ritmos da atualidade, como tantas vezes se ouve dizer. É certo que hoje em dia, com os avanços que reduziram o mundo a uma verdadeira aldeia global, as distâncias diminuíram brutalmente; o planeta ficou pequeno, e na ponta dos dedos, literalmente (estou pensando no teclado do computador ou no do telefone celular) se pode alcançar em segundos regiões que antes estavam a dias ou meses de distância, ou simplesmente eram impossíveis de atingir.

Mas a verdadeira ruptura não me parece ter advindo do computador ou do avião supersônico. Ela se deu quando, no século XIX, inventos como a bicicleta e o trem permitiram às pessoas saírem do círculo estreito em que viviam confinadas, e lhes abriram o contato com outras formas de viver e de pensar. Na mesma escala, que hoje nos parece irrisória, o telégrafo foi o primeiro a verdadeiramente unir, com seus cabos aéreos e submarinos, o mundo num único circuito sem começo nem fim. Por modestas que nos pareçam hoje, estas tecnologias estão na origem das atuais; estas apenas aceleraram o fluxo de informações e de bens, que se tornou realmente contínuo a partir dos meados do século XIX.

O motivo para que a experiência de si hoje se apresente como fragmentária reside, a meu ver, em outra condição: na multiplicidade de ideais conflitantes e igualmente impositivos com que se defronta o homem (e a mulher, claro). São ideais em que a exigência de desempenho é muito superior ao que uma pessoa média pode efetivamente alcançar: ideais de beleza inatingíveis pelo biotipo comum (magreza ou musculatura, pouco importa); ideais de prosperidade crescente para adquirir mais e mais objetos ou aparelhos – *"keep up with the Jones"*: se o vizinho já comprou o DVD ou o carro da moda, como posso ficar atrás? –; ideais de desempenho sexual sempre perfeito e satisfatório, sobretudo para o outro (o que levou certa vez Hélio Pellegrino a dizer que quem tem inveja do pênis são os homens, e como...).

O esforço incessante para de algum modo se aproximar destes modelos, obviamente propostos pela cultura no que ela tem de mais superficial em matéria de moral e de estética, acaba por fazer com que a pessoa perca de vista o que ela *pode* efetivamente almejar, o que está dentro das suas possibilidades, e finalmente o que é compatível com o seu desejo individual. O caso típico é o do executivo que, em nome da sua função de provedor, mas também pela ambição de subir na empresa, passa a dedicar-se ao trabalho com tamanha intensidade que já não consegue ter uma vida familiar satisfatória; mas também se pode evocar a mulher em conflito com seus papéis de mãe e de profissional, culpabilizando-se por não ser nem uma coisa nem outra, e tentando compensar num destes setores as frustrações que advêm das suas vivências no outro.

A esta fragmentação da experiência de si, soma-se a descrença crescente quanto à legitimidade da hierarquia, seja no sentido social, seja no sentido de outorgar prioridade a um entre os diversos ideais e organizar a vida de modo a tentar concretizá--lo – o famoso "projeto" sartreano, que ainda soava como viável nos meados do século passado: "o existencialismo é um humanismo". Num universo regido pelo princípio da hierarquia – que não precisa ser ditatorial, bastando ser percebida como legítima a existência de posições de autoridade e de poder diferenciadas ao longo de uma escala – uma parte do sentimento de identidade de cada pessoa é fornecida pela conformidade com o lugar que ocupa nesta escala, e que lhe confere certos direitos em troca de certas obrigações, ao mesmo tempo em que lhe veda certos outros, tidos por exclusivos de quem está em degraus mais elevados da pirâmide social.

Um filme como *Assassinato em Gosford Park* ilustra isso com a contundência da comédia: pode haver ressentimento dos inferiores contra os superiores, e mesmo desejo de ocupar uma posição mais elevada na hierarquia, mas é certo que cada personagem sabe precisamente como se comportar em relação a todos os outros. E isto contribui para diminuir a sensação de incerteza, tão difícil de suportar, quanto a "quem sou" e quanto ao "que devo fazer".

Em termos psicanalíticos, a situação de estabilidade derivada da hierarquia admitida como válida produz rivalidade e conflito, recalque e retorno do recalcado: em suma, o que Freud descobriu como Édipo e castração. Já a desorientação advinda da desconfiança na própria existência de pontos cardeais, e na validade de valores acima ou além da contestação individual, produz dissociação, projeção e confusão: eis o universo mental descrito por Melanie Klein, que não por acaso criou suas teorias contra o pano de fundo do surrealismo, do expressionismo e da *débâcle* da civilização nos anos trinta[4].

Imagens da felicidade: o infantil e o adulto

No plano que nos interessa, o conflito conjugal passa a girar em torno do direito à *felicidade* que cada membro do casal pode legitimamente exigir da relação e do outro membro. As terapias de casal e de família mostram isto, diariamente, em nossos consultórios: as queixas mais frequentes são sobre falhas na *reciprocidade* de tarefas e de sentimentos, o que obviamente só pode surgir porque o princípio hierárquico se encontra abalado em seus fundamentos.

Talvez isto seja um progresso em termos éticos, e mesmo políticos, e tendo a considerar que de fato é; mas não resta dúvida de que o novo arranjo impõe a ambos os membros uma repartição inédita dos investimentos libidinais e narcísicos. Não há modelos a seguir, tanto pelo fato de que a realidade não tem precedentes, quanto porque a própria ideia de *modelo* conflita com a exigência de que cada casal invente sua maneira de "ser casal". Ao mesmo tempo, como vimos, há um excesso de modelos aparentemente

---

[4] Levar este argumento até um ponto em que se torne plausível excede as possibilidades do presente texto. Mas não custa lançar a ideia: a teoria psicanalítica é levada a criar conceitos para descrever situações e experiências que, indubitavelmente, estão em consonância com o que se passa na sociedade em sentido lato. Correntes artísticas como o surrealismo ou o expressionismo, ou, na literatura, experimentos com a forma, como os de James Joyce, ou ainda na música, o advento das tendências contemporâneas com o fim da escrita tonal, têm certamente raízes na evolução interna dos respectivos campos, mas seria difícil negar que se coadunam com as transformações sociais e políticas cataclísmicas que sucederam à Primeira Guerra Mundial.

Adão e sua costela: busca da felicidade e crise atual no casamento

legitimados pela ciência (os especialistas em tudo que nos aconselham nas páginas dos suplementos dominicais, nos programas de rádio, nas entrevistas da televisão...). O resultado é a desorientação dos dois membros do casal, que, como nota Dalmiro Bustos[5], seguram cada qual o espelho para o outro. Mas a mão que segura este espelho é muitas vezes trêmula, de modo que a imagem assim oferecida tampouco pode ser reconhecida como "própria" por aquele que nele se mira.

Este talvez seja o problema mais difícil nestas novas formas de vínculo, tão precárias, cuja disseminação torna possível falar numa "crise" do casamento. Podemos dizer que a forma oitocentista desta relação, justamente por se assentar na hierarquia e na diferença de estatuto entre os esposos, privilegiava a complementaridade entre eles: ao marido competiam certas funções, à mulher outras, e, se estas eram claramente inferiores em dignidade àquelas, também era comum que o marido respeitasse o espaço de autoridade da mulher, não interferindo na organização doméstica ou nos pequenos incidentes da vida diária. Vigorava a lógica da costela de Adão, expressão que aliás inspirou uma das mais deliciosas comédias dos anos quarenta. O título de "rainha do lar" podia ter um sentido positivo, e não apenas aludir a uma ironia sinistra.

Uma reminiscência da minha infância mostra bem isto: meu pai nunca entrou na cozinha, não tinha ideia de onde ficavam as roupas das crianças ou os talheres da casa, e, quando precisava de camisas ou de cuecas, jamais se dirigiu à empregada para pedi-las: tudo isto incumbia a minha mãe, que, naturalmente, fazia as coisas do jeito que seu marido mais gostava. Submissão por um lado, mas autonomia por outro: tal era a

---

[5] Cf. "Narcisismo e relação objetal", in Purificacion Barcia Gomes (org.), *Vínculos amorosos contemporâneos*, São Paulo, Editora Callis, 2003.

fórmula de muitos casamentos tradicionais no que tange ao papel da esposa.

A complementaridade pode ser ressaltada em outros aspectos do vínculo conjugal: assim, a tradicional combinação de um homem obsessivo e de uma mulher histérica, ou certos encaixes entre sadismo masculino e masoquismo feminino. Em todos estes casos, o ideal parece ter sido que houvesse pontos em comum entre os esposos, interesses, valores, etc., mas também que fosse evitada uma certa sobreposição nestas esferas, de modo a prevenir conflitos de rivalidade e de autoridade, que em última análise se assentam na pretensão à igualdade. E é esta que, atualmente, predomina entre a maioria dos casais.

A esta importante mudança no padrão relacional é preciso acrescentar um outro dado, a saber, a frequência com que se encontram na sociedade contemporânea personalidades de tipo narcisista, e isso nos dois sexos. Otto Kernberg descreveu bem esta configuração, caracterizada por um ego frágil e pelo superinvestimento das defesas narcísicas, responsável pela fenomenologia estrepitosa deste tipo de comportamento: suscetibilidade exacerbada, confronto permanente com o outro, dificuldade para estabelecer relações estáveis e maduras, tudo isso se originando em relações objetais inconscientes muito precárias, que se traduzem inclusive pela dificuldade de estabelecer vínculos amorosos.

Mais e mais, as pessoas que vêm a contrair matrimônio apresentam traços desta configuração psicodinâmica, de forma que não fazem um casamento, mas vivem processos de *colusão* (para usar um termo conhecido), atuando sobre o parceiro e no interior da relação os seus conflitos mais arcaicos. Não deixa de ser curioso que a forma política do casamento atual se inspire na igualdade de direitos, portanto na ideia de um adulto

Adão e sua costela: busca da felicidade e crise atual no casamento

responsável, e que ao mesmo tempo as personalidades envolvidas nesta forma política apresentem tantas vezes traços de infantilidade psíquica extremamente difíceis de serem modificados, mesmo em terapias prolongadas.

Não é o caso de entrar nas minúcias da teoria de Kernberg, que diferencia com cuidado diversas organizações narcisistas e estas do que chama "personalidades fronteiriças". O que quero destacar é que os aspectos mais destrutivos da criança onipotente, angustiada e enraivecida que todos trazemos em nós são mais evidentes nestes tipos de funcionamento, dificultando sobremaneira o estabelecimento de relações "maduras", isto é, com um equilíbrio de base relativamente estável. Os conflitos que inevitavelmente permeiam a convivência prolongada com outro ser humano encontram neste equilíbrio fundamental um limite e um fator de reversão: nestes casais, as brigas ou as queixas são proporcionalmente menos intensas do que a sensação de que "vale a pena" estar com a outra pessoa e com ela dividir a vida.

Nos casamentos mais propensos à "crise" da qual estamos falando, não é este o perfil predominante dos parceiros. Fantasias muito arcaicas sobre si e sobre o outro perpassam o plano mais cotidiano, produzindo conflagrações de grande violência e ressentimentos duradouros, na medida em que nenhum dos dois pode suportar o papel que o outro lhe atribui – ser a mãe arcaica que tudo provê, mas também a mãe arcaica cuja onipresença invasiva torna difícil a individuação da criança – e tampouco pode tolerar a falha do outro em ser "como devia ser". Lembro de um casal que atendi certa vez, cujo bordão invariável diante de qualquer atitude que desagradasse ao outro era: "olha só como você é!" Todas as falhas, esquecimentos ou desavenças eram assim tidos por decorrência inevitável da natureza ou da essência do outro ("como você *é*", implicando que tal ser era todo o contrário do que deveria ter sido).

A vida sexual destes casais frequentemente é insatisfatória, dado que prevalece a mesma aspiração: ser completamente *comblé* pelo desempenho do outro, sem que a ideia de uma reciprocidade venha a ser realmente aceita. Quando traços histéricos se acrescentam a esta base narcisicamente muito frágil, o resultado pode ser desastroso, pois muitas vezes o casal se estrutura em torno da lógica do "desejo de ter um desejo insatisfeito". Não é raro que, nesta constelação, a mulher atribua ao marido a função de mãe arcaica, que de todo modo ele não pode satisfazer. Heitor Macedo observa, num recente artigo na revista *Percurso*, que se o marido tenta corresponder a este papel, a mulher tende a perder o interesse sexual por ele, e, se ele se recusa, a atração sexual permanece, mas sobre um fundo de queixa e de ressentimento intenso[6].

Por seu lado, Ricardo Vainer, um psicólogo que assessora os tribunais em casos de separação, dá ao seu livro *Anatomia de um divórcio interminável* o sugestivo subtítulo de "o litígio como forma de vínculo."[7] Nesta obra, ele se pergunta "por que tantos casais que se separam o fazem de forma tão difícil e demorada, arrastando-se num turbilhão de ações judiciais que parecem não ter fim." Seu argumento, que coincide com o que aqui estou expondo, é que desde o início esses pares viveram sua relação como litígio, criando uma estrutura demoníaca na qual os ódios são duradouros, e as reparações sempre insuficientes.

---

[6] Heitor O'Dwyer Macedo, "A transferência e a amizade", *Percurso* n° 28, primeiro semestre de 2002.

[7] Tese de mestrado em Psicologia Clínica na PUC-SP, publicada pela Casa do Psicólogo (São Paulo, 1999). O autor segue uma orientação a que chama "interdisciplinar", na qual a Psicanálise tem papel de destaque, e baseia seu estudo na análise de onze processos judiciais do foro de São Paulo.

Para concluir, diria que talvez seja o caso de recuperarmos uma categoria que Lacan satirizou, a meu ver injustamente, em um de seus seminários: refiro-me ao "amor genital". Não se trata, obviamente, de reduzir o genital ao plano dos órgãos sexuais. Em termos de relação de objeto, o que caracteriza a genitalidade é a *tolerância à alteridade do outro*, simbolicamente figurada pela diferença irredutível entre os caracteres sexuais, e pelo fato de que um necessita do elemento complementar trazido pelo outro para que se consume a relação. Mais do que ajustar um pênis a uma vagina, coisa aliás dispensável (e mesmo impossível) nos vínculos homoeróticos, esta complementaridade diz respeito à alteridade radical do outro, ao fato de que sua face interior me é em parte inacessível, e que ele ou ela tem uma vida psíquica que eu jamais chegarei a conhecer por completo.

Como disse certa vez Piera Aulagnier, temos de admitir que cada um dos amantes é por direito fonte de prazer e de sofrimento para seu parceiro, e que mais facilmente nos vemos a nós mesmos (e ao outro) como fonte de prazer do que de sofrimento. Esta nova economia das relações talvez seja o fator essencial pelo qual o casamento contemporâneo se distingue de formas anteriores, e de sua aceitação ou recusa depende muito do que ele pode vir a ser.

"Mestre-e-cuca":
uma abordagem psicanalítica da educação

Existe atualmente uma insatisfação generalizada com a escola: professores se queixam de que os alunos não querem aprender, alunos consideram as aulas monótonas e sem interesse. Em grau maior ou menor, não há quem não tenha escutado alguma variante destas afirmações, tanto no âmbito da escola pública quanto da particular, vindo ora de professores experientes, ora de iniciantes, assim como de alunos de todas as séries, do fundamental à pós-graduação.

Em seu livro *A arte de formar: o feminino, o infantil e o epistemológico*[1], a professora Márcia Neder Bacha, da Universidade Federal de Mato Grosso do Sul, parte desta constatação quase banal. Mas, em vez de se limitar aos lamentos de costume, sua investigação vai em busca dos motivos dessa calamitosa situação. E a direção que toma poderia surpreender: não verbera os baixos salários, a televisão nem a *internet*, não protesta contra a desinteresse dos pais ou contra a tirania dos vestibulares, que exigem mais "informação" do que "formação". Embora reconheça que os fatores mencionados contribuem para agravar a crise da

---

Publicado originalmente na *Revista Percurso*, nº 31-32, em 2004.

[1] *A arte de formar: o feminino, o infantil e o epistemológico*, Petrópolis, Vozes, 2002.

educação, ela entende que o âmago do problema está em outro lugar – na própria relação entre o professor e o aluno, por sua vez ancorada nas fantasias inconscientes que circundam, na própria psique do professor, a sua função e a sua tarefa.

Este diagnóstico baseia-se numa ampla experiência como formadora de professores, no âmbito de vários programas de capacitação e de pós-graduação em que teve oportunidade de atuar. Sistematicamente, como conta nos capítulos iniciais, Marcia se defrontou com o desânimo dos professores frente ao seu trabalho, com o ressentimento frente à indisciplina, e mesmo à ingratidão dos alunos, e com as expectativas de que as aulas de psicologia que estavam frequentando os habilitassem a lidar com isso. O que esperavam era aprender "técnicas de ensinar" e "meios para motivar"; o que a professora lhes ofereceu, porém, não foi isso. Propôs que *falassem* sobre o que os afligia, sobre seus medos e suas inseguranças, sobre o que era para eles "ensino", "aluno", "professor", "conhecimento". E o resultado foi tão assombroso para ela quanto para suas turmas: "turbulência" e "fúria narcísica", questionamento apaixonado do seu método, resistência furiosa contra o que parecia não levar a lugar algum, ou, pior, contra o que poderia degenerar em psicodrama coletivo.

A estas experiências em sua própria sala de aula, Marcia Neder Bacha chama pelo nome de "catarse", e aos poucos foi aprendendo a compreendê-las. O que aparecia nestes momentos de grande angústia e de profunda perturbação era um cortejo de *imagens* sobre a tarefa de ensinar, imagens sob as quais – seguindo o conselho de Gaston Bachelard ("escutar as metáforas"), e escorada no seu sólido conhecimento da Psicanálise – a professora pôde discernir um padrão consistente e repetitivo de fantasias inconscientes.

"Mestre-e-cuca": uma abordagem psicanalítica da educação

Seu livro consiste na análise destas fantasias, em três planos que se intersectam. O primeiro é o da *história da cultura*, na qual elas se originam e se depositam. O segundo é o da *vida psíquica do professor*, na qual elas moldam a identidade deste e o acompanham constantemente no exercício das suas funções. No terceiro plano se move a *epistemologia da psicologia*, na medida em que esta disciplina constrói uma concepção da criança, das suas capacidades intelectuais e afetivas, bem como do que é o ensino e a educação em geral. Esta concepção, argumenta Marcia, está baseada no recalque das paixões e da sensualidade; é portanto tributária da visão sobre o infantil que se sedimentou ao longo dos séculos na civilização ocidental, e nesta exata medida funciona como defesa contra as angústias e fantasias que habitam o trabalho de educar.

Na "Introdução", ela expõe com clareza o eixo central do argumento:

> A formação instaura um conflito no formador, que é bem mais complexo do que sugere a velha cantilena do "liberar ou reprimir" [...]. O pedido insistente de *receita* indica o destinatário da mensagem no inconsciente, e é também um pedido de ajuda, expressando a ideia de que há algo de inquietante na formação do outro. De fato, no mundo da fantasia a formação mal se distingue da religião e da maternidade. Essa proximidade causa uma perturbação sem tamanho, misto de fascínio, temor e inveja, que é necessário elaborar. O ofício de formar mobiliza angústias e desejos capazes de convocar um exército de defesas, afastando o formador da imagem de serenidade monolítica. (p. 14)

Intervenções

Da catarse às fantasias

Foi escutando o que diziam os professores que Marcia chegou ao seu inventário de fantasias. Com efeito, convidados a falar sobre suas experiências, eles quase de imediato recorriam a figuras de linguagem tiradas da *guerra* (luta, combate, disciplina, controle, domínio, rebeldia, armas...), que rapidamente passam para metáforas referentes à *nutrição* (alimentar, suprir, oferecer, crescer...). O que faz a autora? Com determinação e sutileza, segue estas pistas, reconstruindo os fantasmas que nelas se expressam e ganham sentido. Ora, estes fantasmas ligam o ensinar à função materna, e fazem surgir o professor, qualquer que seja o seu sexo real, como indissoluvelmente ligado ao feminino. Aqui Marcia se vale da crítica freudiana da cultura, assim como de uma grande familiaridade com a história da educação, para desvendar algumas das significações que nossa civilização associou à ideia e à imagem do feminino.

Estas significações são repetitivamente negativas, tanto na tradição grega quanto na que provém dos Padres da Igreja, e, curiosamente, isso se reflete na forma como é imaginada a aquisição do conhecimento. Na Bíblia, o fruto da árvore do bem e do mal é comido por Eva, que se torna assim a culpada pela expulsão do Paraíso, e por todo o sofrimento que acompanha a condição humana. Na mitologia grega, para punir os homens por terem recebido de Prometeu o fogo e com ele o conhecimento de como dominá-lo, ou seja, as bases da civilização, Zeus envia à casa do marido de Pandora a famosa caixa, que uma vez aberta pela jovem deixa escapar todos os males que nos atormentam. A aquisição do saber é portanto assimilada a uma transgressão, que, como toda transgressão, gera culpa e ansiedade: e neste crime originário o papel da mulher é sempre nefasto.

"Mestre-e-cuca": uma abordagem psicanalítica da educação

Marcia, porém, não se detém nesta constatação: ela interpreta estes mitos como uma *defesa* contra algo mais profundo. Com efeito, eles isentam o professor da ameaça de ser *ele*, e não os deuses, o agente da perturbação: "não sou eu quem angustia, mas o fato de que conhecer é apropriar-se de algo proibido". Afastada esta imagem defensiva, pode surgir o amplo espectro de fantasias e de angústias que estruturam – o termo é forte, porém necessário – a identidade do formador.

Qual é a tônica da imagem da mulher na nossa tradição? É sem dúvida a da "esfomeada de amor", que por sua volúpia seduz o homem e o arrasta à ruína. A Patrística herda aqui a misoginia da tradição filosófica grega, que separou o corpo-matéria da alma-espírito, e procurou desde Platão atravessar o sensível para atingir a contemplação do inteligível. Mesmo em Aristóteles, que revaloriza a experiência e se dedica a estudar a Natureza, sendo nesta qualidade o pai das ciências da observação – mesmo em Aristóteles, o sensível é ontologicamente inferior ao abstrato, às formas ideais (conceitos) que capturam a essência das coisas. Isto porque o material-corporal nasce, morre e se movimenta, portanto dá a todo instante provas da sua imperfeição. Diante disso, o filósofo deve procurar a contemplação do que *é*, e não do que aparece deve buscar apreender a ideia em sua consistência e em sua imutabilidade – ou seja; deve buscar o eterno. Pois é nele que reside a perfeição – seja o eterno das entidades matemáticas, seja o das entidades lógicas, seja ainda o que está "para além da Natureza", *metá tà physikà*, o reino da metafísica.

Ora, quando os Padres da Igreja retomam numa clave teológica esta divisão fundadora da Filosofia, o sensível vem a ser identificado com o feminino, e o imaterial com o masculino. A misoginia deste momento da civilização ocidental, no qual se organizam as crenças fundamentais do cristianismo, assombra por sua virulência o leitor contemporâneo: sendo Deus espírito e o homem feito à sua imagem e semelhança, animado pelo *rúakh Elohim* (o sopro divino), enquanto a mulher foi feita da costela do homem, segue-se que ela é essencialmente matéria, e ele apenas *acidentalmente* matéria. E como matéria é igual a corpo, e corpo é igual às necessidades físicas que Santo Agostinho elenca sob o título genérico de *concupiscência*, a conclusão é que a mulher é o "vaso do pecado", o agente do pecado, e o próprio pecado em forma de gente.

Desta série de equações simbólicas, só pode advir como consequência o pavor do feminino. E este pavor atravessou os séculos, como demonstra Marcia citando com segurança os escritos teológicos desde Santo Agostinho até o *Malleus maleficarum*, o manual do inquisidor escrito no século XV por dois monges alemães. A persistente associação da mulher com a bruxaria, que conduziu entre outras coisas à queima de tantas "feiticeiras" até bem avançado o Seiscentos, traz no seu bojo uma dupla imagem, baseada na voracidade: ela tem fome de carne, literalmente (é devoradora de homens e de crianças, como mostram tantas figuras mitológicas), e tem fome de sexo, o que a leva a copular com os demônios, pelo que adquire tanto vivências de prazer orgástico quanto o poder de fazer mal aos inocentes (como mostram todas as histórias infantis em que aparecem bruxas). Ora, Lúcifer é também uma figura de transgressor – não foi ele o artífice da rebelião dos anjos contra a divindade?

Este excurso pela história da cultura desvenda a significação angustiante que no inconsciente do professor acompanha as fantasias de maternidade. A mãe que surge aqui não é protetora carinhosa, mas a "mãe-ogra", cuja ação é animada pela pulsão oral. É preciso compreender que, se "formar" é vivido como análogo a "gerar"; e, se gerar é uma função feminina – pois, ao reduzir o macho à pura condição de espírito, toda a "carne" passou para o lado da fêmea –, então a identificação com a função de formar virá, inevitavelmente, acompanhada por conotações destrutivas no registro oral. E é precisamente isso que Marcia afirma, numa das passagens mais centrais do seu livro:

> É oral a avenida que nos leva à razão, como bem sabe o inconsciente dos professores/ alunos em seu pedido de *receita*. E se a volúpia com que o professor saboreia o fruto [do conhecimento] fosse determinante na formação? [...] Se o conhecimento é perigoso, não é propriamente porque transgride uma interdição dos deuses, mas porque esta transgressão ameaça nos precipitar num reino de vultos, de criaturas fantasmáticas informes e com limites imprecisos. (p. 98)

E no mesmo registro: "nossa cozinha simbólica mistura amar, comer, conhecer, pensar e procriar, tudo num mesmo caldeirão" (p. 97).

O adulto sedutor

Assim, compreende-se que ela vá buscar na teoria da sedução generalizada de Jean Laplanche o fundamento para suas análises mais contundentes. O que este psicanalista afirma é que, no contato entre adultos e crianças, não se pode ignorar que o adulto possui um inconsciente, e que neste inconsciente se encontram fantasias sexuais recalcadas. Por esta razão, diz ele, "todos os gestos do adulto em relação à criança passam alguma coisa da sua própria fantasia inconsciente. Ainda mais porque a

Intervenções

relação do adulto com seu próprio inconsciente é reativada na relação com a criança."[2]

É esta a "sedução originária": o próprio cuidar da criança, por mais que esta se beneficie dele, é a ocasião para que a mãe a erotize, provoque nela sensações físicas, e introduza em seu psiquismo os "significantes enigmáticos", ou seja, elementos para os quais a psique infantil não está preparada, e que a obrigam a um trabalho de elaboração. Não se veja nisso, de resto, qualquer condenação da Psicanálise às boas intenções das mães: é essencial tanto para a sobrevivência física quanto para o desenvolvimento psíquico da criança que ela receba tais cuidados, que seja introduzida pela mãe e pelos que a circundam no universo propriamente humano. Mas este universo é sexual e sexuado, e disso a criança não poderá escapar.

Contudo, uma coisa é ver este processo pelas lentes da teorização psicanalítica, e outra bem diferente é viver na própria carne os conflitos que tais fantasias suscitam no adulto encarregado de "formar". A mera possibilidade de que na relação com o aluno – desejada por ele próprio, como alavanca e motor da função de ensinar – o professor se veja ineluctavelmente envolvido na prática da sedução desperta resistências de vulto, como demonstram as "catarses" de que Marcia nos fala nos capítulos iniciais do livro.

Entenda-se bem: *sedução* aqui nada tem a ver com desencaminhamento moral de menores, e muito menos com relações sexuais entre professores e alunos. O que Marcia sustenta, com ampla base documental e fundada na sua própria experiência de professora, é que a relação do professor com suas identificações

---

[2] Jean Laplanche, *Teoria da sedução generalizada*, Porto Alegre, Artes Médicas, 1988, citado pela autora à página 70 do livro que estamos comentando.

estruturantes, com seus ideais de ego – entre os quais o de educar – e com suas fantasias inconscientes, entre as quais as que estou mencionando, virá inelutavelmente colorir sua atuação em sala, e nem poderia ser de outro modo. Cabe a ele despertar no aluno o desejo de aprender, e este desejo é *também* um desejo sexual, no sentido amplo deste conceito em Psicanálise: está ancorado em fantasias sexuais, como mostrou Freud, e, quando é excitado e satisfeito, produz prazer. E o prazer, no gênero humano, tem suas raízes mais profundas na dimensão sexual, como também mostrou Freud ao estudar a sexualidade infantil e ao vinculá-la à experiência de sugar o dedo, que por sua vez deriva da satisfação obtida ao mamar. São estas páginas ainda hoje escandalosas dos *Três ensaios para uma teoria da sexualidade* que inspiram tanto as reflexões de Laplanche quanto a investigação a que se propõe nossa autora.

Ora, diz ela, "a criança não passa incólume pela ambiguidade do adulto", ambiguidade em relação ao que faz e sente, mas também em relação à criança que ele traz em si. Esta ambiguidade, por produzir angústia, é projetada para fora – e vem determinar as concepções da criança a ser educada que subjazem às diversas teorias psicológicas.

Escavando as psicologias

Aqui, mais uma vez, é a história da cultura que permite compreender o âmago do problema. A "criança das psicologias" é um objeto construído a partir do que a tradição filosófica e teológica formulou sobre a infância, mesmo e sobretudo quando a psicologia pretende dela se afastar. E como é a criança desenhada pela tradição? Assim como a mulher, ela é nos Padres da Igreja a própria encarnação do *mal*. Ser do pecado, porque concebida em pecado, é por natureza presa das tentações dos sentidos, porta de entrada das paixões, do prazer e da sensualidade. De onde a "guerra cotidiana contra meu corpo" de que fala Santo Agostinho nas *Confissões* (livro X, citado por Marcia à p. 75). Esta malignidade natural da criança, afirmada pelos pedagogos até bem avançado o século XVII, voltará à cena no século XIX, quando a preocupação com a "saúde" fará com que médicos e educadores empreendam uma verdadeira guerra santa contra a masturbação.

Os textos citados por Marcia não deixam lugar a dúvidas: a visão sobre a criança está estreitamente associada à da mulher. Misoginia e pedofobia são os pilares sobre os quais se assentou a instituição escolar, e precisamente por esta razão ela necessita ocultar o lado pulsional dos adultos, assimilando a pedagogia ao "sacerdócio". O intolerável é assim expulso do adulto e vem recair sobre a criança; e isto continuará a acontecer mesmo quando, no século XVIII, Rousseau inverte as balizas do problema e dá início à idealização da infância, definindo-a como pura antes de todo contato com a civilização, que, mais do que a educar, a perverte. É evidente aqui que a concepção do que é *criança* depende estreitamente do que os filósofos entendem por *Natureza*: se esta for reputada como sendo boa, enquanto a cultura introduz o mal, a criança será tida por pura e boa em sua essência mais íntima; se a Natureza é a região da matéria, e por isso inevitavelmente maculada pela imperfeição e pelo pecado, se é do Espírito que provém a salvação e da carne que brota a concupiscência, a criança será tida por maligna e pecaminosa, até que possa aceitar o mistério da fé e se dedique a merecer, por seu comportamento e suas atitudes, a bênção da graça divina.

Tanto num caso como no outro, a repartição coloca o natural do lado da criança e o cultural do lado do adulto, cultural este entendido como um universo de regras sem resto. É o que propõe Comenius, o educador tcheco do século XVII, ao comparar a escola a um mecanismo de relojoaria no interior do qual se pudesse realizar a tarefa educativa do modo mais "exato" possível. Isto significa, como mostra Marcia, expulsar o passional e o pulsional, e se encontra na raiz de todas as "tecnologias" da educação.

Nestas condições, sua proposta é resgatar, na reflexão sobre a escola e sobre suas funções, a dimensão pulsional. Educar é nutrir, e nutrir com Eros, como diz Platão no *Banquete*. A Psicanálise não precisa se intimidar diante da situação educativa, nem reduzir esta última ao mero jogo do "afetivo": ela pode elucidar a relação que o adulto formador mantém com suas próprias fantasias, não apenas as estritamente pessoais, mas, se podemos dizer assim, também as "profissionais". Pois "tornar-se professor" é um projeto identificatório, e, como qualquer projeto deste tipo, implica identificar-se com figuras, imagos e ideais construídos *na* e *pela* cultura. Assim, não é preciso ignorar o óbvio: que a escola nasce de uma oferta *dos adultos* à criança, e, portanto, veiculará as significações e desejos inconscientes que toda oferta de um adulto a uma criança envolve necessariamente.

"O próprio da Psicanálise", diz Marcia nas páginas finais do seu livro,

> [...] é analisar – e não julgar – os desejos inconscientes. É ouvir estes desejos, e não tapar os ouvidos com a cera da crítica. De minha parte, estou longe de exortar os professores a se despojarem destes espectros que os vêm assombrar na escola, e exigir dos mestres que se dispam das fantasias que supostamente usurpariam. (p. 135)

Ao contrário, é melhor que o professor dialogue com estes fantasmas, escute o que eles lhe dizem, e perceba como, à sua revelia, codeterminam o comportamento dele em sala de aula.

Aplicar a Psicanálise à situação educativa, prossegue ela em síntese, significa trabalhar a transferência do professor para com a educação e para com os alunos, bem como compreender as transferências dos alunos para com ele, procurando evitar a confusão entre as figuras projetadas por eles e sua própria pessoa. Também significa desmistificar a ideia de que o conhecimento é algo asséptico, ideia que carrega consigo as marcas da tradição ascética e misógina da qual falamos atrás. E, por fim, significa ajudar o professor a lidar com as resistências que o diálogo com seus fantasmas não pode deixar de suscitar, pois eles são de fato assustadores: quem quer se reconhecer na figura da mãe-ogra, ou na da sedutora perversa?

Para finalizar: jogando com as múltiplas conotações do ensinar e do devorar, Marcia cunha a metáfora do *mestre-e-cuca*, que talvez resuma todo o seu percurso. A Cuca, como se sabe, é uma das figuras da bruxa sequiosa pela tenra carne infantil. Também é o nome, no Sul do Brasil, de um doce apreciado pelas crianças, e na língua corrente designa o cozinheiro (do latim *cucina*, *cucinarius*, etc.). O mestre é, por natureza, também o Cuca, a Cuca e a cuca: melhor que saiba disso, porque dessas mesmas fantasias provém o impulso que o leva a amar seu ofício – e seus alunos.

Inimigos internos

*Para Franscisco,
no seu 15º aniversário*

Coincidências existem? Julgue o leitor: dias atrás, num evento na escola de minha filha, vejo jovens surdos tocando numa banda com colegas ouvintes. No mesmo sábado, em *O discurso do rei*, assisto à luta de um homem contra a gagueira. E, no dia seguinte, Inácio Araújo[1] chama a atenção para um traço comum a vários filmes indicados para o Oscar: a tenacidade.

Para o crítico, esta é a mensagem de Hollywood nestes tempos de crise econômica. A bem dizer, os obstáculos a transpor não são da mesma natureza nas diversas histórias. Decerto há em todas – como durante a Grande Depressão fez Walt Disney com *Os três porquinhos* – o elogio da persistência e do trabalho duro. Mas penso que, no amplo território dessas virtudes, cabe distinguir uma modalidade especial: a luta consigo mesmo, que a meu ver mobiliza recursos psíquicos diferentes dos em jogo no combate contra a Natureza (*127 horas*), contra familiares bem e mal intencionados (*O vencedor*, *Cisne negro*), ou contra o medo de perder um lugar de destaque (*Toy story 3*).

Texto inédito.

[1] "Oscar vai escolher entre histórias de obsessões e superação", *Folha Ilustrada*, 27.02.2011, p. 1.

Dito de outro modo: superar um obstáculo pessoal – nos casos da banda e do filme, uma deficiência física, mas poderia ser uma inibição, um preconceito, um trauma precoce, um vício – envolve defrontar-se com forças psíquicas de intensidade considerável. Como lemos no tratado talmúdico *Ética dos pais*: "Quem é o herói? O que conquista sua inclinação, pois está escrito: 'o que tarda a se encolerizar é superior ao valente, e o que governa seu espírito ao que toma uma cidade' (Prov. 16:32)".

De que "inclinação" se trata? No sentido mais imediato, da agressividade. Mas o termo usado pelos rabinos – *iétzer* – vai além: psicologicamente, significa impulso, tendência. Heroico é assim o que atinge o autocontrole, aquele que, mesmo sentindo intensamente a vontade de fazer ou não fazer algo, não cede a ela porque coloca em primeiro lugar um princípio ou um ideal. Como preferir o difícil ao fácil não é exatamente uma atitude comum, cabe indagar: de quais recursos internos depende a adesão ao ideal?

A pergunta ganha urgência quando refletimos nas constantes queixas de pais e educadores quanto à dificuldade de incutir tais valores nos adolescentes de hoje, que no entanto se entusiasmam por seriados e videogames nos quais é onipresente o tema da "missão". É claro que não se pode generalizar – muitos se dedicam com afinco a um esporte ou a aprender música, renunciam a divertimentos para passar no vestibular, e assim por diante; mas também é comum que ajam como se a capacidade de se concentrar num objetivo e de lutar por ele estivesse além das suas forças, restrita aos que uma boa estrela dotou de mentes brilhantes e corpos extraordinários.

De onde a emoção que se apossa do espectador frente à fanfarra "Música do Silêncio": quanta força de vontade não terá sido necessária para que um garoto surdo possa tocar um instrumento com a mesma proficiência que um ouvinte! Ainda na esfera da música, a determinação do pianista João Carlos Martins – tema do desfile com que a Vai-Vai triunfou no Carnaval deste ano – é outro exemplo de "superação e coragem para a grande massa popular."[2] O custo emocional de esforços desse quilate transparece em vários momentos do filme *O discurso do rei*, por exemplo quando o príncipe se recusa a iniciar o tratamento, ou, mais adiante, grita com o plebeu que ousa lhe dar ordens.

Forças contra forças

Uma pista para responder à nossa questão é fornecida pelo prazer estampado no rosto dos jovens músicos, assim como no do monarca ao concluir sua fala ao povo britânico. Ele provém, penso, da alegria por atingir um objetivo fortemente investido, que de início parecia inalcançável. Em termos metapsicológicos, o ego chegou a coincidir – ou praticamente isso – com o ideal do ego, isto é, com o modelo que todos abrigamos do que "queremos ser quando crescermos".

No caso dos garotos surdos, esse ideal é – segundo o maestro Fábio Bonvenuto – "serem iguais aos outros". Penso que o mesmo se aplica a George VI – e nada há nisso de imitação banal, do desejo de ter um iPod igual ao do vizinho. Ser como os outros significa aqui "ser amado como os outros", em vez de objeto de comiseração pela deficiência.

---

[2] Item "Enredo de 2011", no site oficial da escola: http://www.vaivai.com.br/carnaval2011.asp. Como se sabe, o confronto com um assaltante na Bulgária lesou sua mão, o que o impediria de prosseguir com a carreira de executante. O artista não se abateu – tornou-se regente, e assim pôde continuar atuando na esfera da música erudita.

Intervenções

Para isso, é preciso que alguém demonstre esse amor *antes* de o ideal ser atingido, e *enquanto* o sujeito se esforça para o realizar; além disso, tal pessoa tem de poder (e saber) mostrar o caminho, levando em conta as dificuldades de cada caso: Lionel Logue prescreve os exercícios adequados, o regente faz o menino sentir as vibrações produzidas pela percussão do instrumento, e ambos sabem incentivar seus pupilos nos inevitáveis momentos de desânimo.

Nesse percurso, o prazer é indispensável: prazer de "chegar lá", de vencer a "inclinação". Embora esta pareça provir de uma espécie de inércia psíquica que nos move a sentir, pensar e agir "como estamos habituados", na verdade se apoia em forças emocionais de vulto, e, se se conserva ativa apesar do desconforto que causa, é porque de certo modo é também funcional: a Psicanálise mostra que contribui para bloquear a irrupção da angústia em situações que, por algum motivo, aterrorizam o sujeito.

Por essa razão, para sobrepor-se à "inclinação" (ou ao sintoma) é preciso mobilizar energias equivalentes às que a sustentam no inconsciente, e voltá-las contra estas. Entre elas, uma das mais poderosas é o desejo de assegurar o amor e a admiração dos pais, ou de substitutos deles. Apesar de isso também ser possível sem o auxílio de uma terapia, no mais das vezes se faz necessária a presença de alguém para acompanhar o sujeito no difícil trajeto por seu mundo inconsciente, como fica claro em *O discurso do rei*.

Quando se obtém um primeiro sucesso, por pequeno que seja, ocorre uma modificação na autoimagem: de negativa ("não sou capaz"), ela passa a positiva. Como Freud mostrou a propósito do amor dos pais pelo bebê, que transita para este e assim propicia o investimento em seu corpo e em sua psique, cria-se uma "espiral virtuosa": a aprovação do professor

Inimigos internos

alimenta o amor próprio do aluno, o que o faz se sentir mais capaz de realizar seu intento, e portanto dar mais um passo na direção do ideal.

O impulso assim gerado funciona como antídoto para os eventuais fracassos. Em certos casos, chega a engendrar algo próximo da onipotência: conta o maestro que, encantadas com o som que produziam, duas estudantes surdas discutiam até onde ele chegava. "Até o Rio de Janeiro", dizia uma; "não exagere – até o bairro depois deste", retrucou a outra. E nenhuma se sentiu diminuída – prova de que os ganhos emocionais eram duradouros – quando o maestro as informou de que no máximo estavam incomodando os moradores das casas vizinhas.

Nesses tempos em que a cultura favorece o comodismo e relega "missões", valores e ideais ao universo da ficção, é inspirador tomar conhecimento de fatos reais que comprovam essa verdade: em nossa mente, existem recursos para vencer nosso pior inimigo – nós mesmos. Não é preciso ser um Demóstenes ou um Beethoven para se autossuperar; mais modestamente, na vida cotidiana há muitas oportunidades para que qualquer um "conquiste sua inclinação".

Se pudermos transmitir a nossos filhos essa convicção, teremos feito por eles bem mais do que se nos conformarmos com um "espírito do tempo" tão medíocre quanto o da época que nos toca viver.

Impresso por :

gráfica e editora
Tel.:11 2769-9056